왕초보 사주학

연구편

낭월 박주현

 동학사

왕초보 사주학(연구편)

글쓴이 | 박주현
펴낸이 | 유재영
펴낸곳 | 주식회사 동학사

1판 1쇄 | 1995년 9월 10일
1판 29쇄 | 2020년 2월 28일
출판등록 | 1987년 11월 27일 제 10-149

주소 | 04083 서울 마포구 토정로 53(합정동)
전화 | 324-6130, 324-6131 · 팩스 | 324-6135
E-메일 | dhsbook@hanmail.net
홈페이지 | www.donghaksa.co.kr
　　　　　 www.green-home.co.kr

ⓒ 박주현, 1995

ISBN 89-7190-025-3 04180

명리 나라의 문을 열며

우리가 사는 별에는 온갖 진리가 있습니다. 그중에는 모두가 인정 하는 진리가 있는가 하면, 일부만 인정을 하고 상당수는 인정하지 못하는 진리도 있습니다.

이러한 주장들을 우리는 철학이라는 단어로 대신합니다. 그런데 철학도 그 종류가 엄청 많아서 자연을 주체를 생각하는 진리도 있고, 인위적인 것을 주장하는 진리도 있습니다. 노장사상(老莊思想)은 모든 것을 자연에 맡기고 편안하게 살도록 이야기합니다. 공맹사상(孔孟思想)은 인간을 중심으로 사유합니다. 세상에서 인간이 가장 귀하다는 말을 하지요. 이 말은 노장사상에 가면 쓸데없는 헛소리로 취급당합니다.

또 불교사상(佛敎思想)은 인간을 귀하게 여기는 의미가 있습니다. 이는 어떻게 보면 인간의 능력을 과대평가하는 것 같습니다. 상대적으로 기독교 사상은 절대자의 능력에 의해서 좌우되는 듯한 이야기를 하는데, 이 말은 노장사상과 통하는 부분도 있어 보입니다. 즉 인간은 신의 도구라는 생각을 보면 말입니다.

『도덕경』을 보니까 "신은 인간을 도구로 삼을 뿐이다"라는 말이 있더군요. 이 말은 인간이 하찮은 존재임을 나타내는 말이라는 생각이 듭니다.

많은 학자들은 오늘에 이르기까지 이에 대한 논쟁을 멈추지 않았습니다. 그들은 서로의 약점을 보완하고 상대의 약점을 찾아내는 작업에 부지런합니다. 이들의 논쟁은 앞으로도 쉽게 결론이 나지 않을 것입니다. 여기에 또 물질론이 가세하고, 그 상대로 정신론이 끼어들어서 정말 한바탕 볼만한 논쟁이 전개될 것입니다.

그럼…… 지금 우리가 공부할 명리사상(命理思想)은 무엇일까요?
"아니 감히 일개의 점술에다가 사상이라는 거창한 말을 붙이다니 낭월이도 광신도가 아닌감?"
이렇게 즉각적인 반론을 제기하실 분도 계실는지 모르겠군요. 그렇지만 분명히 말씀드리고 싶습니다. 사주학은 "명리사상"입니다. 하다못해 시를 쓰는 데도 그 나름의 사상이 있는데, 명리학에 명리사상이 있어서 잘못될 것이 뭐 있겠어요?

공자님의 인본주의를 주장하는 명리사상은 불교의 철학과 궤를 같이합니다. 그 이면에는 절대적인 어떤 힘(!)이 있음을 인정하기도 합니다. 즉 자연과 인간의 조화에 바탕을 둔 진리라고 감히 주장을 하고 싶습니다. 바로 이것이 명리사상의 탁월한 점입니다. 다른 말로 한다면 "자연의 뜻 (신일 수도 있고) 을 따라 인간이 살아가는 이치"로 대신하고 싶군요. 여기에는 자연을 거스르지 않고 자신을 발전시키는 조화(調和)의 사상이 들어있습니다. 명리사상에서 가장 바람직한 것은, 진인사 대천명(盡人事 待天命)입니다. 사주학은 그 진인사(盡人事)를 가장 잘할 수 있는 방법을 설명한 방법론(方法論)입니다. 사람의 일을 잘할 수 있기 위해서는 사람을 잘 알아야 합니다. 자신을 잘 모르고 최선을 다하기란 마치 요강단지가 밥상에 오르겠다고 떼를 쓰는 격이라고 해야 할는지도 모릅니다. 좀 억지스러운 비유를 들었습니다만, 사람들이 살아가는 것을 보노라면 정말 이 말씀이 헛소리가 아니라는 생각이 듭니다. 어떻게 하면 자신의 타고난 능력을 잘 알 수 있을까 하는 궁리를 하는 학문이 바로 명리학입니다.

낭월이 거창하게 명리사상을 들먹거리면서 수선을 피웠나요? 그렇지만 어거지로 "명리가"의 권위를 내세우려고 떼를 쓰는 것은 절대 아닙니다.

대전에서 명리학을 연구하시는 큰 학자이신 최국봉 선생님은 명리학을 중화사상(中和思想)이라는 말씀으로 대신하시더군요. 그 말씀에 저도 동감합니다. 중화사상을 알 수 있는 것은 바로 용신론(用神論)입니다.

이제 이 책을 통해서 용신을 위주로 한 명리사상을 공부하시게 됩니다. 용신론을 공부하다 보면 정말 중화라는 말을 많이 생각하게 되더군요.

이 책을 펴드신 벗님은 사주가 미신이라고 생각하지는 않을 겁니다. 그랬다면 쓸데없이 이 코너에서 기웃거릴 필요가 없었겠지요.

그래서 명리사상을 말씀드렸습니다. 적어도 사주학을 공부하시려면 이정도의 자부심을 갖고 시작해주시기 바랍니다. 그리고 이 책은 이미 줄간된 『왕초보 사주학(입문편)』의 후편이기 때문에 기초는 생략했습니다.

이 점만 유념하시고 동행을 해주시면 고맙겠습니다. 이제 본격적으로 명리학을 파고들어 가겠습니다. 지난 "입문편"이 기초를 배우는 상식적인 내용들 위주였다면 이번 연구편은 그야말로 전문적인 내용들입니다.

내친 김에 명리학의 멋진 중화사상에 한번 뛰어들어보시기 바랍니다. 절대로 후회가 없을 겁니다. 왜냐면 이것도 진리거든요. 비록 직은 도(道)라고는 합니다만……

乙亥年(4328년)芒種之節에 충청도 논산 땅에서
朗月 박주현 두손 모음

1. 연구 명리학

3. 실전 명리학

1장 나부터 벗어야지

2장 귀신도 알아준 좋은 팔자

4. 완성 명리학

1장 명리학의 숙제

2장 명리학의 미래

1

연구
명리학

命理

연구편을 시작하며

반갑습니다. 그동안 편안하셨는지요?

지난번에 출간한 『왕초보 사주학(입문편)』을 통해서 인연을 맺게 되어 이렇게 연구편까지 동행을 하시게 되었네요. 이 좋은 만남에 감사한 마음을 전합니다.

이 책을 처음 펼치신 분이라도 좋습니다. 이미 기초가 충분히 다져지신 벗님이라면 구태여 "입문편"을 보시지 않아도 좋습니다.

만약에 사주를 공부하시는 중에 어떤 사주는 용신이 보이고, 어떤 사주는 도무지 안개 속에서 꼬리만 보일락 말락하는 정도의 수준이라면 이 책으로 시작하셔도 충분합니다.

그러나 만에 하나라도 기초가 부실하다고 느껴지신다면…… 애석하지만 천상 "입문편"을 읽고 오시는 것이 시간을 단축시키지 않을까 싶군요.

"입문편"에서 그래도 쉽게 기초과정을 맛보게 하려고 나름대로 최선을 다했습니다만, 아쉬움은 남습니다. 어쨌거나 이제는 방 안에 들어오신 겁니다. 이제부터는 정말 공부다운 공부를 해보기로 합시다. 그렇다고 해서 그동안 별 볼일 없는 공부를 했다는 것은 아니고요. 다만, 좀 더 차원이 높은 공부를 해보자는 것입니다.

언제나 선망의 대상이던 용신(用神)

그렇게 뜸만 들이고, 약만 올리던 용신

난 언제나 용신의 머리를 나꿔채서 올라타보나……

요 녀석만 잡으면 모든 일이 술술 풀릴 것만 같은 용신……

이제 그 용신이 손에 잡힐 듯 말듯 한 자리에 와 있습니다. 적어도 그동안 부지런히 공부하신 벗님들은 용신을 잡을 수 있는 위치에까지 도착했습니다. 기왕에 내친 걸음이니 마지막 힘을 내서 기어이 용신을 움켜잡고 한바탕 웃어봅시다.

용신을 한마디로 정의 한다면 "팔자의 눈이다"입니다.

팔자의 눈…… 그렇지요. 모든 것에는 눈이 있습니다. 우리 속담에 이런 말이 있습니다. "몸이 천 냥이면 눈이 구백 냥"이라고……. 그만큼 눈이 중요하다는 뜻이겠는데, 사실이야 어디 그럴려구요. 다만, 그만큼 중요하다는 뜻이겠지요. 이 용신의 중요도는 그보다 높습니다. 여태 공부한 것도 오직, 이 용신을 구별하는 안목을 기르기 위해서 기초를 다진 것에 불과하니까요.

이제 그동안 갈고 닦아서 모아두었던 재료들을 한번 결합해보는 시간이 되겠습니다. 집을 지으려면 무엇보다도 자재가 튼튼해야 합니다. 그렇지 않으면 결국에 무너집니다.

용신을 찾는 공부를 하는 데 있어서 가장 중요한 것은 공식입니다. 공식을 알고 나면, 용신은 어느 곳에 숨어 있어도 결코 이 눈에서 벗어닐 수기 없는 거지요.

그러니 주의 깊게 살펴본다면 적어도 50퍼센트의 용신은 이미 우리 벗님들의 눈에서 벗어날 수 없을 것입니다. 나머지 50퍼센트도 이제 머지않아서 눈에 들어오게 되겠지요.

공식은 그리 어렵지 않지만, 적용에는 센스가 필요합니다. 즉 사주를 잘 보고 못 보고는 "용신공식" 중 어느 것을 적용시켰느냐에 달렸으니까요. 그럼 기본 공식을 간단히 적어보겠습니다.

드래곤 볼을 찾는 주문(用神公式)

강약(强弱)을 먼저 보고 온도계를 살펴라.
병든 놈 찾아내고 싸우는 놈 말린다.
지나치게 강한 놈은 그대로 냅두자.

줄이고 줄여서 한마디로 한다면 위와 같이 말할 수 있겠군요. 그렇지만, 좀 추상적이지요? 그래서 원칙적인 이치에 입각해서 하나하나 구체적인 상황을 설명하기 위해 이 책이 있는 것입니다.

이 말을 좀 품위 있게(?) 해본다면 아래와 같습니다. 예부터 자평명리학(子平命理學)에서 사용하는 공식이군요. 물론 하루 아침에 완성된 것은 아닌 듯 싶습니다. 세월을 두고서 차차 수정되고 보완된 것 같습니다.

유식한 용신공식

① 억부용신법(抑扶用神法)

② 조후용신법(調候用神法)

③ 병약용신법(病藥用神法)

④ 통관용신법(通關用神法)

⑤ 전왕용신법(專旺用神法)

이렇게 외우면 됩니다. 어느 팔자든지 이 다섯 가지 공식 안에 포함되기 마련입니다. 혹은 한 가지만…… 혹은 복합적으로…….

그래서 마지막으로 외울 공부거리입니다. 이렇게 일단 정리를 해두고 차차 하나하나 살펴보겠습니다. 갖가지 변화는 여기서도 수십 갈래로 갈라집니다. 우선 1번의 용신에 속한다고 판단을 했더라도 그중에서 어느 경우인지는 또 자세히 나눠야 합니다. 다시 분류가 되지요. 이렇게 세분화하면, 최종적으로 확실한 한 글자가 나타나게 마련입니다. 이렇게 놓고 보니까 아직도 용신을 만나는 데는 몇 가지의 관문이 남아 있는 셈인가요?

한마디 참고하자면…… 위의 다섯 가지 공식 중에서도 가장 빈도가 높은 것은 억부법입니다. ①번 공식이지요. 어떤 사부님은 억부법이면 모든 사주를 다 풀 수 있다고 할 정도입니다. 그 비율은 약 85퍼센트 정도 됩니다. 그러니까 열 명이 있으면 그중에 여덟 명 이상은 ①번 공식인 억부법에 해당된다는 뜻입니다. 그래서 용신 공부를 할 때는 이 억부법을 자세히 공부해야 합니다. 이제 흥미진진한 용신의 제1장을 전개합니다.

"기대하셔도 좋습니다."

17

1장

억부용신

강약 중강약··· 음악시간?

우선 문자 한마디 배우고 시작합시다.

強者抑 弱者扶
강자억 약자부, 강한 자는 누르고 약한 자는 도와라.

앞으로 용신에 대해서 계속 공부를 하겠지만, 이 말은 항상 동행할 것입니다. 용신에 관한 한 이 말을 벗어날 수가 없군요. 기왕에 만날 운명이라면 미리 얼굴이라도 익혀두는 것이 상책이지요 뭐······하하.

그런데 정말 학문을 하는 곳에서도 강한 놈과 약한 놈이 끼어들어야 하는 건가요? 강한 놈이니 약한 놈이니 하는 말은 세상을 살아가는 정치판이나 돈 노름판에서나 있게 하고 여기서는 모두가 평범하게 만나면 좋을 텐데 말입니다.

그러나 이 학문이 어디 보통 학문이어야지요. 사람의 운명을 다루는 학문이니 세상살이의 이치가 적나라하게 전개됩니다. 이제 앞으로 연구를 하시면서 느끼게 되시겠지만요.

여기서 강자를 알면, 약자가 그 반대의 경우일 것은 뻔하니 우선 강자라는 말에 대해서 설명을 드립니다.

강자와 약자를 나누는 방법은 엄청나게 많습니다. 그래서 한마디로 정의하기 어렵습니다. 다만 비교적 그럴싸한 방법을 배울 뿐입니다.

강자를 구분하는 법

① 득령(得令) : 월지(月支)가 인성(印星) 혹은 비견(比肩), 겁재(劫財)일 것
② 득지(得地) : 일지(日支)가 인성 혹은 비견, 겁재일 것
③ 득세(得勢) : 세력(勢力)이 인성과 비견, 겁재가 세 자 이상일 것

이상입니다.

이 기준에 모두 해당하면 아주 강한 자가 되는 것이고, 일부만 해당하면 일부만 강한 자가 되는 것입니다. 좀 더 자세하게 적어드려야 벗님들이 일정 수준에 도달하기 전까지 도움이 될 것 같군요. 도표를 하나 만들어보겠습니다. 이것도 외워야 하느냐고요? 그냥 이해만 하세요.

다음과 같은 표를 만들 수가 있겠군요. 왼쪽부터 오른쪽으로 갈수록 약해지는 것입니다. ○표시는 편재 등이 있는 경우입니다. 그러니까 나와 같은 오행이거나 나를 生해주는 오행이 있으면 얻었다고 말하고, 그렇지 못하면 잃었다고 말합니다.

판정 위치	최강	중강	강	약화 위강	강화 위약	약	중약	최약
月支	○	○	○	×	○	×	×	×
日支	○	×	○	○	×	×	○	×
勢力	○	○	×	○	×	○	×	×

월지를 얻으면 득령(得令)

일지를 얻으면 득지(得地)

세력을 얻으면 득세(得勢)

이상과 같이 말하는 것이 좋습니다.

사주를 감정할 적에도 "득세는 했는데……" 어쩌고 하면, 세력은 나를 生하거나 같은 오행이 네 자 이상이 있다는 말로 알아들으니 얼마나 편하겠어요.

이제야 비로소 귀가 열리기 시작합니다. 명리학을 연구하시는 분들이 하는 이야기를 들어보면, 무슨 말인지 알아들을 수 없지요? 멀뚱멀뚱 앉아 있다가 나온 경험은 없으신지요?

용신이니 기신이니, 편인이 어떻고 관살이 뭐고…… 그러다가는 버렸다는 둥…… 그것 참 답답하기가 한이 없었을 겁니다.

이제 차차 그런 불평은 하지 않으셔도 됩니다. 이렇게 한 마디씩 배워가다 보면 어느덧 자신도 그 말 속에 자연스럽게 하나가 되어 있는 것을 발견하게 되실 테니까요.

이제 사주도 많이 등장해야겠군요. 신강(身强) 신약(身弱)을 가리는 공부는 많은 사주를 보는 것이 가장 좋습니다. 처음에는 비교적 쉬운 사주로 시작해서 나중에는 점점 어려운 사주로 접근해갑니다.

신강은 위의 강의 조건에 속하는 경우에 하는 말이고, 신약은 위의 약의 조건에 해당할 경우에 하는 말입니다. 강화위약이니, 약화위강이니 하는 말은 좀 어려운가요? 강화위약은 원래는 강한데 약하게 되었다는 말이니까 결국은 약하다는 말입니다.

우선 양념으로 몇 개의 사주를 보고서 어느 것이 강인지 어느 것이 약인지 어느 것이 얼마나 강한지, 살펴보도록 할까요? 저는 처음에 용신 가리라고 사부님이 사주를 불러주실 적에 가슴이 두근거리던데요, 하하.

신강한 사주들

時	日	月	年
壬	甲	壬	壬
申	子	寅	子

時	日	月	年
癸	乙	己	乙
未	亥	卯	丑

時	日	月	年
甲	丙	辛	乙
午	午	巳	未

時	日	月	年
丙	丁	戊	戊
午	卯	午	子

신약한 사주들

時	日	月	年
壬	戊	戊	庚
戌	申	寅	戌

時	日	月	年
癸	己	庚	戊
酉	酉	申	辰

時	日	月	年
戊	庚	癸	丁
寅	辰	卯	亥

時	日	月	年
己	壬	丙	丁
酉	寅	午	亥

"입문편"에 나왔던 도표보다 좀 단순해졌습니다. 학문이 발전을 했으니 도표도 뭔가 좀 달라져야 하지 않겠어요? 그래서…… 헤~

이렇게 해서 몇 종류의 사주를 적어봤습니다. 대체로 쉬운 것들만 골랐으니 한번 살펴보시기 바랍니다. 어느 게 강한지 어느 게 약한지…… 이 정도만 살펴도 좋습니다. 자세한 설명을 하지 않았다고 따지질랑 마세요. 지겹게 한 소리 또 하고 또 한다고 혀나 내두르시지 말고요. 너무 깊이 생각하지 않아도 좋아요. 그냥 신강한 사주라는 것이 이렇게 생겼구나, 신약한 사주란 것이 이렇게 생겼구나 하는 정도만 느끼시면 충분하지요 뭐. 그 이상은 생각하지 마시고요. 너무 쉽다고 마구 까부실라. 흐흐.

저울 하나 사세요 저울!!

일단 신강신약을 구분하는 방법은 앞장에 설명해 드린 것이 전부입니다. 그 원칙에 준해서 스스로 판단을 하는 것이 순서입니다. 이른바 "저울질"을 잘해야 합니다.

저울도 여러 가지가 있지요. 저는 어릴 적에 소나 돼지를 다는 대짜 저울을 본 적이 있습니다. 그 전에는 20킬로 짜리 보통 저울을 본 게 전부였거든요. 그런가 하면 또 접시저울도 있고, 천평칭도 있더군요. 요즘은 전자저울도 많더군요. 이런 저울은 디지털저울이라고 할까요? 그리고 용수철저울도 있습니다. 전에 고물장수를 할 적에 용수철저울로 사기 좀 쳤지요. 어떻게 하냐면요, 꺾어서 다는 겁니다. 무슨 말인지 모르겠으면 그냥 넘어가지요. 후후~

여기서는 다른 저울은 다 그만두고 막대저울을 들고 좀 떠들겠습니다. 현재 낭월이의 이야기를 교재 삼아서 여기까지 오신 벗님들의 저울은 얼마나 정밀할까요? 이제부터 저울질이 시작됩니다. 그러니 각자 갖고 있는 저울을 살펴봐야겠지요.

자신의 저울이 얼마나 달 수 있는 용량인지를 알아야 물건을 보고 고르지요. 10킬로그램짜리 저울로 20킬로그램을 달겠다고 덤비면 엉망이 되겠지요? 그러니 자신의 저울을 잘 보시기 바랍니다.

이제부터는 연구과정입니다. 이야기도 왔다갔다 할 겁니다. 그동안에는 일관성 있게 질서를 지키느라고 낭월이 고생이 많았습니다. 이유인즉, 혼동을 막자는 게 첫째였지요. 근데 이제 이 정도 왔으니 강의 내용이 오락가락해도 아마 자신이 먹을 부위가 머리인지 꼬리인지 알아차릴 것 같아서 참 편하군요. 혼동 없이 잘 동행하시기 부탁드립니다.

처음부터 정밀한 저울이 필요한 것은 아닙니다. 그리고 그렇게 맘대로 되지도 않지요.

"척 보면 압니다."

이 말은 어느 코미디언이 한동안 써먹은 말이지요?

공부를 많이 하다 보면 이런 것에 참 묘한 희열을 느낍니다. 정말 척 보면 알게 되는 것 같거든요. 낭월이 괜히 떠든다고 생각하시는 분은 이런 생각을 해보세요.

시장에 가면 물건을 파는 사람들이 많이 있습니다. 그중에는 엊그제 사업 말아먹고 할 일이 없어서 나온 풋내기도 있지만, 그 바닥에서 수십 년 "시장 밥"을 먹은 사람도 많이 있습니다. 그런 사람들은 정말 "척 보면 압니다"라는 말이 무슨 뜻인지 압니다. 만약에 시골 장에 콩을 팔려고 두 어 말 짊어지고 가보세요. 그러면 그 물건을 달아서 넘겨주고 수수료조로 "됫밑"이라고 하는 됫박질을 하고 남은 나머지를 갖는 사람들이 있습니다. 뭐 지금도 있는지는 저도 장담 못하지요. 적어도 어려서는 많이 보던 장면이었습니다만, 하도 세월이 급변하다 보니까 혹 그 사이에 없어진 옛 풍경이 되어버렸는지도 모를 일이로군요.

장사를 오래 하다보면, 나중에는 물건을 척(!) 봐도, 다섯 근 반 인지 열 근 두 냥인지 알아차립니다. 농담이 아닙니다. 장사를 하다가 도가 트면 저절로 그렇게 된답니다. 즉 저울을 대기 전에 이미 그 무게를 판가름 내버립니다.

그야말로 "목격도존(目擊道存)"인가요? 예전에 경봉(鏡峰)할배 스님께서 종종 하시던 말씀이었는데…….

"눈을 떡~ 들어서 보마 다 아는기라~! 이 장소에는 무신 설명을 하고 자시고 할 거이 없는기라~! 이기 바로 목격이 도존이라꼬 카는거 아이 가!"

경상도 사투리로 항상 젊은 수행자들에게 도(道)를 열심히 설명하시던 모습이 잠시 떠오르는군요.

난데없이 낭월이 아침에 먹은 녹차 한 잔에 취했나? 하실는지도 모르겠네요. 웬 저울 타령을 하느라고 부산을 피우고 있으니 말입니다.

근데 지금 공부를 하고 있는 용신법은 사실 저울질 하는 공부입니다. 그래서 이렇게 주책없이 저울 강의를 하고 있는 겁니다.

저울질을 잘하는 사람은 팔자의 용신을 잘 가려서, 길흉을 실오라기만큼의 오차도 없이 판단하시는 분입니다. 그러니 저울질을 잘하는 것이 상책이지요? 그래서 여태 배우신 것은 저울질을 하기 위한 준비 작업이더라 하는 겁니다. 이제 왜 저울 이야기를 하는지 아시겠지요?

저울의 전체는 사주팔자(四柱八字)라고 전제를 하고 말이지요. 저울의 손잡이는 팔자로 따져서 일간(日干)이라고 합시다. 저울의 막대는 월령(月令)이라고 봅시다. 저울의 추는 용신이라고 보는 게 좋겠군요. 물건을 다는 곳은 대운(大運)이라고 볼까요?

여기서 갑자기 대운이라는 말이 등장했군요. 그리고 월령이라는 말도 좀 생소하지요? 이제 곧 익숙해지실 겁니다. 늘상 따라다니는 밀이니끼 지동암기가 될 겁니다.

그럼 저울 공부 좀 해보겠습니다. 저울 전체를 사주라고 보자는 것은, 사주라는 것이 저울처럼 긴장감을 갖고 있거든요. 혹자는 그렇게 말을 합니다. 뭐 이현령 비현령(耳縣鈴 鼻縣鈴)이라던가요? "귀에 걸면 귀걸이, 코에 걸면 코걸이" 바로 이 말이 그 말입니다. 흔히 명리학을 무시해서 하는 말로 사용하는 줄 알고 있습니다. 근데 낭월이도 여기에 동조를 하면 벗님은 뭐라고 하실까요? 낭월이도 이 말이 진리하고 생각합니다.

왜 진리라고 생각을 하느냐…… 하면요. 사실 진리라는 것은 다면(多面)적 입니다. 한 가지의 모양만 존재한다면 그것은 이미 죽어 있는 거라고 말씀을 드린 적 있는데 기억 나시나요? 土에 대한 이야기를 할 적에 육군 보병과 영원한 해병을 비유로 말씀드렸던 것 같군요. 바로 "귀걸이, 코걸이"가 육군 보병과 같다는 뜻입니다. 공사에 투입하면 노가다 일을 멋지게 처리하고, 밥을 하라고 내보내면 이번에는 주방장으로 변합니다. 이렇게 만능인 육군 보병은 일정한 틀이 없지요. 그야말로 귀에 걸면 귀걸이가 되고 코에 걸면 코걸이가 되는 것입니다.

낭월이 억지를 쓴다고요? 천만에요. 원래 이러한 진리를 모함하는 세상 인심이 억지라고 생각하는걸요. 이제 당당하게 이런 말을 하는 사람들에게 설명을 해주시기 바랍니다.

"그 말이 사실이다. 그러나 뜻이 틀렸다. 사실은 이런 뜻이다."

하고 말이지요. 억지 쓴다고 따지걸랑 몽땅 낭월이에게 뒤집어씌우세요. 모두 책임지렵니다. 하하.

어쨌거나 낭월이는 저울을 사주로 보겠습니다. 저울은 많은 부분에서 사주랑 닮았거든요. 좀 더 자세한 설명을 해보겠습니다.

저울의 막대는 월지(月支) 또는 월령(月令)이라고 하겠습니다. 월령이란 말은 계절을 의미하고, 월지 역시 계절과 매우 밀접하게 연관되어 있습니다. 그래서 월지를 저울 막대라고 생각한 것입니다. 저울에 있어서 저울눈은 참 중요합니다. 아무리 저울질을 수평으로 잘했더라도 막대기에 그어진 눈금이 틀린다면 무슨 소용이 있겠어요? 그렇듯 사주에서는 월지가 정말로 중요합니다. 이런 사유로 해서 저울의 막대를 월지로 잡습니다.

손잡이는 일간이라고 생각됩니다. 손잡이는 기준입니다. 손잡이가 있어야 저울을 들게 되고, 그러고 난 연후에야 비로소 저울이 기울었느니 세다느니 눈이 틀린다느니 하는 이유가 생기는 것입니다. 손잡이 없이는 정말 별 볼일 없는 물건일 뿐이니까요.

그와 같이 사주에서 일간이 없다면 정말 아무 쓸모가 없습니다. 그야말로 일곱 개의 글자가 모여 있을 뿐이지요. 그러한 연유로 낭월이는 손잡이가 일간이라는 생각에 도달했습니다.

다음으로 추는 용신이라고 생각한다고 했습니다. 용신은 두말할 필요도 없이 우리의 목적이요 희망사항입니다. 저울에 추가 없으면 참 곤란합니다. 추가 없는 저울은 정육점에서 고기를 걸어두는 꼬챙이로나 쓸까 뭐하겠남요?

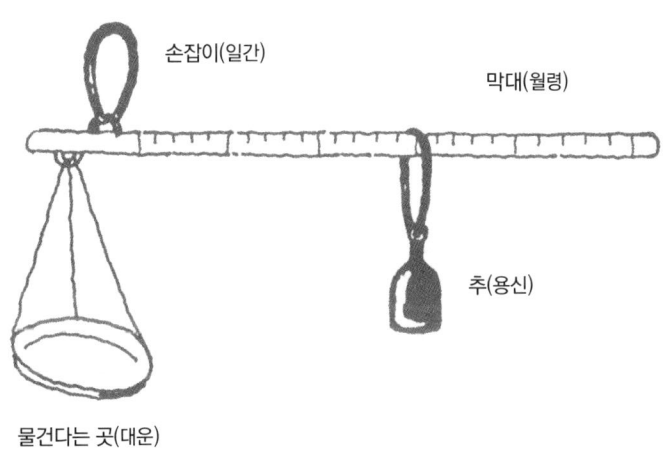

저울(사주팔자)

용신도 그와 같습니다. 용신이 없는 사주는 없는 것입니다. 그리고 용신은 그 사주에서 꼭 필요한 것이라야 합니다. 만약에 水가 용신인데, 잘못 봐서 火가 용신이라고 한다면 그 사람의 운명 감정이 맞을 턱이 없지요. 가령 장사를 하는 사람이 나쁜 마음을 먹고 규격과 다른 추를 사용한다면 이를 모르는 사람은 속일 수 있겠지만, 자기 자신과 눈이 밝은 사람에게는 통하지 않겠지요. 마찬가지로 용신을 잘못 찾게 되면 이와 같은 현상이 벌어집니다.

만약에 옆에 있는 추를 갖고 저울질을 해봐서 손님이 이상하다고 한다면 고집부리지 말고 다른 추로 달아보시는 게 좋습니다. 그러다가 지서에 가서 추가 바뀐 것을 알면 좋을 게 하나도 없거든요. 종종 학자들 사이에서 자신의 견해를 끝까지 고집하는 분들을 봅니다만 별로 좋아 보이지 않습니다. 물론 학자가 고집도 있어야겠지만, 실제로는 교과서대로 되지 않는 경우가 왕왕 있답니다.

이거 추에 대한 이야기를 하는데 말이 길어지는군요. 마지막으로 물건을 다는 곳은 대운이라고 했습니다. 물건을 다는 것은 달 일이 있어야 다는 거지 아무 때나 시도 때도 없이 달지는 않지요. 정말 달다가 달다가 달 게 없다고 전화기나 컴퓨터 모니터나 스탠드(낭월이 주변에서 보이는 것들임) 등을 마구 달수는 없잖아요? 만사는 때가 있다는 것을 알아야 꼴사납게 설치는 어리석음을 면할 것입니다. 전화기를 달 때도 있을까요? 보통은 없지요. 하하. 여담입니다만 양심 있는 고물장수라면 누가 창고에 쳐 박아둔 전화기를 주었을 때, 저울로 달아 볼 겁니다. 어떻게 아냐고요? 낭월이 고물장수를 반 년 정도 해봤거든요. 후후.

고물장수는 전화기 종류는 1킬로에 약 100원 정도 칠 겁니다. 그야말로 똥값인가요? 원래 고물이란 게 그렇지요 뭐. 저울질이 의심스럽다고 떼를 쓰는 깍쟁이 아줌마를 만나면 그러지요.

"아니 아줌마, 이게 금이우? 금?"

자, 이렇게 저울과 사주를 비교해서 생각해봤습니다. 어떠셨어요, 말이 되는 듯한가요? 아참 또 한 가지 빠졌군요. 바로 저울의 용도입니다. 저울도 여러 가지입니다. 귀금속 가게의 금 다는 저울, 정육점의 고기 다는 저울, 고추장수 아저씨의 가마니 다는 저울, 고물상의 고철 다는 저울, 한의원의 약 다는 저울…… 이 밖에도 생각해보면 수두룩할 겁니다.

이와 같이 사람의 사주에도 온갖 종류가 다 있습니다. 귀한 사주, 천한 사주, 많이 배운 사주, 못 배운 사주, 배워도 못 써먹는 사주, 못 배워도 잘 사는 사주 등등…….

저울이 두 개 있다고 가정을 해봅시다. 하나는 저울눈이 아주 촘촘해서 1g도 표시할 수 있고, 나머지 저울은 눈금이 대강이라서 50g 이하는 잘 모르겠다고 한다면 우리 벗님은 어느 저울을 가질 건가요? 그야 물론 물오나마나 미세한 차이도 잴 수 있는 저울이라고 말씀하실 겁니다. 그리고 그런 저울처럼 섬세한 혜안을 갖으려면 공부를 그만큼 많이 해야 합니다.

어느 날 아침에 꿈속에서 머리 허연 노인께서

"오우~ 기특한 일이구만. 사주 공부햐? 그대가 하도 열심히 공부를 할라고 형께 내가 좀 도와주랴? 이것을 입에 넣고 꿀떡 삼켜봐" 하고 알약 하나를 주시기에 받아먹었는데, 갑자기 팔자만 보면 용신이 꿈틀꿈틀하고 그 사람의 과거와 미래가 훤언~ 하게 대낮에 물체 보듯이 다 보이더라.

이런 일이 있으면 얼마나 좋을까 하고 저도 공상 참 많이 했습니다만 이는 게으른 놈이 밭 고랑만 세고 있는 격이더군요…… 하하.

이렇게 너절하게 저울 이야기를 하는 것은 앞으로 많이 나올 사주의 개념을 저울과 비교해서 잡아보시라는 뜻입니다.

저울추는 수평이 되는 곳에

신강신약을 가리는 일이 항상 어렵다고 말씀드렸습니다. 그런데 신강에도 신약에도 해당하지 않는 사주는 없는 것일까요? 그런 사주도 있겠지요? 이런 사주는 어떻게 하지요? 이거 갈수록 태산입니다. 신강도 신약도 아닌 사주라…… 그리 흔한 것은 아닙니다만 이런 사주를 만나면 초학자(初學者)는 헤매게 되는 수가 많습니다.

"억부는 급해서 정한다"는 것을 잘 알아야 합니다. 즉 약하면 급히 도와주는 오행을 찾고, 강하면 급히 덜어주는 오행을 찾는 것이라고 생각하면 됩니다. 그러면 신강도 신약도 아닌 팔자는 급한 게 아니겠지요? 급한 게 아니라면 서두를 필요 없지요 뭐.

모든 사주를 꼭 신강신약, 즉 억부법으로 해결을 봐야 한다고 고집부릴 필요는 없습니다. 그 나머지 네 가지 공식이 그냥 울고 있다는 거 아닙니까? 우리 벗님들은 종종 신강도 신약도 아닌 사주들을 헷갈려합니다. 이런 사주들은 정말 어디에다 기준을 잡아야 할지 알 수가 없지요. 그래서 특별히 다른 대우를 해줍니다. 이른바, 중화(中和)된 사주라는 겁니다. 중화된 사주는 그 격이 귀격(貴格)입니다. 이제 서서히 사주의 높이에 대해서 이야기가 나오기 시작합니다. 그 영역으로 접근을 해가는군요. "이거 신강도 신약도 아니니 팔자 버렸구만, 쯧쯧" 하면서 폼을 잡다가는 스타일 확 구깁니다. 하하.

즉 신강이나 신약은 팔자가 좀 치우쳤다는 뜻이 있습니다. 그러니까 치우친 것은 급히 수정이 필요합니다. 그래서 용신을 보기도 쉽지요. 보통의 사람들은 모두 이 영역에 해당합니다. 즉 보통 사람들이 잘난 사람에 비해 85퍼센트 정도가 된다는 이야기인가요? 아마도 되겠군요. 치우친 정도가 심할수록 그 사람의 기복(起伏)은 더욱 심하다는 말도 되지요. 다음 사주를 보지요.

時	日	月	年
癸卯	壬辰	己丑	庚辰

월지(×) 일지(×) 세력(×)

감이 오시는지요?

이렇게 구분을 합니다. 처음에는 신강신약이 얼른 보이지 않으니 이렇게 표를 해가면서 봐도 아무도 탓할 사람이 없습니다. 이 팔자를 살펴보면 치우쳐 있습니다. 즉 중화라고 할 수가 없지요. 다시 말해서 신강, 신약에 속한다는 말입니다.

이 팔자의 주인공은 운에 따라서 영향은 있겠지만, 일생에 변화와 기복이 심하리라고 생각됩니다. 물론 용신은 水를 生해주는 金이 되겠군요. 이것은 대원군 이하응의 사주입니다.

그럼 중화된 팔자는 어떤 것일까요? 한번 보고 싶으시지요? 어디 살펴봅시다.

이런 경우 일단 신왕이라는 판단을 합니다. 그러나 자세히 보면 월과 일이 합되어 있군요. 사신합수(巳申合水)의 뜻입니다. 월 사화에는 계수가 덮

여있군요. 火가 약해질 조짐이지요. 그러나 사월(巳月)이라 꺼지는 법은 없습니다.

時	日	月	年
丙	戊	癸	辛
辰	申	巳	丑

월지(○) 일지(×) 세력(○)

水는 金의 生을 받고 있고, 더운 계절에 水가 있으니 조후 (이제 다음에 배울 공식) 상 급하지 않고, 신강신약이 급하지 않으니 역시 좋다는 판단이지요.

이런 경우에 신강이라도 많이 강한 게 아니라서 좋다는 판단입니다. 저울질이 거의 수평을 이루고 있어서 비교적 험난한 고비가 없는 팔자라고 볼 수 있습니다. 또 사주를 볼 적에는 가장 어려운 팔자라고 할 수도 있겠군요. 왕창 깨지고 왕창 부서진 사주는 참 쉽다고 한다면 말입니다.

이렇게 신강신약이 급하냐 급하지 않느냐로 그 사람의 상황을 판단할 수 있습니다. 그런데 막상 사람들의 사주를 보면 대개는 급하지요. 신강신약이 말입니다. 그래서 억부법으로 잡을 수 있는 용신이 대략 85퍼센트 정도 된다고 봐도 크게 틀리진 않습니다. 그렇다고 억부법으로 용신을 잡는 팔자는 별 것이 없다고 말하면 곤란합니다. 사실은 평범한 것이 가장 좋지요.

소소한 행복의 시대라고 하지 않습니까? 그저 평범하게 살아가면서 잠시 도(道)를 생각하고, 운(運)을 생각하고, 마음을 생각하고 이렇게 살아가는 것이 도인(道人)이지요. 수백억을 휘두르며 사는게 좋은 인생이 아니라고 생각합니다.

우리 벗님들도 이렇게 인생 공부를 하시고 나면 누가 하소연할 적에 하해와 같은 자비심으로 운명을 설명해주시고 위로를 해주세요.

이렇게 용신의 분위기를 보여드립니다. 오직 강이냐 약이냐만 살피느라고 눈이 빨개질 우리 벗님들이 염려 되기 때문이지요.

강한 자는 눌러라

자평법(子平法)의 상리(常理)는 여기에 있다고 했습니다. 여기서 누르라는 말은 두 가지 뜻을 갖고 있습니다. 하나는 관살(官殺)로 극을 해서 누르는 방법이고, 다른 하나는 식상(食傷)으로 빼내서 누르는 방법입니다. 극을 하는 것도 이렇게 음양이 있습니다.

즉 관살로 극을 하면 양적(陽的)인 확실한 극이고, 식상으로 극을 하면은 음적(陰的)으로 간접적인 극이 되는 셈이지요. 여기서 관살은 정관, 편관을 말한다는 것을 설명하지 않아도 되겠지요?

식상은 밥을 먹기 싫은 게 아니라 식신상관을 의미한다는 것도 아실 겁니다. 이 말이 어렵다면 너무 급히 오셨다고 말씀을 드릴 수밖에 없군요.

일단 어느 팔자가 강하다는 결론이 나오면 다음 단계는 관살이나 식상을 찾으러 가는 단계입니다. 이것이 바로 용신을 찾는 작업이지요.

이제야말로 뭔가 공부를 하는 것 같군요. 비로소 용신 이야기를 하기 시작했습니다. 지금까지는 신강신약을 살피는 방법에 대해서 이야기했습니다. 일단 신강인지 신약인지 알아야 다음 단계인 용신을 찾는 작업이 순조롭기 때문이지요. 이제 그 강약을 판단했다고 보고 용신을 정하는 공부를 시작하는 겁니다. 물론 아직도 신강과 신약의 구별이 애매한 것이 많을 겁니다. 당연하지요. 그러니까 일단 신강이다 혹은 신약이다 하고 판단하신 팔자에 대해서 용신을 정해보는 겁니다. 용신을 정하는 공부를 한다는 이 사실 하나만으로도 얼마나 신명나는 일입니까. 하하.

　일단 신강하다고 판단한 경우, 다음으로 극을 할 신강인가 아니면 설기(洩氣)를 시킬 신강인가를 판단해야 합니다. 여기서 설기라는 말이 나왔습니다. 식신이나 상관으로 그 기운을 빼내는 것을 의미한다고 알아두시면 편하겠군요. 빼낼 설, 기운 기, 해서 설기이니까요. 그리고 이 말은 종종 나오니까 익혀두시는 게 좋습니다.

　만약, 팔자를 보니 신강한데 관살만 있고 식상은 없다면 전혀 갈등을 할 필요가 없습니다. 그 정관이나 편관을 용신으로 정하면 끝입니다. 그리고 또 관살이 없고 식상만 있다고 해도 누워서 떡 먹듯 쉽지요. 그 사주는 식신이나 상관이 용신이 될 거니까요.

　근데 문제는 식상도 있고 관살도 있는 경우겠지요? 우선 쉬운 것부터 살펴보도록 하겠습니다.

時	日	月	年
辛	甲	乙	戊
未	辰	卯	寅

월지(○) 일지(×) 세력(○)

　자, 이렇게 생긴 팔자가 있습니다.

　이 팔자는 신강하다는 판단이 나오겠지요? 잘 살펴보세요. 그런데 여기서 약간의 의문이 드실 수도 있을 겁니다. '세력은 부족한데 강하다고 할 수 있는가?' 이렇게 되면 혹 약할 수도 있다는 가능성이 제기됩니다.

　그렇지만 여기서 얻었다고 할 적에는 인묘진(寅卯辰)의 동방 목국(木局)

을 암시하는 것입니다. 그러니까 일지의 진토(辰土)는 기본적으로는 土지만 이 경우에는 木으로 봐준다는 것입니다.

그러면 극을 하거나 설을 해야 하는데, 설을 하는 것은 火가 되고 극을 하는 것은 金이 되는군요. 그런데 오행을 보니, 火는 간(干)이나 지(支)에 없고 金은 시간(時干)에 있군요.

이 사주는 시간의 金이 용신입니다. 참 쉽지요? 이렇게 쉬운 것이 용신입니다. 괜히 떨었다는 생각이 들지요? 하나 더 보겠습니다.

時	日	月	年
丁卯	甲辰	甲寅	戊寅

월지(○) 일지(×) 세력(○)

이렇게 생긴 사주가 있군요.

어디 한번 살펴보세요. 답안지에만 눈독 들이느라 서둘지 마시고요. (별 하나, 별 둘, 별 셋, 별 넷, 똑딱 똑딱 똑딱……)

보셨지요? 용신이 뭐던가요?

당연히 신강하다는 판단이 나왔을 겁니다. 이것은 조훈현이 와도, 아니지 토정 선생께서 오셔도 신강하다고 밖에 말할 수가 없을 겁니다.

이의 없지요? 그럼 용신은 뭐로 정하느냐…… 일단 목일간(木日干)이니 金이 있으면 극이 되는데 金이 없네요. 그럼 다시 설하는 것은 火인데 火가 있나 봐야지요? 보자…… 옳지. 시간에 정화(丁火)가 반짝반짝 하고 빛을 내고 있군요. 그러면 이 정화가 용신이군요. 모두 정답이 나왔지요? 축하 드립니다. 이제 신강신약 사주쯤은 문제없겠어요.

"신강신약들아~ 나오너라! 내가 간다!!"

큰소리 펑펑 치면서 공부 합시다요. 하하. 그럼 다음 단계로 넘어가도 되겠군요. 이 팔자를 한번 보겠습니다.

時	日	月	年
庚 午	甲 寅	壬 寅	壬 辰

"아니, 낭월씨, 우째 사주를 적다가 만다요?"

"적다가 말다뇨? 다 적었는데요?"

"무신 소리당가요? 월지(?) 일지(?) 세력(?) 요게 없는디요."

"아~ 흐흐~ 그야 스스로 찾아서 적으시면 될 일인디요 뭘."

"그래요…… 이거 자신 없는디…… 궁시렁 궁시렁……."

한 가지를 줄이는 데 이유가 꼭 한 가지씩 따라다니는군요. 일일이 자꾸 적어드리면 게으름을 조장했다고 나중에 낭월이 탓을 할는지도 모른다는 핑계를 대고 줄입니다. 스스로 강약을 찾으시는 게 여러모로 봐서 유익하겠군요.

이제 아까의 두 가지 경우를 봤으니 여기서도 답이 쉽게 나올 것입니다…… 하고서 살펴보니 이런! 용신이 둘이네? 우째 이런 일이? 극도 있고 설도 있으니 이거 우짜마 좋노? 엉엉엉.

하하, 울지 마세요. 뭐 설마 방법이 없겠어요? 봅시다. 金도 있고 火도 있는 것이 분명하군요. 그럼 둘 다 용신으로 정해버릴까요? 까짓거 골치 아프게 속 썩을 거 없이 말입니다. 그래 니네 둘이 잘 해묵어봐라 하고요. 허나 그럴 수는 없지요. 뭔가 하나를 결정해야 합니다. 다시 잘 궁리를 해 보세요. 어느 것을 사용할 것인가?

학창 시절로 잠시 돌아가봅시다. 반장 후보가 한 명뿐이면 싱겁게 통과되지요? 그런데 둘이면 투표를 해야 합니다. 물론 용신의 투표도 당연히 해야 합니다. 다만 뚜껑을 열어봐야 아는 반장선거와 달리 용신의 선거는 이미 결정이 난 것을 확인하는 작업이군요. 아니 어쩌면 반장선거도 이미 결정이 난 것을 확인하는 것에 불과 한지도 모르지요. 대통령선거를 해도 누가 당선 된다고 미리 확인하는 방법이 있으니까요.

각설하고, 이 사주에서 金과 火중 누가 인기가 좋을까요? 나무가 강하니까 金으로 자르고 깎아서 멋진 다상(茶床)이나 하나 만들까보다. 다상도 없는데…….

아니지, 봄이니까 깎고 자르기보다는 햇빛을 담뿍 쥐서 꽃을 화들짝 피우고 그 아래에서 시나 지어야지. 용진이랑 삼행시를 지어볼까? 이렇게 온갖 궁리를 할 수가 있겠군요. 그러나 기준이 없다면 정말 곤란하겠지요? 그래서 기준이 있습니다. 주목!!

용신(用神)이 둘일 적에는 월을 장악한 놈을 사용하라!

월을 장악한 놈, 군부를 장악한 놈, 이놈이 가장 강하지요. 월지(月支)는 특히 세력의 본부라고 합니다. 그러니 당연히 본부를 장악한 놈이 강할 수밖에요. 자, 그럼 봅시다. 시간의 경금(庚金)은 월에 통근이 되어 있나요? 없다고요? 아니지요. 약하긴 하지만 없지는 않지요. 인중에는 무병 갑이 있고, 그중에는 무토(戊土)에게 통근이 되니 통근률을 25퍼센트라고 합시다. (대강 따져서) 그럼 오화(午火)는 얼마일까요?

인중에 갑목(甲木)에 50퍼센트, 병화에 25퍼센트, 합해서 75퍼센트군요. 정말 막강하네요. 이 정도면 누구도 말릴 수가 없지요. 오늘 반장에는 오화가 당선되었습니다. 땅! 땅! 땅!

뭔가 기준이 생기시나요? 차차 감이 확실해지실 겁니다. 서둘지 말고 차근차근 하나씩 살펴가세요. 이 정도까지 무사히 오셨으면 이제 고지는 얼마 남지 않았군요. 조금만 힘을 내도록 합시다. 좀 더 어려운 것을 풀어보자고요? 헤헤, 저도 아침 먹어야지요.

약한 자는 부축해라

이번에는 약한 사주를 다루는 방법에 대해서 생각해보겠습니다. 앞장에서는 강한 사주를 서너 개 살펴보면서 용신을 생각해봤는데, 이번에는 약한 사주를 두어 개 보면서 용신을 생각해보고 억부법 이야기를 일단 마무리할 생각입니다. 다른 방법도 알고 난 다음에 본격적으로 진입하기 위해서입니다.

時	日	月	年
丙	戊	乙	癸
辰	寅	卯	未

이 사주는 상당히 약하다고 볼 수 있겠지요? 겨우 세력에 의지하고 있기는 한데 세력도 참 볼품이 없는 형상입니다. 하나씩 살펴볼까요?

년지의 미토는 묘미 합으로 木이 되었고, 시지의 진토는 인묘진동방(寅卯辰東方)으로 역시 木으로 변한 형상이군요. 그래서 세력이 볼품이 없다고 하는 것입니다. 이해되시지요? 이렇게 우선은 얻은 것 같아도 자세히 살피면 아닌 것이 왕왕 있어서 세밀한 관찰을 필요로 합니다.

그나저나 약하다는 것에는 변함이 없으니, 약자의부(弱者宜扶) 즉 "약한 자는 도와줘라"는 법에 따라서 도움이 되는 글자를 용신으로 정해두면 되겠군요. 도와준다고 하는 것은 인성인 화나 비겁(比劫), 즉 비견이나 겁재인 土를 찾으면 됩니다. 여기에도 물론 법이 있지요. 이 사주에서는 火나 土가 모두 있으니 어느 것을 사용할지 살펴볼까요? 우선 신약한 사주에게 인겁(인성이나 비겁을 줄인 말)이 있을 시에는 신약해진 원인을 살펴야 합니다. 즉 이 경우에는 당연히 관살이 많아서 신약해진 팔자란 것을 알 수 있겠군요.

그렇다면 비겁으로는 관살을 막기가 어렵습니다. 아이들 서너 명이서 어른(관살) 깡패 둘을 감당하기는 역부족이지요. 거기다가 아이들은 이미 겁을 먹어서 항복한 상황(모두 木으로 변했으니)인 형상인걸요 뭐. 정말 도움이 안 되는군요. 하하.

그래서 어머니(인성인 丙火)에게 좀 도와달라고 애원을 합니다. 어머니야 자식이 도와달라고 애원을 하기 전에 이미 모든 조치를 취해두고 있습니다. 이렇게 사나운 관살들도 어머니만 보면 그만 마음이 너그러워지거든요. 어째서 그런지 생각을 한번 해보세요. 아마도 일용 엄니나 용식이 엄니는 아실 겁니다. 자식이 곤경에 처해 있는데 한가하게 팔짱을 끼고 있을 에미가 어디 있을는지 말입니다. 어머니는 즉시 관살에게 사정을 하러 갑니다. 내게는 무섭기 짝이 없는 관살이지만, 어머니에게는 역시 자상한 인성이 된다는 이 간단하고도 오묘한 이치를 아셨다면 성공입니다.

"엄니 두 분들 (팔자에 인성이 둘이니까 하는 말) 그간 편안하셨어요? 저 시집간 막내딸이에요. 그동안 사느라고 바빠서 한번 뵙지도 못했네요. 편안하셨지요? 오늘 이렇게 불쑥 온 것은 다름이 아니옵고 손주 녀석들 좀 잘 보살펴달라고 왔어요. 그 못난 무토(戊土) 녀석이 엄니의 외손자예요. 맘에 들지는 않으시겠지만 저를 귀엽게 길러주신 정을 생각하셔서 잘 좀 살펴주시기를 부탁드려요 어머니……."

귀여운 도둑이라는 딸이 이렇게 부탁하는데 어느 에미가 박절하게 거절을 하겠나요? 즉시

"그러냐, 에구 내 새끼…… 그리하여라."

이 사주는 어머니인 병화가 용신으로 채택이 되었습니다. 그냥 병화가 용신이다 하면 될 것을 너무 수다를 떨었지요? 원래 낭월이는 수다가 좀 심해요. 그래도 덕분에 우리 벗님들이 눈치를 빨리 채시고 감을 퍼떡퍼떡 잡으시니 다행이지 뭐유~ 하하.

그럼 이 사주는 알겠지요? 다시 하나 보겠습니다.

時	日	月	年
壬	戊	辛	乙
子	子	巳	巳

월을 얻었군요. 상(相)에 해당합니다.
일지는 수(囚)가 되어서 부득(不得)
세력도 부득(왕상휴수사가 기억나실라나……)

이 사주를 한번 살펴봅시다. 무토(戊土)가 사월(巳月)에 났으니 일단 신강입니다만, 일도 세력도 못 잃은 관계로 도로 약으로 변했군요. 그래서 약하다고 판단을 합니다. 약하면 도우라고 했으니 어째서 약해졌는지를 살펴봐야 합니다. 여기서는 재(財)가 많아서 약해졌군요. 즉 水가 많아서 약해졌다는 말이지요. 아무리 여름 水는 볼품이 없다고 하지만 이 水는 위세가 당당하군요. 거기다가 金도 부조를 하고 있으니…… 水를 다스리는 데는 인

성과 비겁 중에서 뭐가 좋을까요? 이렇게 궁리를 하는 겁니다.

우선 먼저의 사주처럼 인성을 보내볼까요? 써먹어보니까 참 효력이 좋던데 한 번 더 써먹어볼까요? 그래봅시다…… 하고서 보내봤더니 코피만 터지고 왔네요. 에구 딱해라.

먼저는 관살이 많아서 신약이 되었기 때문에 어머니의 활약이 눈부시게 통했는데, 이번의 어머니는 사정이 확 달라졌습니다. 상대가 어머니의 친정어머니가 아니라, 어머니를 못살게 굴던 깡패라는 거 아닙니까? 어머니를 두려움에 떨게 만들어서 기를 펼 수 없는 이 기막힌 현실…… 깡패에게 가서 눈물로 하소연 해봐야 먹힐 턱이 없지요. 참 보고도 못 도와주는 어머니의 마음이 오죽 답답할까요만, 이렇게 현실은 냉정한 법입니다.

이번에는 비겁이 어떤지 생각해보지요. 비겁은 土니까 토극수(土剋水)의 기본 법칙에 따라서 능히 水 정도야 한 손으로 막을 수 있습니다. 진작에 土를 찾을 거로…… 괜히 어머니만 고생시켜드렸군요. 그러니 우리 벗님들은 어머니께 온통 매달려서 요구하지 마세요. 어머니도 못하는 게 있다는 것을 알고 나면 문득 성인의 대열에 합류하리라고 생각합니다.

이 사주에서는 형제의 도움이 있어야겠군요. 형제란 같은 오행을 말하니까 土가 되겠군요. 문제없습니다. 土만 하나 있으면 만사형통입니다.

土가 어디 있나요? 찾는 중이라고요? 한번 찾아보세요. 없어요? 저런! 이제 어떻게 해요? 정말 큰일이군요. 그럼 땅 속이라도 파봐야지요. 없다고 팔짱 끼고 있으면 어떻게 해요? 정말 답답하네요. 하하.

사실 土가 있기는 한데 火 속에 들어 있군요. 이 친구는 좀 게으른가 봅니다. 꿈지럭거리고 나오는 시간이 무척 더디군요. 남은 급하게 나 말거나…… 사실 土는 그래요. 하하.

이윽고 나온 형(巳火 속의 戊土)이 한마디 하는데,

"아니~~ 워떤 자슥이 내 아우를 고롭혀~~~!!"

이 한마디에 水들은 발발 떨고 맙니다. 그래서 폼을 잡기는 잡았는데, 이게 웬일??

이 재들은 모두 형님의 각시들이군요. 쩝쩝 입맛을 다시고 있는 형을 바라다보는 아우의 마음이 참 착잡합니다. 어째서 가시나요? 그럼 간합(干合) 노트를 펴보세요. 무계(戊癸)는 합을 하고 있지요? 합을 하느라고 동생을 구원할 마음이 없어요. 이것이 합을 알아야 하는 이치지요. 기토(己土)형이 없는 것이 아쉽기만 한 일주, 정말 딱한 처지로군요. 내친 김에 문자 하나 배우고 갑시다.

탐합망충(貪合忘沖).
합을 탐하여 충을 잊어버리는구나!

그래서 형제가 중하냐 각시가 중하냐 하면서 따져봐야 이미 여자의 맛을 알아버린 이 무토형은 그렇게 발 벗고 나설 것 같지가 않군요. 그저 한다는 소리가

"야들아, 내 아웅게 말들 좀 들어…… 알았제? 아고 귀여운 것들."

이것이 고작입니다. 정말 답답하군요.

"아니, 저쪽에 학상 왜 손은 들고 그랴? 무슨 할 이야기라도?"

"예 사부님. 질문 있습니다."

"질문? 그랴 해봐. 뭔디?"

"사주가 높은 것도 있고, 낮은 것도 있다고 배웠는데, 이것이 격의 높이가 낮다고 하는 겁니까? 문득 그런 생각이 들어서요."

"오호~ 그래. 바로 이 말이 그 말이다. 기특한 녀석. 헐헐."

결론은 火土가 용신이라는 이야기인데, 용신들이 물러 터져서 신통한 일을 할 수가 없더라고 하는 것입니다. 그럼 이 사람은 뭐하는 사람이냐 하면 약관 24세에 쉰 먹은 노털의 첩이 되어서 살고 있는 어느 여자입니다. 지금은 어떻게 되었는지 모르겠군요. 그러고 보니 벌써 6년 전인가 보군요. 세월 참 빠릅니다.

이렇게 신약한 팔자에도 등급이 있더라는 이야기군요. 재미있지요? 신약해도 재상도 하고 국무총리도 합니다. 물론 신왕해도 거렁뱅이 하는 사람도 있지요.

그러고 보면 신강신약에 구애를 받을 게 아니라 용신의 품질이 중요한가 봅니다. 참고로 위에 있는 팔자는 재상급인 시랑이라는 벼슬을 지낸 사람의 팔자입니다. 두 사람의 팔자를 가만히 비교해보세요. 그 차이점이 느껴지실런지요.

2장

조후용신

겨울엔 모피코트, 여름엔 모시메리

억부법에 대해서 대강 이야기했다고 생각하고 이제부터는 두 번째 미끼를 다는 방법을 생각해보겠습니다. 두 번째 미끼는 온도계입니다. 우리는 섭씨 온도계를 사용하는데, 서양은 화씨 온도계를 사용합니다. 미국의 벗님에게 온도를 물으면 화씨로 일러주니 정말 도움이 되지 않더군요. 하하.

그러나 중요한 것은 체감입니다. 현재의 느낌이지요. 온도계는 섭씨냐 화씨냐에 따라서 제각각 눈금이 다를 수도 있습니다만, 이 미끼는 그런 눈금에 속지 않습니다. 오직 체감으로 느끼는 감각이라고나 할까요? 이것을 바로 조후법(調候法)이라고 부릅니다.

사실 조후용신법의 출처는 여춘태(余春台)라는 신원미상의 어느 학자(?)로부터 출발합니다. 이 학자가 언제, 어디서, 무엇을, 어떻게 하고 살았는지는 알려진 바가 없습니다. 다만 손에서 손으로 전해진 한 권의 책이 있는데 이름하여 『난강망(欄江網)』입니다.

이 책이 등장함으로써 당시 명리학계는 발칵 뒤집혔습니다(물론 낭월이 망상임). 모든 팔자는 온도에 따라서 격국을 정해야 한다는 새로운 이론이 어느 날 문득 람보처럼 등장한 것입니다. 그리고 기관총을 마구 난사했습니다. 그리고는 명리학의 보물창고에 귀빈 대접을 받으며 자리를 차지하게 되었던 것입니다.

이 책이 나중에 다시 편찬되면서 새로운 이름으로 나오게 되었는데, 바로 『궁통보감(窮通寶鑑)』입니다. 『궁통보감』은 규격이 매우 현대적입니다. 아마도 『궁통보감』 식이라면 사주를 컴퓨터로 입력해서 풀어보는 데 매우 도움이 될 것입니다.

그런데 애석하게도 영원한 스타는 없는 법인지 천하를 떠들썩하게 했던 『궁통보감』도 결점이 서서히 등장하게 됩니다. 다른 이론의 도전에 절반은 죽어가는 형태가 되었지요. 그렇지만 용감한 학자들은 『궁통보감』이 죽어가게 그냥 두질 않았습니다. 즉 일대의 대수술을 감행했습니다.

"조후의 이론은 분명히 획기적이다. 다만 너무 조후에 치우친 감이 없지 않다. 그러므로 겨울과 여름의 사주는 『궁통보감』의 이론을 적극 수용할 만하다. 다만 그 나머지 다른 사주들은 참고만 하는 것이 좋겠다"라고 문제를 제기했고, 결국 이것이 채택이 되었나 봅니다. 이것이 조후용신법이 발생하게 된 경위랍니다.

그건 그렇고 우리는 섭씨와 화씨 온도계 외에 또 하나의 온도계를 구해야 합니다. 이것을 우리는 "용신온도계(用神溫度計)"라고 이름 지을까요? 그럼 한번 생각을 해봅시다. 우선 사주를 하나 보면서 현장감 있게 궁리를 해봅시다.

時	日	月	年
庚	庚	丙	甲
辰	申	子	寅

먼저 모든 사주는 억부법으로 저울질을 해야 합니다. 그리고 그 판단에서 답이 나오면 따르는 것을 원칙으로 합니다. 이 경우에는 약간 신약하다는 결론이 나올 것 같습니다. 그러면 억부법으로는 土를 용신으로 해야 한

다는 결론이 나옵니다. 만약에 이 경금(庚金)이 많이 약하다면 그렇게 해야 할 것입니다. 그런데 약간 약하군요.

그리고 더 급한 것이 있습니다. 바로 온도를 봐야합니다. 자, 겨울이라 동짓달에 온 천지 사방에 꽁꽁 얼어붙은 얼음과 눈이군요. 이렇게 추운 겨울에는 무엇보다도 따끈한 방에서 고구마를 구워먹으면서 무협지를 읽는 것이 제일로 큰 복인가 합니다만.

너무 추워서 생기가 없습니다. 바짝 웅크리고서 "어구 추워라!"만 반복할 모양입니다. 역시 춥고 배고픈 것이 가장 서럽다지요? 그래서 시급한 것은 보온장치를 확인하는 길입니다. 만약에 보온장치가 이미 가동된 팔자라면 구태여 다시 보온덮개를 찾을 필요는 없습니다. 즉 팔자에 火가 서너 개 있다면 말이지요. 살펴보니 천만 다행히도 월간에 병화(丙火)의 벽난로가 적당히 타고 있군요.

火가 꺼지면 다시 방은 싸늘하게 식을 것입니다. 그래서 火를 보호해야 할 모양입니다. 火가 바로 용신이라고 정합니다. 이것이 바로 조후용신법입니다. 알고 보면 간단합니다만, 그렇게 호락호락하지 않은 구석이 있어서 항상 골칫덩어리입니다. 즉 겨울이면 무조건 火만 찾으면 되느냐는 문제가 나오는데 사실은 그렇지 않다는 게 종종 속을 썩이는 부분이랍니다. 우선은 쉬운 이야기만 하겠습니다. 그러나 결국은 진짜로 火를 용한 것인지 아니면 인성을 용한 것인지 정말 애매모호할 경우가 왕왕 있답니다. 그래서 용신온도계를 잘 살펴야 합니다. 즉 이 사주는 火가 필요한지, 필요하면 얼마나 필요한지 그리고 그저 있으면 좋고 없으면 그만인 정도인지, 아주 급한지, 이미 얼어 죽었는지(이 무슨 말인고? 불길하게). 만약 이미 꽁꽁 얼어붙은 거라면 차라리 火가 없어야겠지요? 언 놈이 火 옆에 가면 필시 동상에 걸리는 도리밖에 없으니까요, 냉동실에서 꺼낸 고기는 천천히 해동을 해야 한다는 사실은 대개 아실 겁니다. 갑자기 불에 집어넣으면 영양이 파괴가 된다던가…… 이런 경우에는 좀 특수한 경우이지요. 그러나 종종 만나는 일도 있으니 몰라서는 곤란을 당할지도 모르기에 한마디 언급을 합니다.

그런데 온도계는 추울 때만 필요한 것은 아니지요? 갑술년처럼 지독하게 더울 적에는 겨울 못지않게 여름에도 필요합니다. 너무 더워서 양계장의 닭들이 모두 죽어버린다고 하더군요. 그리고 보면 여름에 태어난 사람은 또 저온처리가 되어 있는지를 잘 봐야 할 모양입니다. 당연하겠지요? 그런 사주를 하나 살펴봅니다.

時	日	月	年
壬辰	丙午	丙午	丁丑

이 사주도 일단 무엇부터 봐야 하나요? 무조건 최우선으로 봐야할 것은 강약이라고 말씀드렸습니다. 이 경우에는 월, 일, 세력을 모두 얻었군요. 그래서 신강한 팔자가 되었군요. 그러면 왕하니까 극이나 설을 사용한다고 했는데, 극도 있고 설도 있군요. 바로 이런 경우에 어느 것을 먼저 정해야 할까요? 이 기준의 하나가 온도를 생각하는 겁니다. 이미 오뉴월의 땡볕은 대지를 이글거리게 달궈놓기에 충분하군요. 이렇게 더운 여름에는 한줄기 소나기는 꿀맛이지요. 그래서 이 사주는 용신이 임수라고 판단을 합니다.

그런데 임수는 날이 너무 더워서 증발하기 일보 직전이군요. 그러면 다시 임수를 생조해주는 金이 있어야 하는데, 우선 시지에서 진토(辰土)의 물창고가 응급조치는 하고 있습니다. 그리고 멀리 축토 속에는 계신기(癸辛

己)에서 신금(辛金)과 계수(癸水)가 뿌리를 맡고 있군요. 그래서 약하기는 하지만, 일단 뿌리를 내릴 수는 있다고 봅니다.

만약에 년지에 축토가 없었다면 임수는 좀 더 약해졌을 테니까 약간 격이 떨어지겠군요. 용신에 해당하는 임수가 일단은 강해야 하지만 金을 만나지 못한 상황이므로 여름 임진의 임수는 매우 약하다는 것을 알 수 있습니다. 그나마도 연지에서 축토가 돕고 있으니 덜 외롭다고 할 수 있어서 다행입니다. 축중신금과 축중계수가 마음으로나마 돕고 있는 것은 어떻게라도 도움이 될 것이기 때문입니다.

온돌방이나 침대방이냐

조후법에 대해서 이야기를 하고 있군요.

온도계 이야기를 했습니다만 사주에는 천간(天干)과 지지(地支)가 있습니다. 그런데 하늘에 있는 火와 땅에 있는 火가 같을까요? 아니면 다를까요?

기왕에 추워서 火를 좋아한다면 하늘이든 땅이든 가릴 처지가 아닌 것은 분명합니다만, 기왕이면 다홍치마라고 그 차이를 구분하여 보는 것도 의미가 있을 법합니다 그려.

여기서 문자하나 배우고 갑시다.

천도유한난(天道有寒暖)이요
지도유조습(地道有燥濕)이라
하늘에는 한난(차갑고 따뜻한 온도)의 도가 있고
땅에는 조습(건조하고 축축한 습도)의 도가 있네.

『적천수(滴天髓)』에 나오는 한 조각입니다. 온도계에 해당하는 말인지라 잠시 구경이나 하자고 끌고 왔습니다. 이는 무슨 뜻일까요?

천도는 천간을 말하고, 지도는 지지를 말한다는 것 정도는 이미 눈치로라도 때려잡으셨을 겁니다. 그럼 같은 火나 水라도 하늘과 땅에 따라서 그

작용이 달라진다는 말인가요? 크게 봐서는 비슷합니다만 잘게 나눠보면 그 맛(!)이 다르군요.

한난(寒暖)이란 대기의 온도를 말하는 것이고, 조습(燥濕)은 땅바닥의 습도를 말하는 것이로군요. 범위를 좁혀서 한 칸짜리 방으로 비유를 들어보겠습니다. 즉 방바닥과 방의 공간을 말한다고 비유를 해볼까요?

방바닥이 따뜻하고 공기가 차가우면 외풍이 세다고 말합니다. 바로 온돌방입니다. 외풍은 한난을 의미합니다. 불을 때지 않고 난로만 피운 방이라면 외풍은 없는데 바닥이 차갑겠지요? 침대방이 여기에 해당합니다.

그러나 둘 다 완전한 것은 아닌가 봅니다. 바닥만 따뜻해도 감기 걸리기가 십상이고, 난로만 피워대도 역시 와사병이 들기 적당합니다. 와사병은 입과 눈이 한쪽으로 돌아가는 병입니다. 찬 바닥에서 잠을 자면 걸릴 확률이 많다는 군요. 그러니 온도와 습도가 적당하게 유지되는 방에서 겨울을 보낸다면 얼마나 복이 많은 사람인가요?

천간과 지지에 적당한 조화를 이뤄야 좋다는 말을 하려고 낭월이는 이렇게 너절하게 떠벌이는 모양입니다. 하하.

사주를 보고서 설명을 드리는 게 좋겠지요? 자, 눈을 크게 뜨시고…….

時	日	月	年
丙 辰	戊 子	戊 子	庚 戌

동짓달의 무토(戊土)가 세력 하나로 근근이 버텨가는군요. 일단 신약한 무토라고 하겠습니다. 약하면 도와주라고 했으니 火를 사용합니다. 그리고 동짓달이라 한창 추울 시기로군요. 전깃줄에 감기는 바람 소리가 쇳소리로 들리는 계절입니다(아고~~ 추워진다~~). 조후법으로 살펴보니 실내 온도는 영상 2도, 어지간히 추운 방입니다. 역시 火가 필요하군요. 이 팔자는 이렇게(억부법) 보나, 저렇게(조후법) 보나, 火가 용신이군요.

그럼 火가 중요하게 되었다는 것은 알겠는데, 火면 다 같은 火냐 하는 겁니다. 火도 火 나름이라고, 이 사주의 火는 어떻게 생겼는지 火의 품질을 검사해보자는 겁니다. 바로 오늘의 주제이기도 하지요. 도대체 火가 어디에 있나요?

시간에 있군요. 병화(丙火)로군요. 반갑습니다. 기왕이면 정화(丁火) 보다도 병화가 더 반갑지요. 그럼 방바닥에 火기운은 있을까요? 지지를 살펴봐야지요. 보자…… 지지가 술자자진(戌子子辰)인데…… 그중에 온도가 가장 높은 놈이 뭔가요? 역시 술(戌)이지요? 술은 온토(溫土)라고 했고 사막이라고 했습니다. 촉촉한 습토(濕土)인 진토도 이 팔자에서는 촉촉한 것이 아니라 질퍽하다고 해야 할까 봅니다.

천만 다행히도 술토(戌土)가 있어서 냉방을 면했습니다. 참으로 하늘같이 반가운 술토로군요. 천지가 서로 어울리는 것이라고 할만하군요. 만약에 술토가 없다면 보나마나 이 사람도 별 볼일 없었을 가능성이 많군요. 이렇게 하늘이 따뜻하고 땅이 건조할 기미가 있으니 이 사주는 균형을 얻었다고 할 수 있겠습니다. 일단 감이 잡히시지요? 그럼 또 하나를 보기로 합니다. 눈을 더욱 크게 뜨시고요.

이 팔자와 위의 팔자를 비교해보시면 뭔가 그 차이를 느끼실 수도 있을 겁니다. 우선 하늘이 썰렁하군요. 그 대신 방바닥은 따뜻합니다만, 양쪽을 고루 갖지는 못했군요. 혹시 이런 경험이 있으신가요?

겨울에 시골 방에 누워 있으면 코가 시립니다. 이불을 온통 뒤집어쓰고 잠을 자게 됩니다. 그러면 입술이 다 갈라집니다. 이런 시골방이 바로 아래의 사주와 닮아서 잠시 떠올려봤습니다. 그런 때에는 조그만 난로라도 하나 있으면 좋겠다는 생각을 하게 됩니다.

時	日	月	年
癸	戊	甲	癸
丑	戌	子	亥

아니 난로는 그만두고 화로라도 있으면 황송하지요. 화로는 난로의 역할을 하니까요. 참나무 장작을 군불로 활활 태우면서 지긋이 들여다보는 여유. 밤이나 고구마를 두어 개 집어넣어도 별미가 되지요.

장작이 숯불로 변하면 화로에 담아서 윗목에 두는 겁니다. 긴긴 겨울밤이 지겨우면 옷을 벗어서 호롱불 아래에서 뒤집어놓고 이를 잡아서 화로에 집어넣으면 이가 탁탁 튀는 소리도 (에구 역겨워라~).

그런데 이 팔자는 그런 귀 떨어진 화로도 한 개 없군요. 정말 삭막합니다. 다행히 방바닥은 따끈따끈하군요. 얼지는 않겠습니다만 좀 아쉽다는 겁니다.

이렇게 같은 온도를 갖고 있는 팔자라도 그 보온 시스템이 방바닥용이냐 난로용이냐 겸용이냐에 따라서 격국(格局)이 차이가 나는 겁니다. 이게 격국입니다. 격국, 격국 하셨지요? 잘 음미해보시면 알 수 있습니다.

時	日	月	年
庚	戊	戊	庚
申	辰	子	戌

이 사주는 위의 난로 없는 사주보다 더 보잘 것이 없군요. 위의 사주는 방바닥이나마 따끈따끈했는데, 이 팔자는 따끈한 아랫목(?)은 남이 차지하고(난로에 해당하는 술토가 년지에 있음) 자신은 썰렁한 윗목에 누워서 문풍지 우는 소리나 듣고 있군요. 처량합니다. 즉 술토(戌土) 하나 믿으며 살려고 하는데 술토 녀석은 멀리 도망가 있군요. 이게 바로 털끝만한 차이에 천리의 차이가 나더라는 말입니다. 글자 수로만 따져서는 도저히 이런 차이를 느낄 수가 없지요. 이해 되시지요?

그런데 조후법을 공부하다보면 사주가 춥기만 하면 火를 용신으로 하는가 하는 생각이 들기 마련입니다. 사실은 신약한 팔자는 조후보다도 인성을 먼저 생각해야 합니다. 『적천수』에서도 이러한 이야기가 언급이 되어 있는데, "추워도 일단 신약하면 인성을 먼저 찾고 인성이 있으면 인성이 용신"이라고 했습니다.

이런 이야기를 보면 무엇보다도 제일 급한 것은 억부법이 되는군요. 억부법은 이렇게 중요합니다. 결국 억부법에 모든 용신이 달려 있다고 해도 크게 틀리지 않습니다. 보통 하는 말이 "웬만한 사주는 모두 정격이다"라고 합니다.

한마디로 "조후법도 억부법의 보조역할이다"라는 말을 할 수 있습니다. 우리 벗님들도 일단 기준을 억부법에 두고 사주를 대하는 것이 실수를 줄이는 방법 중에 하나입니다.

조후가 필요한 팔자라도 억부법을 고려해야 한다는 말씀을 드리는 것은 무조건 겨울에 나면 火만 찾으면 되는 것으로 오해를 하실까봐 그렇습니다. 다음의 사주를 보면서 생각하겠습니다.

時	日	月	年
辛	庚	丙	己
巳	子	子	亥

월지도 일지도 세력도 얻지 못한 사주로군요.

이렇게 신약한 사주는 겨울 金이라서 춥다고 아무리 하소연해도 신약하니까 土가 용신이라는 이야기가 우선시 됩니다. 춥다고 해서 모두 火를 용신으로 하면 쉽지만, 이렇게 신약한 사주는 무조건이라고 해도 좋을 만큼 생조해주는 인성을 용신으로 삼게 됩니다. 이로 미뤄보건대 일단 억부법이 먼저라는 이야기를 드립니다.

그리고 신왕하다는 판단이 선 다음에 비로소 조후법으로 火를 용신하게 되는 것인가 봅니다. 다음의 사주를 보겠습니다.

時	日	月	年
庚	庚	庚	丙
辰	戌	子	申

이 사주를 보면 경금(庚金)이 자월(子月)에 生해서 수(囚)에 해당하지만, 일단 경술일주고 경진시에 신년이니 매우 강하다는 느낌이 드는군요. 이 사주는 신왕한 연고로 겨울의 金이 차갑기 때문에 火를 용신으로 합니다. 사실 이렇게 약하고 추운 사주는 상당히 까다로운 축에 듭니다. 이런 사주

를 만나신다면 정신을 바짝 차리고 민감하게 코를 벌름거려야 냄새를 맡을 수 있습니다. 두리뭉실하게 넘기면 눈치를 못 채고 헛다리 짚고서 비명을 질러대는 수밖에 없을지도 모릅니다.

누가 언 발을 이불 속에 넣느냐?

조후법을 말하면서 빠뜨려서는 절대로 안 되는 이야기가 있습니다. 바로 한격(寒格)입니다. 한격이라니 이게 무슨 말인가요? 그냥 쉬운 말로 한다면 "이글루는 태양을 두려워한다"라고 하면 어떨까…… 에스키모인들이 살고 있는 얼음집 말입니다. 얼음집은 일단 상온이 영하라는 전제 하에서 사용 가능한 주택이군요. 근데 인간살이에만 그런 게 있는 게 아니라, 사주팔자에도 그러한 것이 있는 걸 보면 참으로 묘한 느낌이 듭니다.

사주가 너무 한습하고 냉랭한데, 온기가 전혀 없는 한겨울의 팔자라면 특이한 팔자라고 보게 됩니다. 이런 경우에는 무조건 火를 찾는 것이 참으로 미련한 짓이란 것을 알게 되지요.

낭월이는 여태 실제로 이러한 사주를 만난 기억은 없지만, 『적천수』에 분명이 이런 경우가 있다고 하고, 또 그 이유가 타당하므로 일단 전해 드립니다. 또 누가 아나요? 벗님이 재수가 없어서 (후~) 묘하게도 그런 사주를 만났을 경우를 한번 생각해보세요. 그때는 도리 없이 앞발 뒷발 다 들고 "나 죽었수!" 하는 수밖에 없을 겁니다. 물론 바로 이글루의 이야기를 듣지 않았을 경우에 말입니다. 인생은 길고, 만나는 사람은 예측불허입니다. 언제 어떤 사람을 만나서 어떤 사주를 보게 될지 알 수 없기 때문에 차근차근 모조리 건드려둬야지, 나중에 아무리 교과서를 뒤져도 없는 특별한 경우라면 필시 낭월이를 원망할 것입니다. 지금 모른 척 시침을 떼기보다는 아이 미리 내놓고 말씀을 드리는 게 유익할 거라는 약삭빠른 계산이…… 흐흐흐.

그럼 일단 『적천수』에 예문으로 나와 있는 사주를 한번 올려보겠습니다. 잘 살펴보세요.

時	日	月	年
甲申	庚辰	丙子	己酉

『적천수 징의(滴天髓徵義)』, 286쪽

此亦寒金冷水. 土凍木凋. 如前大同小異. 前卽有寅. 木火有根. 此卽無寅. 木火臨絶. 所謂寒甚而暖無氣. 反以無暖爲美. 所以初運乙亥. 北方水地. 有喜無憂. 甲戌暗藏丁火. 爲丙火之根, 刑喪破耗. 癸酉運, 剋去丙火. 食廩 壬申, 財業日增. 辛未運, 南方丙火. 得地生根. 破耗多端. 庚午運, 逢寅年. 木火齊來. 不祿.

원문은 정말 공포스럽군요… 흐흐흐~

이거 낭월이 벗님들 기죽이려고 작정을 한 모양입니다. 그렇지만, 이런 기회에 구경하시는 것도 좋지 않겠어요? 자신의 한문 실력이 얼마나 되는지도 한번 가늠해보고요. 만약에 이 정도를 능히 소화하실 수만 있다면 중국에서 나온 명리서를 보셔도 이해를 하실 겁니다.

자, 차근차근 한 단어씩 해석을 해보시기 바랍니다. 낭월이 풀어본 해석과 비교도 해보시고요. 낭월이 오히려 실수를 해서 잘못 해석했다면 어험~

하시고 큰 소리로 외치시기 바랍니다. "녀석 까불고 있어 정말~"

"이 또한 金은 차갑고, 水는 냉하구나. (게다가) 土는 얼었고, 나무는 시들었군. 이런 정도로 봐서는 앞의 사주와 비슷하구만서도…… 그러나 앞의 사주는(이야기로 봐서 이 사주의 앞에도 예문이 있구만요…… 내용상 이미 설명한 것과 중복이 되므로 생략합니다) 인목(寅木)이 있어서 목화(木火)의 뿌리가 있었는데, 이 사주는 인목이 없네.

그래서 목화가 모두 (기운이) 잘린 셈이라 이른바 '심하게 차가운데 온기가 없으니 도리어 온기 없는 것이 아름답네' 하는 경우라고 봐야 허겠다. (때문에) 처음의 운인 을해(乙亥)에 북방 水의 운이 되어서 좋은 일만 있고, (전혀) 근심이 없었는데, 갑술(甲戌)운이 되자 (술 중의 지장간 속에) 숨어 있던 정화가 병화의 뿌리가 되어버렸으니, 그 고생이 이루 말로 다할 수가 없었더라.

계유(癸酉)운에는 (다시) 병화를 제거시키는 작용을 해서 오히려 창고를 넓히게(곡식을 많이 쌓아뒀다는 뜻) 되었더라. 임신(壬申)대운에는 더욱이 재물이 쌓여갔는데, 신미(辛未)운이 되자, 남방의 (온기를 만난) 병화가 뿌리를 내리자 고생이 갖가지더니 경오(庚午)운 중에서도 인년(寅年)을 만나자 목화가 함께 힘을 얻어서 (도리 없이) 죽고 말았다더라."

이와 같이 해석을 할 수 있겠습니다만, 어떠세요? 비슷하게 나왔나요?

이러한 사주가 있다고 본다면(보지 않았으니 모르겠지만) 정말 한격이라는 이론을 무시할 수 없군요. 그러니까 혹 날이 추워서 조후용신으로 잡고 설명을 하는데 뭔가 삐~따닥~~ 하게 핀트가 벗어나고 있다고 느낀다면 그순간 '이것이 바로 한격이 아닐까?' 하는 의문이 떠올라야 합니다. 이게 바로 낭월이의 바람이지요. 그럼 짚고 넘어간 겁니다?

이렇게 해서 조후에 대한 감상을 마무리해야 하겠군요. 무슨 감이 생기시는지요? 조후라는 것도 억부법이 우선한다는 말씀을 드립니다. 그러나 어렵긴 어렵습니다. 이것이 전부는 아니니까요.

그래서 하시는 말씀이 "감을 잡아라"는 것입니다. 그 감을 잡기 위해서 할 수 있는 일이 무엇일까요?

사주를 많이 보고, 많이 생각하고 시행착오를 많이 겪어야 합니다. 실수를 많이 하는 것이 결국은 내용이 영글게 되는 지름길이라고 말씀드리면 모순이라고 하실랑가요?

조후법은 아무래도 중간에 있는 어중간한 미끼가 아닌가 싶군요. 사실 조후법은 한마디로 "이것이다"라고 꼭 집어 말하기에는 좀 어렵다는 생각이 듭니다.

그러면 조후법을 어떻게 처리할 것인가? 일단 그렇게 용신을 정할 경우도 있다고 생각하시는 걸로 마무리할까요? 그리고 나머지 세 개의 미끼가 아직 남았으니까, 마저 구경을 하고 나서 종합을 하는 방향으로 가는 게 편할 듯하군요.

여기서 마무리 하지 말고 좀 더 가봅시다.

3장

병약용신

아니, 용신도 병이 드나?

이제 세 번째 미끼에 대해서 공부할 순서로군요. 근데 이름이 참 이상하지요? 사람이나 짐승이나 초목이야 병이 든다는 말이 있습니다만, 세상에 팔자에도 병이 있다는 말인가? 참 이상하네?

참 이상한 말이지만 사실이 그렇습니다. 팔자에도 병이 있고, 약도 있습니다. 그래서 이 병약법은 한 발짝 더 깊이 다가서는 명리의 이치라고 할 수도 있습니다.

여태 배운 억부법이나 조후법은 정말 중요한 기준에 해당합니다. 그중에서도 억부법은 가히 왕의 자리를 지키기에 충분하다고 해도 될 만큼 중요하지요. 근데 이 병약법은 뭐냐?

병약법(病藥法)은 바로 억부법을 보조하는 방법이라고 할 수 있습니다. 말이야 다섯 가지의 용신법이라고 했습니다만 병약법은 아무래도 별도로 취급하기에는 너무나 억부법을 닮아 있거든요. 그럼, 자세히 병약법 이론을 탐구하여 보겠습니다.

용신을 깨트리는 게 있다면 이놈을 병이라고 합니다. 다른 말로는 기신 (忌神)이라고 하지요. 그러고 보면 기신이나 병이나 같은 말인가요? 일단 분위기 상으로는 비슷한 말입니다. 그러나 둘 사이에는 많은 차이가 있지요. 기신은 어디에 있든지 기신이지만 병이라는 것은 직접 용신을 극하고 있는 경우를 말합니다.

그러니까 병이라고 하게 되면 약이 급하다는 말도 되지요. 병이 들었다면 당장에 약이 필요하지요? 그럼 병균이 있고 아직 병이 생긴 것이 아니라면 어떻게 될까요?

흔히 듣는 말 중에 이런 말이 있더군요. "간염보균자". 이 말은 병균이 몸속에 있다는 말인가 보더군요. 그런가 하면 또 이런 말도 있습니다. "에이즈 검사에 양성반응을 보였다." 아마도 에이즈 균이 몸속에 있다는 뜻인가 봅니다.

그럼 병이 들었다는 말인가요, 아니면 병이 들 가망이 있다는 말인가요? 아직 병이 들었다는 말은 아닌 것 같습니다. 장차 병이 들 가능성이 있는 사람이라고 이해를 해야 할 것 같군요.

그럼 이 말을 사주 말로 바꿔서 한다면 어떻게 할 수 있을까요? 한번 각자 생각을 해보시지요.

팔자에 기신이 있다는 말은 간염보균자라는 말과 흡사합니다. 그러니까 기신이 있다는 말은 용신이 병균에 감염이 되어 있는 셈이지요. 그럼 언제 발병을 하지요? 아무 때나 기분 나쁘면 발병하나요? 학교에 가기 싫을 때 발병하나요?

학교 이야기가 나와서 말입니다만, 낭월이도 학교에 어지간히 가기 싫어했습니다. 안면도라는 섬마을에서 초등학교를 다녔는데, 봄에 비라도 추적추적 내리고 시간표에 음악이라도 들어있으면 영락없이 학교에 가기 싫어지는 겁니다. 학교까지 약 1시간 반 정도가 걸렸고, 바닷가를 한동안 끼고 가야 했는데 그 바다 냄새가 비릿하고 안개가 자욱할 적에는 바다에서 첨벙첨벙하는 묘한 소리가 들렸습니다. 그때는 물귀신이 돌아다니는 소리로 알았습니다.(참 멍~~한 낭월) 그래서 그만 학교에 가기 싫어지는 거지요.

그리고 두어 군데에 음침한 곳이 있었거든요. 그곳을 지나가려면 영락없이 누가 뒤에서 잡아당겼습니다. 지금 생각해보면 원귀들이 그 구석에서 주주총회라도 하지 않았나 싶어요. 그 파장들이 발산되어서 기분이 나빴던 거라고 떼를 써볼랍니다. 정말 기분 나쁘거든요 하하하.

나쁜 기신의 병균들은 운이 좋을 적에는 모습을 드러내지 않습니다. 다만 명리가의 눈에만 찍힐 뿐이지요. 마치 의사만 감염된 것을 알고 있는 것과 같이 말입니다. 그러다가 운이 나빠지면, 즉 운이 기신이 좋아하는 쪽으로 흘러가면 발병을 합니다. 병균이 좋아하는 환경이 된 까닭이지요.(이렇게 설명 드리니까 정말 병균이 있는 것 같네요) 바로 이것이 기신이라고 하는 것입니다.

그런데 기신이라고 하지 않고 병이라고 한다면 사태가 좀 급합니다. 나중이 아니라 지금 당장에 발병을 하기 때문이지요. 이것이 바로 병입니다. 그래서 병약법 이론이 즉시 가동되어 진단하고 치료하여 정상으로 돌려놓아야 하지요. 항상 그렇듯이 병은 급하거든요. 이 장의 병약법은 바로 이 경우에 기준을 삼는 방법입니다.

병에도 참 여러 가지가 있지요. 허해서 생기는 병, 너무 치우치게 강해서 생기는 병, 그냥 다독여서 치료하면 생활에 아무 지장이 없는 병, 예리한 칼로 도려내지 않으면 도저히 인간 노릇을 할 수 없는 병 등등……. 병에 걸린 자가 용신이라면 용신의 병이라고 하고, 일주면 일주의 병이라고 합니다. 병에도 일주의 병과 용신의 병이 있군요. 이렇게 이야기하니까 만만치 않아 보이지요?

이 부분은 정말 중요합니다. 기왕에 용신을 찾아 나설 바에는 이러한 이치를 모르고는 곤란합니다. 병들어서 곧 죽어가는 놈을 용신으로 정해두고는 용신을 잡았으니 나도 참 대단하구나 하고 큰소리 뻥뻥치는 경우도 있습니다.

앞서 공부했던 조후법도 크게 봐서는 병약이론에 해당되지 않을까요? 일리가 있지요? 추워서 동상이라도 걸리면 병이 되기는 마찬가지고, 추우면 감기에 걸리기도 쉽고 더우면 일사병 걸리는 것을 보면 영 틀린 말도 아닐 듯하군요.

그러나 조후를 병이라고 하지 않는 것은 추운 것과 더운 것이 병에 걸릴 확률은 많다고 하더라도 병은 아니기 때문입니다. 그래서 조후는 별도로 관리를 합니다.

병들면 약을 찾아야지

　당연한 말씀이군요. 병들면 약을 찾아야지. 그럼 약은 어디서 찾지요? 역시 팔자가 병이 들었으니 팔자 속에서 약도 찾아야겠군요. 팔자에도 약이 없으면 어쩌냐구요? 그럼 약국으로 가야지요. 약국에서도 파느냐고 물으신다면 "예"라고 대답을 하렵니다. 어디에 있는 무슨 약국이냐고까지 물으시렵니까? 그러면 마음속에 있는 정신약국이라고 답하지요 뭐. 하하.

　근데 팔자에 병이 든 게 좋을까요, 병이 없는 게 좋을까요? 당연히 병이 없는 것이 좋다고 말씀을 하시고 싶으시지요?

　예, 지당하신 말씀입니다. 병은 없는 게 좋지요. 그러나 그렇게만 생각하실 일도 아닙니다. 예전의 왕고참 선배님께서 하시던 말씀이 "팔자에 병이 있고 약이 있으면 더욱 기이하다"고 했답니다.

　모처럼 유식한 티를 한번 내볼까요? 하하.

　"有病方爲貴 無傷不是奇 格中如去病 財祿喜相隨"
　유병방위귀 무상불시기 격중여거병 재록희상수

　무슨 말인지 모르겠다고요? 몰라도 괜찮아요. 지 잘났다고 폼을 잡아본 거니까 그냥 '정말 잘났구나' 하고 박수나 쳐주세요. 하하.

　대강 살펴볼 때 병이 있고 약이 있으면 더욱 기이하고 발달하는 팔자라고 한 모양입니다. 과연 그럴까요? 병이 있는 것이(병이 없는 것 보다) 더 좋다는 말로 들릴 수도 있거든요. 아무리…….

팔자의 목적은 중화를 찾는 것에 있는데, 병이 있고 약이 있는 것이 더 좋다고 할 수 있겠어요? 그래서 이 말씀도 좀 확대해석을 한 기분이 드는군요. 다만 이런 말은 할 수 있겠습니다.

"병이 있다가 치료가 되면 면역이 생긴다. 헝게 그 사람은 더욱 건강하게 살 수 있다."

아마도 이런 뜻으로 하신 말씀인가 봅니다. 그러니까 할 일 없이 병이 있는지만 눈이 벌개가지고 찾아다니진 마시라고요. 그냥 용신을 따져보다가 중화가 되지 못하고 병이 있어 중하다면 약이 있나 살피고 약이 있으면 '다행이구나' 하고 없으면 '큰일이구나' 하세요.

병이 든 팔자란 다른 말로 하면 기신이 날뛰는 팔자라고 보면 되겠습니다. 그러니까 이미 알게 모르게 병든 팔자를 처치하는 방법을 배웠던 것입니다. 그런데도 불구하고 다시 병약법이라고 거창하게 떠벌이는 것은 더욱 자세히 하자는 것과 병약설이 무엇인지도 모르면 남들이 비웃을까 봐 노파심에 말씀을 드리는 것입니다.

이 정도의 설명이면 병약설에 대한 이야기는 충분히 한 듯하군요. 이해가 되지 않으시면 질문을 하세요. 아무래도 사주를 직접 보면 이해에 도움이 되겠지요? 한번 살펴보겠습니다.

時	日	月	年
甲寅	戊寅	辛卯	丙午

월도 얻지 못하고 일도 얻지 못하고 세력도 얻지 못했군요. 木이 너무나 강한 게 그 원인이었군요. 이 정도로 木이 강한 경우라면 병이라고 할 만하군요. 정말 중증이군요. 병이 월령을 잡고 있을 때가 가장 병이 중한 경우가 된다는 정도야 이제는 감으로도 아실 겁니다.

왜냐하면 당연히 무엇이든 월령을 잡고 있으면 강한 것이기 때문입니다. 이것은 용신이든 기신이든 한신이든 해당합니다.

일간의 병과 약

그럼 약을 찾아볼까요? 木이 병이라면 뭐가 약이지요? 木은 金을 무서워하니까 金이 있으면 약이군요. 그렇지요?

金이 있나요? 그렇군요. 월간에 신금(辛金)이 있군요. 이 신금이 약 노릇을 하고 있는지 한번 검토를 해봐야겠습니다.

사주가 굉장히 약한데 金은 자신의 土기운을 가져가는 성분이군요. 그럼 어떻게 되지요? 약은 약인데 자신의 원기를 손상시키는 약이군요. 보통의 양약이 이와 같습니다. 그래서 하는 말이 병을 고치려고 약을 먹었는데 위장을 버렸다고 하지요? 이것이 바로 그 소식입니다. 약에다 뭘 넣던가요? 그렇지요 소화제를 넣습니다. 위장을 보호하기 위해선가 봅니다.

그래도 역시 약은 독합니다. 정말 까딱 잘못 먹으면 독약이 되기도 하지요. "약 모르고 오용 말고, 약 좋다고 남용 말자." 정말 생각해볼만한 표어로군요.

"아니 낭월아! 갑자기 약장수 할래? 무슨 엉뚱한 말을 떠벌이고 있냐?"

그렇게 되었나요? 정말 푼수를 떨고 있는 낭월입니다. 하하.

사실은 이 표어가 명리를 공부하는 사람에게도 꼭 맞아떨어진다면 어찌

겠어요? 할 수 없이 따라 배워야지요 뭐. 그럼 주목하세요. 위의 팔자에서 그 연유를 생각해봅시다.

일단 신금을 약으로 정해봅니다. 그러고 보니 木들이 벌벌 떨고 있네요. 그러다가는 다시 극성을 부립니다. 왜냐고요? 아니 통근법을 배운 것은 벌써 까먹어버리셨군요? 병은 중한데 약은 약하면 어떻게 되지요? 그렇지요. 잘 아시는군요. 면역만 길러줘서 나중에는 약발이 받지도 않는다는 거 아닙니까?

병[木]은 월령을 장악하고 그 세력이 하늘에 닿을 정도로 막강한데 신금을 보세요. 나무 위에 돌멩이에 불과한 형상. 요즘 말로 "짱"이 되지를 않는군요. 이런 엉성한 진통제로 골수에 박힌 병을 어떻게 치료하겠어요? 말도 안 되지요.

그래도 하는 수 없지 않느냐고요? 잘 살펴봐야지요. 신금이 약이 되기가 부족하다고 판단을 했다면 다른 것은 없나 살펴봐야지요. 죽으나 사나 이가 아픈 데는 진통제만 먹으라고 할 게 아니라 치과를 가야지요.

바로 년간에 병화(丙火)가 있다는 말씀을 드리려고 하는 소립니다. 병화는 분명히 木기운을 설해서 土기운을 도와주니 이것이야말로 병도 고치고 몸도 보신하는 일거양득입니다. 이렇게 좋은 약이 있다는 것을 미처 모르신 의원은 돌팔이가 분명하지요.

돌팔이가 아니신 분은 이미 년간의 병화에 눈길이 머물렀을 겁니다. 이것은 당연한 흐름이거든요. 그런데노 하수(下手)는 木을 극하는 것은 金이라야 한다며 기를 쓰고 다 죽어가는 신금만 붙잡고 살려내라고 떼를 써대니 참 딱한 일이지요.

일단 병화를 이용해야 한다고 생각하신 분은 머잖아 화타나 편작이 될 소질이 있습니다. 낭월이 보증하지요. 화타나 편작이 누구냐고요? 저런······『삼국지』라도 좀 읽으세요. 하하.

이렇게 해서 일간 무토(戊土)의 병을 치료하는 약은 년간의 병화라는 판단이 나왔습니다. 그래서 병화를 약으로 삼는 것입니다.

그러나 다른 말로 하면, 무토가 신약한데 신금은 역시 약하고 또 약한 일주가 신금을 生해주려면 이중의 고통이 되니까 인성인 병화를 용신으로 정한다고 하는 억부법에도 통합니다. 그래서 병약법은 억부법의 연장이라고 말씀을 드린 것입니다. 이제 그 말이 무슨 뜻인지 아실 겁니다.

용신의 병과 약

이미 일간의 병이 木이고 일간의 약은 병화(丙火)라는 판단을 내렸습니다. 그런데도 아직 더 써먹을 것이 남았는지 낭월이는 자꾸 주절거리는군요. 사주를 한번 적기도 힘든데 빼먹을 것이 있으면 알뜰히 빼먹어야지요. 하하.

이제 입장을 바꿔서 약이라고 정의한 병화의 입장을 살펴봅니다. 병화는 월에서 木들이 生해주니까 상당히 강하군요. 더구나 병오(丙午)이니 아래에 있는 오화(午火)도 상당한 힘이 되고 있습니다. 정말 그 성분이 산삼 녹용 정도나 되나 봅니다. 참 좋군요. 그런데 만약에 용신이 병이 들었다고 말하면 깜짝 놀라실랑가요? "당연하지 뭐" 하실랑가요?

그 병이란 다름 아닌 신금(辛金)이지요. 신금은 병화와 합을 하니까 병화는 약 노릇을 하는 게 아니라 독 노릇을 하고 있습니다. 바로 병신합(丙辛合)은 水가 되기 때문이지요. 아니 병을 치료하라니까 엉뚱하게 水로 변해서 도리어 나무를 생조해주려고 하다니······.

정말 있을 수 없는 일이지만 역시 할 수 없는 것이 팔자소관입니다. 그러니 어쩌겠어요. 참 딱하군요.

　낭월이 억지를 쓴다고 생각하시는 벗님은 한번 보세요. 페니실린 부작용이란 말을 들어보셨나요? 치료하라고 주사를 놨더니 사람이 죽어버렸다고 하잖아요? 이게 바로 그 소식입니다. 역시 팔자학의 이치는 일상의 구석구석에서 그 모양을 비추고 있더군요. 그래서 이 팔자의 용신은 병이 들었고, 그 병을 또 고쳐야 하는데 뭐가 용신의 약일까요?

　신금이 가장 벌벌 떨 만한 글자……. 그렇군요 정화(丁火)로군요. 정화만 있으면 병화는 즉시 약효를 나타낼 겁니다. 그런데 안타깝게도 이 팔자에는 정화가 없지요? 참 딱하군요. 그래도 하는 수 없지요 뭐. 천상 운에서 오기를 기다리는 수밖에요.

병약용신의 한계

병약의 한계가 어디까지인지는 참 애매합니다. 일단은 억부의 영역에서 해결을 보되, 상황이 다급하다든지 분위기가 사뭇 험악할 적에는 병약의 영역으로 관리를 하면 되기는 되겠는데, 그 경계선은 참으로 명확하지 않습니다. 그래서 한마디로 정의하기는 참 어렵지만 정의가 필요하다면 이렇게 말을 해두겠습니다.

"기신(忌神)의 세력이 너무 강하면 병(病)으로 간주한다."

그러니까 병약이라는 말은 몰라도 사주를 보는 데는 크게 잘못될 일이 없을 성싶군요.

물론 병에는 일주의 병과 용신의 병이 있다고 말씀을 드렸습니다. 그러나 확대를 하기로 들면 얼마든지 많은 병을 찾아낼 수도 있지요. 어떻게 좀 더 파고들 수 있을까요? 한번 궁리들 좀 해보세요.

일간의 병이 있고, 용신의 병이 있다고 한다면 눈치로 때려잡아도 몇 개의 병을 만들 수가 있겠군요. 우선 희신(喜神)의 병도 있을 수 있겠구요. 좀 억지 같습니다만, 기신(忌神)의 병이라고 없겠어요? 흐흐.

기신의 병이라고 하니까 참 황당하지요? 그러나 틀린 말도 아니지요. 용신이 병들면 흉상(凶相)일 테고 기신이 병들면 길상(吉相)일 테니까 뭐가 다를 게 있어요? 기신은 병들어서 약이 있으면 흉하고 약이 없으면 길하겠군요. 이것이 자유자재의 통변입니다. 걸림이 없는 것이지요. 그래서 동양역학을 공부하는 놈하고는 말도 하지 말라고 하잖아요. 둘러다 붙이는 데 도가 터버렸기 때문인가 봅니다. 하하.

또 한 가지의 병이 있습니다. 바로 육친(六親)의 병입니다. 즉 아버지의 병, 어머니의 병 그리고 남편의 병과 각시의 병이 그렇지요. 자식의 병도 있겠군요. 사실 병약의 이야기는 이 언저리에서 더욱 영양가가 있을 법합니다. 생각을 해보세요. 어느 사주 선생에게 사주를 의뢰했더니 척 보고는 "당신의 남편은 병이 있구랴" 한다면 질려버릴 일이지요? 더구나 한 술 더 떠서 "위장병이 있구랴" 정도가 되면 기가 막힐 일이겠지요? 그러면 문득 의심이 되기도 합니다. '저 사람은 아마도 명리학으로 사주를 보는 게 아니라, 귀신이 붙어서 사주를 보고 있을 거야. 팔자를 적어놓는 것은 눈가림이 틀림없어. 사주를 공부해서 그런 것까지 알기는 불가능 해.'

물론 이렇게 의심을 하는 것도 무리는 아닙니다. 그렇게 논하는 이론도 있으니까요. 명리학을 정밀하게 궁리하면 이런 것이 그대로 적나라하게 드러납니다. 이런 소식의 힌트는 바로 병약이론에 근거를 합니다. 이 언저리에 오면 병약설의 힘이 크게 느껴집니다.

용신을 공부하면서 병약에 대한 공부를 하게 되는 모양입니다. 병약의 이야기는 용신에서 확실하게 해두면 나중에 육친을 궁리할 적에 그대로 활용이 됩니다. 그래서 기신의 병을 궁리해보고 희신의 병을 연구해보라고 하는 것입니다. 이제 아시겠지요? 앞장에서 본 사주를 다시 한 번 궁리해 볼까요?

우선 병화(丙火)가 병이 들었다고 했습니다. 병화가 육친으로 어떻게 되는지 한번 살펴보겠습니다. 편인(偏印)에 해당하는군요. 편인이나 정

인은 어머니라고 했습니다. 그런데 어머니에 해당하는 병화의 입장에서

時	日	月	年
甲	戊	辛	丙
寅	寅	卯	午

보니까 木이 너무 많아서 거들떠보기도 싫을 지경이군요. 그래서 金에게 찰싹 달라붙어 있습니다. 金에게 木을 없애달라는 이야기를 하고 있지요 그런데 金은 어떤 입장이라고 했습니까? 자신도 돌볼 겨를이 없는 상황이라고 했습니다. 면도날로 기둥을 자를 수는 도저히 없으니까요. 그런데도 병화는 정신없이 신금(辛金)에게만 엎어져 있습니다. 이것이 병이지요.

신금은 어머니에게는 재물이군요. 어머니는 돈돈돈 하는 어머니가 아닐까 하고 생각을 하신다면 참 그럴싸하군요. 어머니가 모든 것을 돈으로 해결하려고 한다면 자식이 보기에 어떻겠어요? 가련하게 보이겠지요?

정재는 또 육체라고도 합니다. 그럼 돈과 몸밖에 모르는 어머니군요. 정말 무토(戊土)의 입장에서는 맘에 들 까닭이 없군요. 자식은 죽거나 말거나 오직 돈과 사치에만 매달리는 엄마라면 필시 병이 든 것이 확실합니다. 실제로 그러한 어머니가 없잖아 있지요?

이런 식으로 병을 찾아서 그 원리를 궁리합니다. 깊이 명상하고 추리한다면 얼마든지 오묘한 이치를 캐어낼 수 있습니다. 이것이 안목이지요. 이렇게 간단한 병약법의 이치도 확실하게 알고 나면 얼마든지 폭넓게 응용할 수 있습니다.

또 하나는 자신의 병을 찾아내자는 것입니다. 이 병약설을 갈고 닦아서 자신의 몸에 어떤 기관이 허약한지 살펴보고 어떻게 그 허약한 부분을 강

화시킬 것인가를 궁리해보자는 겁니다. 그리고 보니까 병약설의 응용 분야는 참으로 무궁무진하군요.

'나는 아무래도 갑술년에는 병이 들 것이다. 그런데 분명히 간이 나빠질 것이다. 그러니까 갑술년에는 간에 해로운 것은 특별히 삼가야겠다. 술을 소주로 두 잔 이상은 절대 금하고, 담배는 간하고 거리가 있으니까 무난할 거고……. 아, 과로는 간에 나쁘니까 되도록 숙면을 취하자. 하이텔의 역학 동호회의 대화방에서 불러도 가능한 한 핑계를 대고 얼른 빠져 나와서 잠을 자자.'

이렇게 새해 초에 팔자를 보고서 궁리를 한다면 어찌 명리학이 단순히 사주를 봐주기만 하는 학문이라고 하겠습니까?

실제로 제 벗이, 새해 초에 신수를 묻기에 가만히 살펴보니 운세는 대체로 무난한데 아무래도 간 쪽에 건강이 염려가 되었습니다. 그래서 한마디 했지요.

"갑술년에는 간장(肝臟)단지 잘 싸매고 살거라."

그리고는 잊어버렸는데, 오늘 전화가 왔더군요.

"시키는 대로 올해는 간장단지를 신주 모시듯 했는데 그래도 좀 약해진 것 같네."

그래서 낭월이 말했습니다.

"시키는 대로 고생한 보람이 있구만. 그 정도로 넘어간다면……."

이것이 일년 신수를 보는 이유 중에 하나가 될 수도 있겠지요? 완전히 피할 수는 없더라도 그 정도로 넘어갈 수는 있는 모양입니다. 우리 벗님들도 자신의 신수 정도는 뽑아서 보고 길흉을 판단할 정도가 되셨으면 좋겠군요.

4장

통관용신

담벼락을 헐어주오

다섯 개 미끼 중에 네 번째 미끼를 알아봅시다. 말이야 다섯 개지만, 가장 사용할 기회가 적은 미끼가 바로 이 통관미끼일 것입니다. 사실 낭월이도 많은 사주를 봤지만, '이것은 바로 통관법(通關法)이다' 하고 떠오른 팔자는 다섯 손가락에 꼽을 정도입니다. 아마도 평생에 한 번도 만나지 못할 수 있다고 말씀드려도 좋을 성 싶군요.

그래도 알아야 합니다. 사실 수학시간에 배운 그 많은 공식들을 어디 평생에 몇 번이나 써먹겠어요? 정말 사용하는 것은 억부법, 아니 산수의 가감승제 정도뿐입니다. 그 이상은 수학자들이나 사용할라나……. 보통 사람은 정말 평생에 열 번 써먹기도 힘이 들 겁니다.

그렇다고 배우지 않으면 통과가 되지 않습니다. 그래서 양념으로 배우기는 배워두는 겁니다. 혹 나중이라도 통관용신법(通關用神法)을 사용하지 못하면 낭월이를 욕하실지도 모르니까요.

"짜아식~ 말이야…… 괜히 잘난 척, 시끄럽게 떠들더니 어디다가 써먹으라고 일러준 거야 이거!! 아무래도 고놈 사기꾼 아니야?"

아마 이러실 분이 계실는지도 모릅니다. 하하.

그래서 단단히 각오를 하고 미리 빠져나갈 구멍을 파느라고 이렇게 서두에서 헛소리를 하고 있는 겁니다. 아시겠지요? 낭월이 얼마나 능구렁이인지요. 하하.

옷이나 물건을 파는 분들 있지요? 그들은 팔리지 않을 것인 줄은 뻔히 알면서도 물건을 사다 둡니다. 이유인즉 구색을 갖추기 위해서지요.

있을 적에는 거들떠도 보지 않던 사람들도 막상 없으면 꼭 찾거든요. 그러니 어떻해요. 어쩔 수 없이 구색을 갖춰놓는 거지요.(낭월이 옷장사 해도 잘하겠는걸)

통관법이란 게 바로 그런 것이라는 말씀입니다. 별로 쓰이지는 않지만, 알아두지 않으면 남들이 "무식한 명리가"라고 욕을 합니다. 그래서 욕을 잡수시지 말라고 일러드리는 겁니다. 낭월이 혼자 마음 같아서는 쏘옥 ~ 빼버리고 싶지만요.

우선 통관법에 어울림직한 사주를 한 개 구해봐야겠는데, 이런 팔자는 약에 쓰려고 해도 구하기도 어려워요. 천상 "통관사주 찾아 삼만리"를 해야지요.

통관사주를 찾으려고 『적천수 징의』를 뒤적여봐도 "이것이 통관사주다!"라고 할 만한 팔자가 보이지를 않는군요. 『적천수 보주(滴天髓補註)』를 봐도 확실한 통관사주가 보이지 않는군요. 『자평수언(子平粹言)』을 뒤적여보니 비로소 통관사주라고 할 만한 사주가 딱 한 개 눈에 들어오는군요. 그 정도입니다. 정말 실제의 상황에서 만나기는 쉽지 않겠어요. 그럼 희귀한 통관사주 구경이나 해봅시다.

時	日	月	年
己	丁	丙	丁
酉	酉	午	酉

삼금사화(三金四火)니 火가 약간 강한 편일까요?

정화(丁火)가 월은 얻었으나 일도 세력도 얻지 못했으니 그렇게 왕한 것은 아닌 걸로 보이는군요. 그렇다고 약한 것도 아닌 듯하고…….

金도 셋이서 모두 지지에 모여 있으니 약하다고 하기도 그렇군요. 火는 나무가 없으니 불꽃이 치열하지 않은 것이 그 한 가지 이유가 되기도 하겠군요. 이 경우에는 金과 火가 서로 대립되고 있다고 합니다.

그래서 둘 사이를 화해시킬 특사가 필요하지요. 서로 자신의 세력을 믿고 양보하려고 하지 않거든요. 특사는 누가 좋을까요? 바로 둘 사이로 편하게 해줄 오행이라야 하겠군요. 그 오행은 바로 土가 될 것이 너무나 뻔하군요. 土가 사이에 끼어들면, 화생토(火生土)하고 토생금(土生金)하니 서로 싸움을 중지하고 화해를 한다는 겁니다. 사실 이 싸움을 말릴 사람은 土 말고 뭐가 있겠어요?

이 문제를 나무에게 맡겨볼까요?

"금아 너는 항상 나를 이유없이 못살게 했으니께 넌 이제 죽었다. 불아 제발 저 꼴도 보기 싫은 금을 죄여뻔져라!!"

水에게 물어봅시다.

"엄니!(金은 水의 어머니니까……) 조 싸가지 없는 자슥이 엄니를 얕잡아 보고 까불고 있네요. 엄니들이 대적하기는 만만치 않으실팅게 이 든든한 아들이 나서서 깨부셔번질라요!!"

이런, 엉터리들 좀 봐요. 심판하라니까 하는 짓거리들이 이 모양입니다. 잠깐, 어떤 이야기가 생각이 나는걸요.

선비가 산길을 가다가 함정에 빠진 호랑이를 구해주었더니 잡아먹으려고 했다는 이야기 말입니다. 다들 아시지요? 그럼 줄이지요. 다만 심판을 하려고 소나무에게 물어보고, 소에게 물어보고 했다는 내용만 떠올려주세요. 정말 이와 흡사하군요. 이런…… 하라는 사주 설명은 하지 않고.

마지막으로 土가 심판을 합니다.

"엄니가 쬐끔만 양보하시구유, 아그들도 쬐끔만 양보햐~ 따지고 보면 모두 한집안 식구들인디 이렇게 아웅다웅하고 있으면 남들이 볼상 사납지유 ~~~ . 그러니께 그만들 하시구 화해하시유~"

평화 사절단

통관신(通關神)은 그렇게 불러도 손색이 없습니다. 화해와 화합의 명수입니다. 이 통관의 법으로 용신을 정하는 일은 흔한 일이 아닙니다만, 그렇다고 무시하면 곤란합니다. 사실 통관의 법은 명리학의 깊숙한 곳에서 많이 활용되고 있습니다. 용신으로만 정하려니까 흔한 일이 아니라는 것입니다. 무슨 뜻인가 하면요.

인천공항은 세계와 통하는 관문이지요? 통관의 절차가 없이는 다른 나라로 갈 수도 없고 다른 나라에서 올 수도 없습니다. 우리나라만 혼자서 오손도손 살겠다면 누가 말리겠습니까만, 그렇게 된다면 결국 이 나라 백성은 풍요로운 삶을 사는 데 지장이 있을 겁니다. 북한의 현실이 그것을 증명해주고 있지요.

이렇게 중요한 것이 내면 깊숙한 곳에서 활발히 진행되고 있는 것처럼, 명리학에서도 통관의 의미는 구석구석에서 그 영향력을 발휘하고 있답니다. 자, 다음을 볼까요?

《문》일주가 水인데 土가 왕하면 뭐가 용신인고?
《답》土기운을 金이 빼다가 水을 生해주니 金이옵니다.

이미 배우신 방법입니다. 즉 억부법에서 신약한 사주를 보고 용신을 정하는 방법에 해당하는 것이지요. 그런데 이렇게 간단한 문답에도 통관의 의미는 존재합니다.

좀 더 자세히 말씀을 드려본다면 土기운을 누르는 데는 두 가지가 있습니다. 나무로 극하는 방법과 金으로 설기시키는 방법입니다. (아직도 오행 상생상극의 이야기는 유용한갑네?) 그런데 木으로 목극토(木剋土)를 하려면 일주의 기운은 다시 木을 生해줘야 합니다. 허약한 水가 또 木을 生해줘야 한다는 것이 얼마나 부담이 되겠어요? 사실 자식 덕을 보는 것보다 부모덕을 보는 것이 훨씬 편한 일이지요.

자식 덕이라는 게 얼마나 환상인지 세상을 60년만 살면 다 알게 된답니다. 그러나 부모 덕이야 얼마나 좋아요. 신나게 나가서 놀기만 하면 엄마가 밥 해놓고 부르시니 할 일이라고는 손 씻고 밥 먹는 일만 남는 거지요. 그래서 약한 水는 木을 원하지 않습니다.

반면에 金이 있으면 그 공덕이 두 가지지요. 또는 金을 生해주느라고 水를 극하지 않으니 그 한 가지 공덕이요, 金은 원수인 土의 돈을 울궈다가 水를 만들어주시니 그 두 번째의 공덕입니다. 거기다가 덤으로 극하느라고 살벌할 일도 없으니 정말 편한 것이 이만저만이 아닙니다. 이 형상을 보면서 생각이 나는 사람이 있군요.

링컨이라고…… 초등학교 교과서에 나오는 인물이지요? 변호사 시절에 어떤 사람이 절친한 친구를 고소했는데 링컨이 그 사람으로부터 고소비용을 받아서는 그 곤경에 처한 친구를 위문하고 약을 사준 뒤, 빚을 삶으라고 해서 해결이 되었다는……. 정말 아름다운 이야기더군요. 아마도 링컨 대통령이 명리학을 알았다면 좀 더 멋진 정치를 했을 텐데…… 미국이 운이 없었나 봅니다. 이렇게 멋진 통관의 이치를 알고 살았다면 틀림없이 멋쟁이인데……. 여기서도 통관의 의미는 분명히 있답니다.

그와 같이 막힌 곳을 터주는 작용을 하는 오행의 글자가 통관의 역할을 하게 되는 것이니, 꼭 통관법으로 용신을 잡을 일이 없다고 하더라도 이 깊은 이치는 반드시 알고 있어야 합니다.

그런데 팔자에 金이 없으면 어쩌냐고요? 정말 그렇다면 큰일이군요. 그런 경우에는 통관이 없다고 말을 하는데, 없다면 천상 격이 떨어지는군요. 아니 떨어지거나 말거나 운에서라도 나타나기를 기다려야지요. 土와 水가 싸운다면 그 사이를 화해할 수 있는 글자는 金이 아니고서는 되질 않는걸요 뭐.

물론 꿩 대신 닭이라고는 합니다만, 꿩을 잡아먹는 것만이야 할라구요. 그럼 상격(上格)이 되기는 글렀네요. 도리 없이 차선책을 쓸 수밖에요. 그럼 중격(中格)은 되겠지요. 차선책도 쓸 수 없으면 어쩌냐고요? 그럼 하격(下格)이지요 뭐.

5장

전왕용신

특별한 놈

지금 배우실 전왕법(專旺法)은 좀 특별한 방법이라고 말씀을 드릴 수 있겠군요. 그동안에 배웠던 억부의 방법과는 그 차원을 달리합니다. 그래서 세세하게 잘 살피지 않으면 왕왕 실수를 하게 됩니다. 신경을 바짝 곤두세우고 정신을 차려서 귀를 기울이셔야 나중에 후회하지 않습니다.(초장부터 겁주는 거 봐요. 하하)

그러나 차근차근 익히다보면 별 것도 아니라는 걸 아시게 되지요. 제발 그렇게 되셔야 할 텐데…….

특별한 놈이라고 한 걸로 봐도 아시겠지만, 이 방법이 그렇게 흔한 것은 아닙니다. 그러나 종종 있습니다. 억부로 설명을 해도 아니고, 조후로 설명을 해도 아니면 필시 이놈이 그 범인일 가능성이 농후합니다.

이 특별한 놈의 정체는 종종 안개 속에 숨어 있습니다. 이놈에게 한두 번 당하고 나면, 이제는 아예 모든 팔자가 이놈인 듯이 보이는 착시현상이 생기기도 합니다. 팔자를 볼 때마다 이놈이 아닌가 하고 의심을 하게 되지요. 아마도 명리학의 정상에 서기 전에는 필히 이놈의 교란작전에 말려드는 시기가 있는가 봅니다.

제가 그랬거든요. 그래서 스스로의 멍청함을 탓했더니 다른 벗님들도 모두 한 번씩 헤매본 추억들이 있으시더군요. 처음에 이놈의 힘을 알게 되면 억부법이 엉망이 돼버리기도 합니다. 자라보고 놀란 가슴이 솥뚜껑을 보고 놀라는 것이 당연한가 봅니다.

　이놈의 정체를 상당히 자세하게 밝혀둔 책이 있지요. 바로『적천수(滴天髓)』입니다. 만약에 안개 속에 파묻혀서 길을 잃고 헤매시는 게 소원이라면 간단합니다.

　처음부터『적천수』를 읽으시면 됩니다. 한 번만 읽어도 충분합니다. 그러면 모든 팔자는 이놈으로 보이고 그래서 착각과 혼동을 거듭하다 보면 나중에는 사주의 "사"자만 들어도 6만 킬로그램의 공포심이 엄습합니다. 당연히 사주공포증이 생겨서 팔자는 보기도 싫어지지요.

　그럼『적천수』를 불질러버리면 간단하겠군요. 그렇게 혼동스러운 책을 뭣하러 공부하고 속을 썩이겠느냐고요. 그런데 사실은 그렇게 한다고 공고를 한다면 제일 먼저 낭월이 반대성명을 내겠습니다. 그렇게 훌륭한 보석을 없앤다면 이제 명리연구는 멸망할 것입니다. 그럼 도대체 어쩌란 말인가요?

　모든 것은 단계가 있는 법입니다. 용신을 공부하는 이 항목에서도 선왕법은 가장 나중에 등장합니다. 왜냐하면 그것이 순서이기 때문입니다.

　가장 먼저 나온 단계는 억부법이지요. 고전에서 억부법을 가장 자세하게 설명한 책이 바로『자평진전(子平眞詮)』입니다. 우선 억부법을 잘 이해하고 소화를 시키면 기본이 튼튼해질 것입니다. 그리고 나서야 이 특별한 놈을 상대합니다. 일단 내공이 어느 정도 쌓이지 않고 상대하면 누구든지 이놈의 착시교란법(錯視攪亂法)에 걸려서 미로를 헤매게 됩니다. 그래서 내공을 충분히 기른 다음에 일전을 벌여야 합니다. 그럼 승산은 얼마나 되겠느냐고요? 98퍼센트입니다. 물론 실패할 확률도 2퍼센트는 있지요. 그만큼 까다로운 녀석입니다.

　그러나 이놈이 무서워서 피해만 다니면 결국 명리학의 진수는 맛보지 못합니다. 원래 도고마성(道高魔盛)이라고 하지요? 이놈과 일전을 벌일 단계가 되면 명리학도 거의 마무리가 된 것입니다. 마지막 관문이거든요.

그동안에 갈고 닦았던 내공을 완숙의 경지로 이끌어주는 작용을 합니다. 그래서 이 관문을 돌파한 분은 이름도 거룩한 명리가(命理家)라는 칭호를 부여받게 됩니다. 이 관문을 통과하지 못한 벗님은 아깝지만 "영원한 구경꾼"에 불과합니다.

아마 우리 벗님들 중에서는 물러나실 분이 한 분도 없을 성싶군요. 그럼 용전분투하셔서 필히 고지를 점령하시기 바랍니다. 그리고는 명리산(命理山)의 정상에 자신의 이름이 새겨진 깃발을 높이 올리시기 바랍니다.

이 특별한 방법을 다른 말로는 외격(外格)이라고도 부릅니다. 외격에 상응하는 말로는 내격(內格)이 있겠군요. 내격은 뭘 보고 말하냐면 바로 억부법을 보고 하는 말입니다. 억부법은 내격이고 전왕법은 외격입니다.

흔히 사부님들은 "내격 85퍼센트 외격, 15퍼센트"라고 말씀 하십니다. 그렇다면 보통은 내격에 속한다고 봐도 되겠군요. 그럼 15퍼센트를 포기하면 어떨까요? 까짓거 얼마 되지도 않은데 포기해버리고 모든 팔자를 정격으로 아니, 내격으로 보지 뭐…… 한다면 어떻겠느냐는 말씀입니다. 여기서 정격(正格)이란 말은 내격과 같은 뜻을 갖습니다.

　내격=정격=억부법-신강신약법(조후, 통관, 병약 포함)

　외격=편격(偏格)=전왕법=특수한 법

이렇게 나열을 할 수 있습니다. 즉 정격이란 말은 편격이란 말에 대응하는 말이군요. 그럼 편격이란 말의 "편(偏)"자는 바로 치우칠 편이군요. 그렇게 생긴 걸로 봐서 필시 치우친 격이라는 뜻이 분명하지요? 치우친 걸로 봐서 뭔가 몰려 있다는 뜻이 분명합니다. 뭔가 몰려 있는 것이 바로 편격이고 외격입니다. 우선 이렇게 외격에 대한 공부를 시작합니다.

어딘가엔 열쇠가 있다

지난 시간에 전왕법에 대해 겁을 너무 많이 드렸나요? 그러면 이제 하나하나 풀어가는 방법을 설명드리겠습니다. 우선 전왕의 문으로 들어오면 다시 몇 개의 쪽문으로 갈라지는 것이 있답니다. 그 쪽문의 이름을 대강 말씀드리고 시작해야 어느 곳에서 헤매고 있는 줄이나 알지요.

전왕법의 분류

종격(從格) — 강약으로 나누어볼 때

① 일간과 같은 오행이 엄청 많으면 — 종왕격(從旺格)
② 일간을 生해주는 오행이 엄청 많으면 — 종강격(從强格)
③ 일간이 生해주는 오행이 엄청 많으면 — 종아격(從兒格)
④ 일간이 극하는 오행이 엄청 많으면 — 종재격(從財格)
⑤ 일간을 극하는 오행이 엄청 많으면 — 종살격(從殺格)
⑥ 특수한 경우에 극하는 기운들이 모여 — 종세격(從勢格)

화기격(化氣格) — 합의 관계로 볼 때

① 일간이 갑기합에 土가 엄청 많으면 — 화토격(化土格)
② 일간이 을경합에 金이 엄청 많으면 — 화금격(化金格)

③ 일간이 병신합에 水가 엄청 많으면 — 화수격(化水格)

④ 일간이 정임합에 木이 엄청 많으면 — 화목격(化木格)

⑤ 일간이 무계합에 火가 엄청 많으면 — 화화격(化火格)

일해득기격(一行得氣格) — 한 가지 오행으로 이루어진 팔자

① 木일간이 전부 木만 있는 팔자일 때 — 곡직격(曲直格)

② 火일간이 전부 火만 있는 팔자일 때 — 염상격(炎上格)

③ 土일간에 전부 土만 있는 팔자일 때 — 가색격(稼穡橋)

④ 金일간에 전부 金만 있는 팔자일 때 — 종혁격(從革格)

⑤ 水일간에 전부 水만 있는 팔자일 때 — 윤하격(潤下格)

양신성상격(兩神成象格) — 두 가지 오행으로 이루어진 팔자

① 木과 火로 이루어진 팔자

　— 목화상생격(木火相生格) 혹은 청적부자(靑赤父子)

② 火와 土로 이루어진 팔자

　— 화토상생격(火土相生格) 혹은 화토협잡(火土夾雜)

③ 土와 金으로 이루어진 팔자

　— 토금상생격(土金相生格)

④ 金과 水로 이루어진 팔자

　— 금수상생격(金水相生格) 혹은 금백수청(金白水淸)

⑤ 水와 木으로 이루어진 팔자

　— 수목상생격(水木相生格) 혹은 수목청기(水木淸奇)

쳇, 다른 말은 하나도 보이지 않고 그냥 "엄청 많다"는 말만 보이네요. 어떠세요? 이렇게 이름만 봐도 벌써부터 머리가 지끈지끈하지 않으세요? 전왕법의 복잡한 구조를 이제 이해하시겠지요? 이렇게 복잡하답니다.

이게 바로 외격이고 전왕법에 해당하고, 또 특수한 격에 해당하기도 합니다.

우선 이름들을 익혀두세요. 결국 실력은 이런 곳에서 드러나게 되거든요. 정격이야 웬만하면 알 수 있지만, 특수격들은 공부를 하지 않고는 알 수가 없지요.

미꾸라지처럼 특수격들을 만나지 않으면 다행이지만 그러자니 팔자만 보려면 항상 불안합니다. 그래서 하는 말씀이 "차라리 매를 맞고 말지"입니다. 아시겠지요?

가장 전왕법다운 것

전왕법이 그 종류를 나누자면 여러 가지라고 이미 말씀드렸습니다. 크게 다음과 같이 나눌 수 있습니다.

종격(從格)

화기격(化氣格)

일행득기격(一行得氣格)

양신성상격(兩神成象格)

그중에서도 맨 처음에 있는 종격은 가장 전왕법다운 맛이 나는 격에 속합니다. 그리고 가장 많이 사용되고 만나는 격이기도 하지요. 그래서 보통은 종격이 전왕법의 전부인 줄 압니다. 뭐 그래도 큰 탈이야 있을라구요.

아무래도 많이 사용하는 것을 먼저 공부하는 게 실속이 있겠지요? 종격에 대한 공부를 먼저 하겠습니다.

종왕격(從旺格)

제일 먼저 다룰 것이 종왕격입니다. 팔자에 대부분을 일간과 같은 오행이 차지하고 있는 경우입니다. 그럼 사주를 하나 보면서 이해를 돕도록 하겠습니다.

時	日	月	年
甲申	庚戌	庚申	戊申

위와 같은 사주는 종왕격이라고 할 만하군요. 경금(庚金)이 신월(申月)에 나서 전국(全局)이 오금이토(五金二土)이니…… 그 왕성한 金기운이 느껴지는군요. 이런 팔자는 얼마나 좋은 팔자일까요? 일주가 굉장히 왕하니까 참 좋은 것일까요?

이 항목이 무엇을 다루는지 생각해보면 알 수 있지요. 전왕법이라고 했고, 또 다른 말로는 편격이라고 했습니다. 그러고 보니 편격이란 치우쳤다는 말이군요. 아무래도 좋은 의미 같진 않습니다. 좋은 것이란 골고루 있는 것이지요.

이렇게 치우치게 되면 아무래도 모험을 하게 됩니다. 평탄하게 사는 것보다도 한판에 승부를 걸고 싶어지는 거지요.

결과야 어쨌거나, 이러한 격국을 종왕격이라고 합니다. 매우 간단하므로 한 가지만 보시더라도 익히 이해가 되실 겁니다.

그런데 한 가지 경고(?)를 드리고 싶어지는군요. 다른 게 아니고…… 전왕의 형상을 띠고 있더라도 식상이 있으면 신왕해서 식상을 용한 경우와 다를 바 없다는 것입니다.

왕왕 혼동되시는 것 중에 하나가, 종왕격(從旺格)과 신왕식상격(身旺食傷格)이 어떻게 다른가 하는 점일 것입니다. 그래서 이런 격국은 결국 같은 뜻이라고 이해를 하시기 바랍니다. 식상도 없어야 비로소 종왕이 되는 것입니다. 아시겠지요?

종강격(從强格)

보통은 종강격과 종왕격을 크게 구분하지는 않습니다.

사실 모두 나[日干]를 생하거나 같은 오행이니까 비슷해서 그럴 겁니다. 그럼에도 번잡하게 분류를 하는 것은 다른 뜻이 아닙니다. 다른 사람이 물었을 적에 답변을 잘하시라고요. 하하.

그것보다도, 약간의 차이에 천리의 차이가 나는 수도 있거든요. 그래서 확실히 할 수 있는 것은 확실히 하고 넘어가는 것이 상책입니다. 이 종강격은 정인(正印)과 편인(偏印)으로만 이뤄진 팔자를 이르는 말입니다.

혹, 인성과 비겁(비견과 겁재)이 섞여 있을 경우도 있겠군요. 그런 경우에는 종강왕격이라고 하면 될라나요?

뭐 그래도 아무 상관없습니다. 갖다붙이기 나름이지요. 그런다고 무슨 일이 잘못되는 것은 없습니다. 그러나 종강왕격이라고 하면 또 하나의 격을 외워야 되나보다 하시고서 고생스럽게 외우실까봐 그러시지 말라고 권합니다. 상황을 봐서 인성이 월을 장악하고 또 강하면 종강격이라고 하고 (비겁이 있더라도) 비겁이 월을 장악하고 또 강하면 종왕격이라고 하면 됩니다. 이해 되시죠? 그럼 사주 하나 적어 올립니다. 확인을 해보세요.

時	日	月	年
辛	壬	庚	癸
亥	辰	申	酉

사금삼수(四金三水)에다가 진토(辰土)는 이미 土가 아니군요. 그래서 종격에 해당하는데 金의 세력이 가장 강하므로 金은 인성에 해당하니 종강격이라고 합니다.

종아격(從兒格)

종아격이란 무슨 말인가요? 아이를 나타내는 글자로군요. 그럼 아이를 따라간다는 말인가요? 아마도 그런 분위기가 드는군요. 여기서 아이란 식상(식신과 상관)을 말합니다. 사주에 식상이 엄청 많으면 종아격이 된다는 이야기군요.

우선 종아격의 표본을 하나 보시는 게 좋겠지요? 항상 현장체험이 중요하니까 말입니다. 일일이 십간별로 예를 보여드리고 싶기도 합니다만 시간과 지면의 한계에 항상 굴복하고 마는 낭월이군요. 그럼 예문을 보면서 이야기하지요.

종아격(1)

時	日	月	年
丙	癸	壬	丁
辰	卯	寅	卯

종아격(2)

時	日	月	年
甲	癸	癸	乙
寅	卯	卯	未

이번에는 두 개의 사주를 놓고 비교까지 해보면서 갑시다. 항상 말씀 드립니다만 설명을 하기 전에 소신껏 보시고 용신이 어디에 있는지 찾아보세요. 커닝은 도움이 되지 않습니다.

낭월식 사주풀이는 과정을 중시합니다. 결과적으로 정답에서 벗어났다고 하더라도 그 과정에 충실하면 점수를 드립니다. 그러니까 어쭙잖게 커닝으로 정답을 내고서 과정을 설명하시라고 하면 우물쭈물하는 벗님은 무조건 F로 처리합니다.

우선 (1)번 사주를 보세요. 신약하다는 것을 알 수 있겠군요. 이런 경우에 바로 종아격이 되는 것입니다. 또 식상이 엄청 많은데 불[財星]이 하나 있군요.

"낭월선상? 병화(丙火)랑 정화(丁火)가 있는디요?"

하고 싶으신 분도 계실 겁니다. 이분께는 년간의 정화는 火가 아니고 木이라고 할랍니다. 어째서 그런지는 생각해보시고요. (2)번 사주는 재성이 없습니다. 火가 있느냐 없느냐는 결국 격국의 높이에 대단한 차이를 가져옵니다. 어느 것이 더 좋으냐고 묻는 것도 사실은 이 소식입니다.

사실 약간의 안목만 트여도 첫눈에 (1)번 사주가 월등히 좋다는 것을 알 수 있습니다. 이런 형상을 아우생아(兒又生兒)라고 하거든요. 즉 아이가 또 아이를 낳았다는 말이 됩니다.

그래서 종아를 했으면 재성이 있는가 없는가 살피는 안목이 중요합니다. 火가 있으면 어째서 좋을까요?

종아한 경우에는 木이 용신인데, 木 입장에서 보면 火가 있는 것과 없는 것과는 굉장한 차이가 있기 때문이지요. 생각해보세요. 木이 가장 무서운 것은 金인데, 火가 있으면 金이 와도 겁날 게 없지요. 그런데 火가 없다면 金이 왔을 경우에 난리가 나지요. 이런 연유로 火가 있는 목국(木局)이 한 수 위라는 이야기입니다. 이 정도의 설명이면 아마도 이해가 되었을 듯하군요.

그래도 이해가 되지 않으시는 벗님이 계실랑가요? 그럼, 한마디 더 하지요. 살아 있는 나무에게 火는 꽃에 비유됩니다. 그러니까 나무가 火가 있다는 말은 꽃이 피어 있다는 말도 되는 셈이군요. 어떠세요? 꽃이 있는 나무 숲 (굉장히 많으니깐) 과 잎사귀만 있는 나무숲…….

이제 재성이 있는 종아격과 재성이 없는 종아격의 차이를 느끼시겠지요? 아직도 모르세요? 그럼 초보반으로 내려가세요. 가서서 다시 오행부터 읽고 올라오세요. 하하.

時	日	月	年
戊	丙	己	戊
戌	辰	未	戌

이런 경우에도 병화(丙火)가 인성이 전혀 없고 매우 신약하다는 것을 알 수 있겠군요. 이 병화는 종아를 하게 됩니다. 미(未)중이나 진(辰)중에 木이 있다고 고집을 부리시는 벗님은 일단 더욱 발전 가능성이 있습니다. 지장 간에 대해서 그 정도로 확신을 갖고 있다는 이야기가 되니까요.

그러신 벗님은 일단 木과 土의 함량을 비교해보시기 바랍니다. 이렇게 土가 왕한 곳에서 木은 이미 꺾이고 묻혀서 그 작용을 못하게 됩니다. 이른바 "토다목절(土多木折)"에 해당합니다. 이렇게 진작에 배운 하나하나가 모두 살아서 활용이 되는 것이랍니다.

그래서 한참 앞을 서서 나가다가는 다시 뒤돌아오는 겁니다. 이른바 오행의 형상을 다시 복습하는 게 유익하다는 것을 알게 되기 때문이지요.

종아격과 종재격 그리고 종살격의 경우는 일맥상통하는 점이 있기도 합니다. 즉 모두는 매우 신약하다는 것이지요. 여기서 "매우"라고 하는 것은 월도 못 얻고, 일도 못 얻고, 세력도 못 얻은 경우를 말합니다.

이렇게 전혀 통근이 되지 않은 상황에 처한 일주는 주변의 강한 자를 따르는 게 가장 신상에 이롭게 됩니다. 그 강한 주변이 식상이면 종아격(從兒格)이라고 하고, 재성이면 종재격(從財格)이라고 하는 것은 뻔하지요 뭐. 그럼 관살이 많으면 종살격(從殺格)이라고 하면 되겠냐구요? 당연하지요.

종재격(從財格)

이번에는 종재(從財)에 대한 연구를 해볼 순서로군요.

일주가 무지무지 약한 상황에서 재성이 엄청 많으면 종재라고 이름을 붙입니다. 즉, 재를 따른다는 말이 되나요?

재성은 한마디로 하면 내가 극하는 오행이군요. 음양에 따라서 정편(正偏)으로 나누기도 합니다만 나누는 것도 한둘이 있을 경우에 말이지요. 이렇게 엄청 많을 적에는 나눌 필요가 전혀 없답니다. 그냥 그대로를 "재물덩어리"로 보는 거지요…….

재물…… 재물이라는 말은 어감이 참 좋지요? 인생살이에 이놈이 없으면 뭐든지 하나라도 되는 게 없으니 말입니다. 그래서 예나 지금이나 재물은 인생살이에 커다란 핵심으로 자리를 잡고 있습니다.

이 재성(財星)이 너무 많을 때에는 일간의 자존심을 버리고 재물을 따라서 함께 행동을 해야 한다는군요.

재물들이 웃으면 자신도 따라서 웃고, 재물이 화를 내면 자신도 화를 내고 말이시요. 그리고 재물들이 까무러치면 자신도 까무러진 척이라도 해야 한다는 겁니다. 한마디로 로마에 가면 로마의 법을 따르라는 이야기지요.

여기서도 예를 하나 보면서 이야기를 하겠습니다. 편의상 두 개의 사주를 적어보겠습니다. 둘 중에서 더욱 격이 높은 팔자를 골라봐야 하는 것은 당연하겠지요?

종재격(1)			
時	日	月	年
甲	壬	丙	丁
辰	寅	午	酉

종재격(2)			
時	日	月	年
丙	壬	戊	癸
午	寅	午	卯

자, 두 개의 명식을 갖고 종재에 대한 맛을 보시기 바랍니다. 종재를 할 때 눈여겨봐야 할 것은 식상과 인성의 태도입니다. 물론 비겁의 태도도 중요하지만요.

위의 두 명식에서 한번 살펴보세요. 인성이 어떤 형태로 존재하는지 아니면 전혀 없는지 이런 상황에서 격국의 높낮이는 판가름 납니다.

앞의 팔자에는 인성인 뿌리가 있군요. 년지에 유금(酉金)이 있으니 말입니다. 이렇게 힘도 없는 뿌리가 있으면 火를 따라 종하는 임수의 마음이 좀 심란합니다.

얼마 전 주말에 방영했던 드라마 〈딸부잣집〉 있지요? 그 속에 종재의 모델이 있더군요. 누구인지 한번 찍어보세요. 드라마를 볼 시간이 어디 있냐구요? 그러면 할 수 없지만요. 가끔은 드라마를 통해서라도 남의 삶을 간접체험하는 것이 도움이 될 때도 있거든요. 물론 그냥 보는 게 아니라 인물에 대한 명리학적인 해석을 해보는 거지요.

드라마에 독일인이 등장하지요? 벌써 눈치를 채셨군요. 명리공부가 누워서 드라마 보는 것만큼만 쉬우면 얼마나 좋을까요.

독일인 칼이 바로 종재격입니다. 그 사람이 묘령의 주인집 남자에게 마음이 끌려서 한국인이 되겠다고 고생 하는 거 보셨지요?

그런데 그의 부친께서 노발대발 하시는 모양입니다. 내 눈에 흙이 들어가기 전에는 그런 짓을 볼 수 없다고 난리를 치는 겁니다. 독일로부터 그런 연락을 받은 칼은 마음이 심란할 수밖에요.

아니, 그러면 부모님의 말씀대로 그냥 독일인으로 남으면 될 것이 아니냐고 하실랍니까? 그런데 이미 마음이 기울어버렸으니 소용이 없지요. 이것이 바로 종재의 고민입니다.

정말 딱하군요. 이것을 이상과 현실의 괴리라고 하지요. 만약에 칼에게 부모님이 계시지 않았다면 어떨까요? 아무 고민을 할 필요가 없겠지요? 이 말에서 무릎을 치는 벗님은 발전 가능성이 있습니다. 하하.

그렇다면 한국인으로 귀화해서 사랑스런 각시님과 오순도순 행복하게 살기만 하면 되는 것입니다. 그런데 멀리 계신 힘도 없는 부모님이 반대 때문에 마음에 갈등이 생기는 것, 이것이 바로 첫번째 종재격입니다.

그래서 인성이 있으면 종재격이 되기 때문에 마음만 심란하다고 하는 것을 알아두시기 바랍니다. 그럼 두번째 팔자를 보실랍니까?

두번째 팔자는 인성이 없군요. 보통으로 봐서는 그냥 평범하여 두 팔자가 비슷하다고 생각이 될 겁니다만 이렇게 인성이 그 일간의 마음에 어떤 영향을 끼치는지 상황 설명을 듣고 나시면 전혀 다르게 보일 수도 있다는 이야기입니다.

재성을 따라서 종을 하는 경우에는 식상이 없어도 상관은 없습니다만, 기왕이면 식상이 있으면 분위기가 더 좋은 상황에서 종을 하는 것으로 참고 할 수 있습니다. 즉 일간 주변에 식상이 있어서 부드럽게 재성으로 기운의 흐름이 이어진다면 자연스럽겠지요?

여기에서 또 한 가지 합의 작용을 공부하고 넘어갈까요? 복습입니다. 두번째 사주에 보면 천간에 합이 하나 있군요.

바로 년간의 계수(癸水)와 월간의 무토(戊土)입니다. 사실 종재를 하는 데에는 가장 걸리는 것이 겁재입니다. 흔히 쉬운 말로, 남의 집에 데릴사위로 간다고 하면 가장 반대를 하는 사람은 형제들일 겁니다.

"아니 형, 어째 그렇습니까? 계집이 그리도 좋답니까? 형제간의 우애를 끊을 정도로요?"

"예라 이놈아! 그래 넌 우리 형제가 아니다. 사내자식이 뭘 잘못해서 계집의 품에 안기겠다고 성을 갈아? 의리없는 놈아! 꼴도 보기 싫으니까 냉큼 없어져라!"

이런 식입니다. 정말 갈등이 생길 수밖에 없겠군요.

겁재의 형태를 잘 살펴보는 것도 중요합니다. 두번째 사주에서 계수가 바로 그 겁재로군요. 겁재입니다. 무서운 겁재.

그래서 그 형님(년에 있으니 형님이라고 해서 잘못될 거 없네요)의 마음을 헤아려봅니다. 어떻습니까?

자세히 보니, 그 형님도 연애에 빠져서 동생은 안중에도 없군요. 이른바 무계합화(戊癸合火)를 하고 있는 형상이로군요.

그 모양을 본 아우는 비로소 마음이 편해집니다. 형은 이미 적이 아닙니다. 합하여 火로 변했으니까 말입니다. 그래서 마음이 편해진 임수(任水)입니다. 이것이 바로 합으로 인해서 좋아진 경우겠군요. 합해서 나빠지는 경우도 엄청 많습니다만, 이 경우에는 대단히 좋아졌습니다. 이 격국은 결함이 없군요. 그래서 두 격국을 비교해보면, (1)번보다 (2)번이 더욱 좋은 팔자라는 것을 알 수 있습니다.

종살격(從殺格)

드디어 말도 많고 탈도 많은 종살에 대한 항목에 왔군요. 다섯 가지의 종격에 대한 걸로만 본다면 마무리에 해당하는 것입니다만, 전왕법이 이 다섯만을 말하는 것이 아니란 것을 알게 되었으니…… 겨우 한 매듭을 이해했을 뿐입니다. 흔히 종격이라고 하면 종살격을 말하는 걸로 알아듣기도 합니다. 그리고 가장 흥미가 있는 종격이기도 하지요.

지난 시간에 종재를 이해하였을 줄로 알고 이번에는 종살에 대해 설명 드려야겠군요. 항상 말씀드리지만 낭월이는 주변에서 자료를 찾습니다. 책 속으로 가면 이야기야 무진장 많습니다만, 그 이야기들은 현장감이 없어서 아쉽지요.

그래서 가능하면 책 속의 이야기는 줄이고 우리 주변의 살아있는 이야기를 말씀드리려고 합니다.

종살격쯤 오니까, 또 한 가지 추가로 말씀드려야 할 게 있군요. 종살격은 진종과 가종으로 분류를 한다는 것입니다. 혹시 들어보셨나요? 한자로 보여드리지요.

진종(眞從) - 완전한 종살격
가종(假從) - 불완전한 종살격

종아격이나 종재격에서는 진가(眞假)를 구분하는 일이 별로 없습니다만, 종살에서는 진가를 구분하는 것이 좋습니다. 머리가 복잡해지는 것은 할 수 없지만요. 머리가 복잡해지는 게 싫으시면 이예 공부를 마세요.

기왕에 공부를 하실 바에는 제대로 해야 무식을 면합니다. 가장 나쁜 공부 방법은 건성으로 하는 것이라고 힘주어 말하면서…….

이제 예를 보여드리겠습니다. 그런데 사주를 보여드리고 설명을 드릴까요? 설명을 먼저 드리고 사주를 보여드릴까요? 이 정도 선택의 여지는 벗님들께 드립니다. 어디 한번 말씀을 해보세요.(예? 이야기가 사주보다 더 좋다구요? 그저 이야기라면…… 쯧쯧)

그럼 이야기부터 해드리겠습니다. 잘 이해하시면 진종과 가종이 무슨 뜻인지 단박에 환~히 아실 수도 있습니다.

옛날에 옛날에(하긴 뭐 옛날도 아니구나) 불과 일년 전쯤, 지구촌 어느 구석에서 있었던 일입니다. 두 명의 낭자가 있었습니다. 물론 이름도 나이도 모릅니다. 다만 두 명이라는 것만 기억을 해둡시다. 그냥 낭월이 편의상 갑낭자와 을낭자라고 부르겠습니다.

낭자들은 어느 날 갑자기 운명이 바뀌었습니다. 무지막지한 살인집단에 동참을 하게 된 것입니다. 물론 살인자들에 의해서지요.

그들은 도살장의 도구들을 보자, 순간적으로 생존의 위협을 느꼈습니다. 반항을 할 엄두도 내지 못했지요. 살기 위해서는 살인자들에게 충성을 맹세 할 수 밖에 없었습니다. 그리고는 틈만 나면 탈출의 기회를 노렸지만 소용없었습니다. 그럭저럭 세월이 흐르자 을낭자에게는 묘한 감정이 생겼습니다. 어느 살인자와 정이 들어버린 것입니다.

'본래 인간은 악한 게 아닌데 세상이 그렇게 만들었구나. 정말 미워해야 할 것은 사회지 이 사람이 아니다.'

을낭자는 살인집단을 위해서 진정으로 헌신하기로 다짐했습니다.

이제 탈출은 커녕 함께 잡혀 온 갑낭자를 의심하기 시작했습니다. 갑낭자가 틈만 나면 도망을 가자고 작전을 짰기 때문이지요. 그래서 자신의 연인에게 일렀습니다. 갑낭자를 죽여야만 우리가 안전할 거라고 말입니다.(에그 무시라~)

갑자기 적으로 변한 것을 알게 된 갑낭자는 하늘이 노랗게 보였습니다.

여기서 살아남기 위해서는 누군가를 사랑하는 척을 해야만 했습니다. 그래서 우두머리인 사내를 유혹 했습니다. 을낭자의 의심도 피할 수 있었습니다. 그러다 기회가 찾아왔습니다. 경찰서 앞에서 차가 펑크가 나버린 것입니다. 이때 갑낭자가 카센타에 전화를 거는 척 하며 태연하게 차 밖으로 빠져나왔습니다. 사내들도 크게 의심하지 않았지요. 갑낭자는 그 길로 경찰서로 달려들었습니다.

즉시 출동한(사실은 낭자의 이야기를 믿을 수가 없어서 몇 시간인가를 그냥 보냈다고 하더구먼시나…) 경찰들은 그들을 모두 체포했습니다. 그래서 애인이 있는 을낭자도 심문을 받았지요.

변호사는 을낭자에게 이렇게 말했습니다.

"당신은 억울하게 잡혀가서 어쩔 수 없이 함께 행동을 하게 되었으니 말만 잘하면 무죄가 될 수도 있습니다."

을낭자는 이렇게 말했습니다.

"그 남자를 진심으로 사랑해요. 그가 원하는 것이라면 무슨 일이든지 즐겁게 할 수 있어요. 저도 함께 죽겠어요."

이상이 그 이야기의 대강입니다. 어쩐지 분위기가 그렇지요? 근데 낭월이도 어쩔 수가 없군요. 이 항목의 이름이 뭔가요? 종살격이지요? 그래서 부득이 이런 이야기를 하게 되었습니다. 여기서 주연은 낭자로군요. 두 낭자는 종살격으로 보겠습니다. 그런데 어째서 둘이냐고 하신다면 진종과 가종을 확인하기 위해서지요. 이제 이야기를 들으셨으니 질문에 답하세요.

《문》 여기에서 진종(眞從)을 한 남자는 누구일까요?

　　①갑낭자　　　　②을낭자

[힌트] 진종이란 진짜로 종했다는 말입니다.

　　　　가종이란 가짜로 종했다는 말입니다.

이제 답안지에 정답을 적는 것은 시간문제로군요. 하하.

결국 종살격은 어쩔 수 없이 끌려가는 격이란 말이냐? 그래서야 어떻게 살겠느냐는 의문을 갖는 분도 계실는지 모르겠군요. 아니, 어쩌면 대다수의 벗님은 그런 생각을 갖고 계신지도 모르겠습니다.

낭월이 그렇게 말씀을 드린 뜻은 원국에서의 상황 설명일 뿐입니다. 그러니까 격국의 분위기가 그렇게 생겼걸랑 종살격이라는 것을 전해드리려고 하는 말이지요. 그럼 원국을 역시 두어 개 확인하면서 설명을 드리도록 하겠습니다.

백독이불여일실제팔자(百讀而不如一實際八字)인가요? 말이 되는지 어쩐지도 모르고 주절주절 주워섬기는 낭월…… 하하.

종살격(1)

時	日	月	年
甲	辛	庚	己
午	卯	午	卯

종살격(2)

時	日	月	年
甲	辛	丙	丁
午	卯	午	未

두 사람의 팔자를 잘 살펴보세요. 공통점과 다른 점이 있습니다. 그 점을 찾아봐야 합니다. 그래서 갑낭자와 을낭자는 어디에 해당하는지 확인을 하

면 종살격 공부도 일단 마무리하게 됩니다.

《질문》 갑낭자에 해당하는 팔자를 고르시오.
    ① 첫번째 사주가 갑낭자이다.
    ② 두번째 사주가 갑낭자이다.
    ③ 둘 다 갑낭자이다.
    ④ 둘 다 갑낭자가 아니다.
    ⑤ 어디에 떨어지는 말인지 전혀 모르겠다.
    ⑥ 질문이 너무 유치하므로 답을 할 수가 없다.

자, 우선 갑낭자가 어떤 행동을 했는지부터 기억을 떠올려봐야겠군요. 을낭자는 마음을 바꿔서 그냥 머물기로 했고 갑낭자는 틈만 나면 도망을 치려고 했지요.

정답을 알려면 일단 원국을 보시지요. 우선 첫번째 종살격을 보겠습니다. 오월(午月)의 신금(辛金)이 월과 일을 못 얻었군요. 물론 세력도 못 얻었다고 해야겠지요? 이렇게 극히 신약한 팔자로군요. 참 딱하게 되었습니다. 천지사방에 둘러봐도 의지할 수 있는 土는 없군요. 온 천지가 피바다, 아니 불바다일 뿐입니다.

"아니 낭월아, 년간에 기토가 있는디 뭔 소리다냐?"

"그 기토는 아래가 뭔가 보시구랴."

"음…… 묘목이구만……. 이미 토가 죽었구만."

"월간의 경금도 있기야 있수만…… 한번 보시구려."

"신금이나 경금이나 상황이 불량하기는 마찬가지구만."

"그러니께 일간인 신금은 말라비틀어진 기토나 불타서그을린 경금을 의

지하기가 너무도 따분하니까 아예 불을 따라갔습니다."

"그래도 그렇지야…… 의리라는 게 있는디……"

"아고…… 의리가 무신 밥 먹여 준답디까? 당장 죽을 판인디요."

"헝게 고게 그렇게 되는 거구만……흠…… 알 만혀……"

그래서 종살격이라고 하게 됩니다. 아마 이해가 되실 거라고 생각되는 군요.

그럼 두번째 팔자를 봅니다. 똑같은 오월의 신금(辛金)입니다. 그러니까 월의 상황은 똑같지요. 주변의 상황도 역시 비슷합니다. 그래서 종살격을 이루게 되었군요. 첫번째 팔자에서는 土와 金이 약하나마 있었는데 이 팔 자는 전혀 없군요. 아니 년지에 미토(未土)가 있기는 합니다만 오미합으로 이미 火로 변했으니 土가 아니로군요.

그래서 일간인 신금은 미련 없이 火를 따라서 종을 합니다. 더욱이 월간 에 병화(丙火)가 있어서 유혹을 하는 데야…… 이를 일러서 "불감청이언정 고소 원이로소이다"라는 거군요.

무슨 말이냐고요? 차마 청하지는 못했지만 원하고 있던 바라구요. 혹 우 리 젊은 벗님들 맘에 드는 이성 친구가 만나자고 한다면 그 마음이 어떻겠 어요? 바로 이 마음입니다. 여기서는 병신합화가 되는 거로군요.

이렇게 간단하게나마 종살격에 대한 이야기를 해봤습니다. 물론 아쉬움 은 항상 남지요.

그렇지만 어쩌겠어요. 종살격만 가지고 자꾸 삶아대면 끈기가 없는 벗님 들은 지루하다고 화다닥거릴 테니 말입니다.

이 정도로 하고서 종살격에 대한 설명을 줄이고자 합니다. 갈 길은 멀고, 시간은 없군요.

종살격 2 혹은 종기격(從氣格)

이건 또 뭐냐고 하시겠군요. 종살은 종살인데, 뭔가 맛이 좀 다른 종살이라고 하면 될까요?

일명 종기격이라고 했으니까 그렇게 불러주세요. 종기격이란 어차피 종살처럼 생겼는데 식신도 있고 재성도 있다는 말입니다. 그런데 결국은 세력이 흘러흘러서 모이는 곳을 보니까 살이 가장 강하더라 그래서 종살과 비슷하지만 그 경로가 약간 다르다는 뜻입니다. 사실 이런 분류는 별로 필요가 없을 것 같기도 합니다. 그렇지만 고전에서 한번쯤 짚고 넘어간 것이라서 일단 말씀은 드리네요. 그리고 이치에도 합당하므로 알아둔다고 해서 별로 탈이 날 것 같지도 않고요.

일행득기격(一行得氣格)

그동안 어려운 사주를 궁리하시느라고 흰 머리카락이 열 개는 생기셨지요? 정말 죄송하구만요. 하하.

이제 잠시 머리를 식힐 겸해서, 아주 쉬운 공부를 하겠습니다. 이름하여 일행득기격(一行得氣格), 아마도 이 격은 한번만 읽으시면 두 번 다시 읽으실 필요기 없을 겁니다. 그만큼 쉬운 것이지요.

일행득기란 말은 한 가지의 오행, 즉 일행이란 말입니다. 다섯 가지기 다 모여 있으면 오행이고, 세 가지만 모여 있으면 삼행이 되겠군요. 그래서 이 격국은 일행이라고 합니다.

그러니까 어찌 보면 전왕격의 종왕격과 흡사합니다. 이름은 다르지만 내용상으로 굳이 구분을 하지 않아도 됩니다.

일행득기격에 해당하는 사주는 흔하지 않더군요, 어떻게 사주팔자가 한 가지로만 이뤄질 수가 있겠어요? 그러나 이것을 모른다면 또한 올바르게 공부를 했다고 할 수가 없답니다.

① 곡직격(曲直格) 혹은 곡직인수격(曲直仁壽格)

사주 전체가 木으로만 이뤄진 경우를 말합니다. 곡직이란 나무의 형상을 따라서 지어진 이름입니다. 나무를 보면 곧은 부분과 구부러진 부분이 있지요? 마디가 있는 부분은 구부러졌잖아요. 그래서 곧은 것과 구부러진 것이 함께 있는 나무의 형상을 따서 곡직격 혹은 곡직인수격이라고 합니다. 인수(仁壽)는, 木의 상징인 어질 인(仁)을 붙인 것이지요. 곡직격이 오래 산다고 해서 붙인 것은 아닐 겁니다.

그럼 사주를 하나 볼까요? 아마도 대다수의 벗님은 이런 팔자를 구경도 못해 보셨을 겁니다.

時	日	月	年
乙	甲	甲	癸
亥	寅	寅	卯

에이~ 해수(海水)와 계수(癸水)가 끼여 있네요. 순전히 木으로만 된 인수격은 보기가 불가능하답니다. 이렇게 무엇인가 있는데 그 오행이 木으로 화해버린 경우지요. 주로 임수(任水)와 해수로군요. 임수가 정화(丁火)를 만나면 정임합목이 되고 해수는 인목(寅木)을 만나면 인해합목이 되니까 더 이상 군소리는 하지 않으시겠지요?

이런 종류를 바로 인수격 또는 곡직격이라고 합니다. 그리고 명리정종에는 몇 개의 곡직격이 있는데, 역시 한 가지로 모인 것은 아니기 때문에 어거지로 갖다 붙인 분위기입니다. 그래서 별로 보여드리고 싶지 않군요.

② 염상격(炎上格)

글자가 무엇을 연상시키나요? 火가 이글이글 타는 모양이지요? 이 격은 순전히 火로만 이뤄진 팔자입니다. 그래서 이름도 화끈하고 뜨끈한 염상이랍니다.

時	日	月	年
甲	丙	甲	丙
午	午	午	午

時	日	月	年
甲	丙	丙	丁
午	午	午	未

(유괴살해된 어린아이 사주)

③ 가색격(稼穡格)

時	日	月	年
己	戊	己	戊
未	辰	未	戌

다행히도 가색격은 완전한 土가 많이 있군요. 왜냐하면 아마도 지지에는 土가 넷이나 되기 때문입니다.

④ 종혁격(從革格)

時	日	月	年
乙	庚	乙	庚
酉	申	酉	申

⑤ 윤하격(潤下格)

時	日	月	年
庚辰	壬申	壬子	壬子

이상이 소위 말하는 일행득기격입니다. 그런데 어떠세요? 진짜로 한 가지로만 기운이 모여 있나요? 그렇지는 않지요? 사실은 이보다 훨씬 엉성한 일행득기격이 수두룩합니다. 제가 그런 격들을 적지 않은 이유는 간단합니다. 구태여 일행득기격이라는 별스럽지도 않은 이름을 찾아서 고생스럽게 사용하지 않더라도 그냥 신왕용식격(身旺用食格)이라고 이름한대서 뭐가 잘못될 일이 있겠느냐는 거지요. 신왕용식격이라고 낭월이 했대서 또 부지런히 메모지에 적느라고 부산을 피우지 마세요. 절대로 그게 아닙니다. 확인 시켜드릴까요?

⑥ 가색격(『궁통보감정해』283쪽, 『명리정종정해』175쪽)

時	日	月	年
辛酉	戊午	己未	戊申

이 팔자를 이름하여 가색격이라고 합니다. 어디 한번 살펴보세요. 무토(戊土)가 미월의 토왕절에 나서 오화를 깔고 세력까지 얻었으니 굉장히 왕하군요.

그러면 왕하니까 극하는 나무는 없군요. 그래서 설하는 金으로 사용합니다. 신왕하여 식상을 용한 것이지요. 이름을 지어본다면. 신왕용식격이 되

는 이유를 아실 겁니다. 무슨 말인가 하면

"身旺(신왕하구나) 用食(식신을 용신으로 하는)格이라고 하자."

이런 식으로 이름을 고치자는 겁니다. 이름만 봐도 분위기가 느껴지는 그런 멋진 이름 말입니다. 이런 식의 이름이라면 얼마든지 작명이 가능할 것입니다. 거부감도 없구요. 정란차격이니, 축요사격이니 하면 정말 복잡해집니다. 무슨 소리냐구요? 이미 이런 이름의 격이 있습니다. 낭월이 멋대로 만든 것이 절대로 아니라는 말씀이지요. 나중에 한번 짚어 드리겠습니다.

식신제살격=식신으로 왕한 살을 누르는 격

식신생재격=일주가 왕하여 식신으로 재를 生해주는 격

살중용인격=살이 왕하여 인성을 용하는 격

상관용인격=상관이 많아서 인수를 용하는 격

등등 참으로 수두룩합니다. 이런 종류의 이름을 용신격(用神格)이라고 합니다.

사실 가장 바람직한 공부법은 용신격을 자주 사용하는 겁니다. 용신격을 사용하다 보면 이름만 봐도 어떤 상황인지 감이 잡히니까요.

그렇다고 없는 이야기를 하는 것도 아니구요. 일행득기격은 대체로 봐서 종왕격과 별로 다르지 않습니다. 같은 부류에 집어넣어도 별로 거부감이 없지요.

구태여 설명을 드리는 것은 일행득기격이라는 말이 무엇을 의미한다는 정도는 알고 있어야 체면이 서기 때문이지요. 하하.

사랑에 빠진 일간들 모여!!

화기격(化氣格)에 대한 설명을 해야 할 순서로군요. 화기격은 천간의 오합 중에서도 특히 일간의 합에 대해서만 논하는 것을 말합니다. 이는 가장 어렵고 세분화되어 있기 때문에 맨 나중에 등장합니다. 한마디로 말하기에 자신이 없는 부분이기도 합니다. 그만큼 미묘합니다.

화기격은 화하는 기운으로 이뤄진 격입니다. 물론 전왕법의 일부분인 것은 분명합니다만, 특히 이 부분만 별도로 떼어서 화기법이라고 하기도 합니다. 그럼 화기격은 몇 가지나 될까요?

"천간이 오합이니까 다섯 가지지 뭐, 뻔한 것 아뇨?" 하고 반문을 하시렵니까? 이 말씀도 크게 틀린 것은 아닐 겁니다. 그런데 낭월이는 화기격은 열 가지라고 봐야 한다는 생각이 들거든요. 그럼 자잘하게 나눠볼까요?

갑일주가 기토를 보고 합하여 성립된 화기격

을일주가 경금을 보고 합하여 성립된 화기격

병일주가 신금을 보고 합하여 성립된 화기격

정일주가 임수를 보고 합하여 성립된 화기격

무일주가 계수를 보고 합하여 성립된 화기격

기일주가 갑목을 보고 합하여 성립된 화기격

경일주가 을목을 보고 합하여 성립된 화기격

신일주가 병화를 보고 합하여 성립된 화기격

임일주가 정화를 보고 합하여 성립된 화기격

계일주가 무토를 보고 합하여 성립된 화기격

이렇게 십간의 각각에 따른 화기격이 다르다는 생각을 하게 됩니다. 어떻게 생각하세요? 갑일주가 기토를 보고서 화토(化土)를 한 화기격과 기일주가 갑목(甲木)을 보고서 화토를 한 화기격은 똑같을 수가 없겠지요?

이렇게 열 개로 나눠놓고 생각을 해보는 것이 나쁠 이유가 전혀 없습니다. 사실 아마도 벗님들이 가장 애매하게 생각하는 것도 이 언저리가 아닐까요? 일간이 합하는 것은 변하지 않는다는 말을 어느 책에서는 버젓하게 이야기하고 있기도 합니다.

이제 이것만 잘 생각하면 용신공부는 마무리하게 됩니다. 희망의 봉우리가 서서히 눈앞에 다가오고 있습니다. 정말 얼마 남지 않았군요. 물론 그동안 공부해온 것을 잘 정리하고 따라오신 벗님들께 해당되는 말입니다. 경중경중 토끼 춤으로 따라오신 엉터리 벗님들은 부러운 눈길로 바라보고만 있을 뿐입니다.

용신공부는 여태까지 배워온 밑천을 몽땅 꺼내놓고 한 덩어리로 만드는 큰 작업입니다. 이 과정을 거치지 않으면 자유자재가 뭘 의미하는지 모릅니다. 이렇게 중요한 분야이기에 더욱 열심히 공부하시기를 권합니다.

화기격과 관련하여 옛날의 격국들에 대한 간단한 설명을 드리겠습니다. 옛날의 격들은 어떻게 정하고 어떻게 불렀는지 살펴보고 정말 그것들이 필요한 것인지 알아보겠습니다.

그렇게 해서 "낭월식"(이렇게 부르면 어떨는지 모르지만) 명리학이 무엇이 장점이고 단점인지 한번 확인을 해보는 시간을 마련하겠습니다. 사실 "낭월식"이라고 하는 것은 좀 건방지고요. "서낙오식"이라고 하면 좋겠습니다. 낙오 선생님은 낭월이의 명리학 정리에 굉장히 많은 도움을 주셨던 분입니다.

이거 뭐 무슨 식이라고 하니까 꼭 패를 가르는 듯한 느낌이 들지만 그런 의도가 아닙니다. 다만 옛법 중에서 과연 이어갈 것은 무엇이며 수정할 것은 또 무엇이며 버릴 것은 무엇인지…… 그 점을 한번 생각해보자는 것입니다.

그렇게 발전을 시키다보면 명리학의 완성이 이뤄지겠지요. 사실 낭월이는 다양한 사람들과 토론을 많이 하고 싶어요. 그러나 아직은 때가 아닌 걸로 알고 부지런히 갈고 닦고 가꿉니다. 여러 벗님들이 힘을 잘 길러서 당당하게 자신의 "식"을 만들 정도가 되면 그때 가서 정말 모든 의문점을 꺼내놓고 한바탕 대수술을 감행하고 싶군요. 물론 이런 시간이 영원히 오지 않을지도 모릅니다. 다만 운에 맡기고 지금은 최선을 다할 뿐입니다.

앞에서 화기격의 구조에 대해서 간단히 설명을 드렸습니다. 이제는 구체적으로 실제의 사주를 보면서 화기격에 알아봅시다.

화기격은 전제 조건이 있습니다. 그 조건에 충족되면 화기격이고 부족하면 아닙니다. 만약에 그 조건이 반쯤만 충족된다면 반쯤만 화기격입니다. 일명 가화격(假化格)이라고 하지요. 가짜로 화기를 했다는 말인가 봅니다. 그러고 보면 진짜와 가짜는 어디에서건 있나 봅니다. 항상 진실만을 추구하지만 사실은 언제 어디서나 가짜도 함께 공존한다는 진리를 여기서 느낄 수 있을 것 같군요. 그 전제 조건을 한번 생각해봅시다.

① 일간이 합이 되어 있을 것
② 월지가 화기하는 오행일 것

③ 화기하는 오행의 기운이 천간에 투출할 것

④ 세력이 화기하는 오행으로 넘칠 것

⑤ 일간이 화기하는 오행으로 화할 것

⑥ 화기하는 오행을 극하는 오행이 없을 것

대략 이 정도로 순서를 잡아봅니다. 여기서 ④항을 보면 알 수 있듯이 화기격도 "전왕의 영역"이라는 것입니다. 화기하는 오행의 기운이 전국(全局)에 넘쳐야 합니다. 화기하는 오행이 부족하면 화기부족(化氣不足)이라고 합니다.

말로 설명을 하는 것보다도 사주를 보는 게 좋겠지요? 그럼 먼저 갑일주가 기토를 보고서 합화한 경우를 살펴보겠습니다. 우선 사주를 하나 보고 나서 소감을 이야기해보지요.

화토격(化土格)

時	日	月	年
己	甲	壬	戊
巳	辰	戌	辰

〈참고〉 종재격

時	日	月	年
戊	甲	丙	庚
戌	戌	戌	戌

① 일간이 합되어 있는 경우군요. 갑기합입니다.

② 월지는 화기하는 오행인 토월입니다. 해딩하는군요.

③ 화기하는 土의 오행 중에 무토가 천간에 투출하였군요.

④ 지지는 사진술진으로 火土의 기운이 넘치는군요.

⑤ 일간인 갑목이 월과 일과 세력을 모두 얻지 못했군요.

⑥ 화토(化土)하는 기운을 극하는 木이 전혀 보이지 않는군요.

이 사주는 화기하는 조건이 구비된 셈입니다. 화기격이라 할 수 있겠군요. 임수(壬水)가 있는데 水를 버리고 화토(化土)를 하는가 하는 의문이 생길 수도 있습니다. 그러나 임수는 무토(戊土)에게 두들겨맞고 이미 술토(戌土)에 숨통이 끊어졌군요. 그래서 갑목(甲木)은 임수를 의지하기가 싫겠지요. 무엇보다도 갑목이 가장 좋아하는 기토(己土)가 옆에서 유혹하고 있는 것이 중요하지요.

여기서 종재격과 화토격의 차이점을 느낄 수 있습니다. 종재는 일간이 합되어 따라가는 게 아니고 어거지로 따라가는 것이라고 한다면 갑목의 화토격은 기토가 좋아서 따라가는 겁니다. 그래서 어지간한 난관은 잘 견뎌냅니다. 같은 종재라도 더욱 견고하게 종을 하는 거라고 할까요? 〈딸 부잣집〉의 독일인 칼은 바로 합화한 종재인 셈이지요. 스스로 좋아서 따라가는 거니까요.

바로 옆의 사주를 보면, 세력은 土의 세력이 왕성하지만 기토가 없군요. 이 경우에는 화토격이라고 하지 않습니다. 그냥 종재일 뿐이지요. 그 차이점이 뭔지 잘 이해가 되지 않으시면 시켜서 하는 일과 좋아서 하는 일에 대한 차이를 생각해보시면 되겠군요.

하기 싫은 일은 정승 노릇이라도 즐겁지 않습니다. 이것이 종재격과 화토격의 차이점이라고 말씀드릴 수 있겠군요. 그냥 종재를 하면 나중에 인겁(印劫)이 출현했을 경우에 마음이 흔들립니다. 즉 하는 일에 착오가 많이 생길 수 있다는 뜻입니다.

화토(化土)는 스스로 좋아서 한 것이니만큼 인겁이 와도 여간해서 흔들리지 않습니다. 다른 말로 하면 일주가 용신을 향하고 있는 것입니다. 일주가 용신을 향하고 있는 사람이 하는 일과 일주가 기신을 향하고 있는 사람이 하는 일이 어떤 차이가 날지 짐작이 되는군요.

이렇게 갑목의 화토격에 대한 설명을 드려봤습니다. 갑목은 기토를 특별히 좋아합니다. 木은 土가 없으면 어떤 상황이 될 것인지 이미 아시지요? 갑목이 나무라면 기토인 땅에 뿌리를 내리지 않고 살 수 없기 때문입니다.

그래서 가화격이 많은 것도 갑일주입니다. 가화격은 어떻게 생겼는지 궁금하세요? 잠시 구경 좀 하고 넘어갈까요?

時	日	月	年
己	甲	甲	己
巳	子	戌	卯

아까의 사주와 크게 틀린 것은 없어보이지요? 천간에 갑목이 또 하나 있지만 고놈도 지 애인이랑 사랑에 빠졌으니 전혀 상관이 없군요. 연지에 묘목이라는 뿌리가 있지만 술토(戌土)와 합을 해서 火로 화하니 역시 상관이 없겠군요. 그런데 정말 마음에 걸리는 것은 일지의 자수입니다.

갑목이 이렇게 멋진 뿌리를 두고 화토(化土)를 한다는 것은 참으로 믿기질 않습니다. 기토가 아니라면 당연히 정격일 것입니다. 그럼에도 불구하고 이 갑목은 기토를 따라서 화를 해버렸습니다. 이것이 가화의 어려운 점이지요. 그냥 읽어서 가화를 가려낸다면 정말 대단한 안목입니다. 이렇게 뿌리를 두고서 화하는 것을 가화라고 합니다.

이쯤 오면 슬슬 두려워지는 것이 있습니다. 이른바 일간의 합이지요. 일간이 합을 하고 있다면 정말 살얼음이라고 생각해야 합니다. 사실 화격의 어려운 점은 가화격에 있습니다.

걸핏하면 화토를 해버리니 신약한 갑목은 정말 믿을 수가 없어요. 그래서 갑목이 기토를 보고 진술축미(辰戌丑未)월이라면 정말 의심을 하고 봐야 합니다. 이렇게 어렵답니다.

그럼 진화격과 가화격을 잘 이해하셨으리라고 생각합니다. 일단 갑목을 기준하여 이야기를 드렸습니다만, 다른 천간도 대동소이합니다. 화격의 원리를 잘 이해하시면 어떤 일간이 합이 되어 있더라도 스스로 그 기준을 잡아낼 수가 있을 겁니다. 또 그래야 하고요.

이어서 을목이 화금하는 것을 봅시다.

화금격(化金格)

時	日	月	年
戊	乙	庚	戊
寅	丑	申	午

〈참고〉 종살격

時	日	月	年
甲	乙	乙	乙
申	酉	酉	酉

갑일주가 화토(化土)하는 경우를 잘 생각하시면서 읽으시면 이해가 되실 겁니다. 신월의 을목이 을경합을 했군요. 그래서 월이 金인지 보니 金입니다. 을축일주는 허약하고 월령의 金이 투출되기도 했으니, 이 사주는 을 경합이 화가 되는 걸로 보고 화금격이라고 하는 겁니다. 화금격이라는 말이 좀 어색한가요?

만약에 경금이 아니라면 을목은 축중의 계수와 신중의 임수에 통근을 하고 인성이 오기를 기다리고 있었겠지요.

이런 경우를 한번 생각해봄직도 하군요. 바로 인어공주 이야기입니다. 모두 알고 계시나요? 인어공주는 왕자님께 첫눈에 반해서 온통 마음을 **빼앗겼지요?**

이것이 을목의 마음입니다. 멋쟁이 왕자님을 위해서라면 부모님(인성)이나, 형제자매(비겁)도 모두 버리고서 낭군을 따르기로 했던 것입니다.

물론 자신이 좋아서 택한 일이니 남을 원망할 일도 없지요. 갑자기 나타난 백마 탄 (金은 백색이니까) 기사 (관성은 남편도 되니까) 에게 정신을 빼앗겨서 자신이 인어라는 사실도 잊어버리고 온통 마음을 내주고 말았답니다. 그로 인해서 생겨나는 어떤 비극(인겁의 운에 흉사가 발생하는 것들)도 달게 받겠다는 각서에 도장을 찍고 말았습니다.

그러자 백마 탄 기사님도 이 낭자(을목은 각시니까)를 어여삐 여기셨는지 백마에 태우고는 하얀 성으로 향했답니다. 그래서 행복한 보금자리에서 오순도순 일평생을 잘 살았답니다.

그럼 옆의 종살격은 또 어떠한가요? 이때 또 하나의 인어가 있었으니 이름이 을목이더라. 하하.

어느 날 동생 인어(시간의 갑목)와 바다에서 놀고 있었습니다. 그런데 갑자기 시커먼 먹구름이 덮이면서 번개가 치더니 배 한 척이 나타났습니다. 그들은 인어들을 발견하고는 그물을 던졌습니다.

인어는 이빨로 그물을 찢으려고 발버둥쳤지만 철 그물(오행이 金)이라 어림도 없었습니다. 몸집이 작은 동생 인어는 잽싸게 빠져나갔지만 언니 인어는 도리없이 그물에 갇히고 말았습니다.

동생이 애를 태웠지만 어쩔 수가 없었습니다. 결국 자매는 눈물을 흘리면서 슬픈 이별을 하였습니다.

인어가 정신을 차렸을 때에는 이미 풀장이었습니다. 수많은 사람들이 모여들었습니다. 인어는 놀랍고 두려워서 도망을 치려고 했지만 그러면 그럴수록 팔에 감긴 사슬이 손목을 조였습니다. 소문에는 일주일간 그렇게 몸부림을 쳤다고 합니다만 확인된 바는 없고, 다만 언제부터인가 조련사의 말에 순순히 따르기 시작했다는 것입니다.

매일 구경꾼들이 모여들었고 조련사는 더욱 신명이 나서 맛있는 오징어와 쥐포를 많이 주었습니다. 비로소 인어는 자신의 생존방식을 깨닫게 된 것이지요.

　몸부림치면(정격이 되려면) 몽둥이가 열대요
　순순히 응하면(살을 따라 종하면) 오징어가 열 마리라는 사실.

　인어가 고분고분하게 말을 잘 듣자, 조련사는 인어의 손목에 있던 쇠사슬을 풀어주었습니다. 그래서 자유로운 몸이 되었지만 굳이 도망갈 필요가 없었습니다. 조련사의 칭찬을 듣지 않고는 삶의 의미를 찾을 수 없었기 때문이지요. 그러다가 문득 두고 온 동생이 떠올랐습니다.

　'이렇게 좋은데 동생도 함께 왔더라면 좋았을 걸 그랬구나…… 그 아이는 지금도 차가운 바다에서 상어의 위협에 몸을 사리면서 먹이를 구하러 다니느라고 고생이 얼마나 많을까…… 흑흑~~~!!'

　하하하… 어떻습니까? 이것이 사람의 마음, 아니 인어의 마음이랍니다. 화금격과 종살격의 차이점, 이 이야기로 느껴주시면 참 좋겠군요.

　이번에는 병화의 화수격을 한번 생각해봅니다. 병화는 그 상징을 용맹함으로 대신했습니다. 불같은 분노, 즉 장비의 마음으로 표현했습니다. 이 사납고 용맹한 맹장도 미인을 보면 사족을 못 쓰는 법인가 봅니다.

　이른바 월하미인이 버들잎을 입에 물고 살포시 미소를 지으면 천하의 병화도 그 마음이 水로 변하지 않고는 못 견디나 봅니다. 아이스크림처럼 녹아버리는 병화, 이 정도면 이미 할 말 다 했지요 뭐.

　영웅호색(英雄好色)이라고 했던가요? 자고로 영웅이 색을 좋아하니 역설적으로 색을 모르면 영웅이 아닌가요? 바람둥이들이 좋아할만한 이야기로군요. 하하.

초선에게 반해버린 여포는 그녀를 위해서라면 무슨 일이든 할 준비가 되어 있습니다. 그래서 클레오파트라의 코가 조금만 낮았더라도 역사가 달라졌을 거라는 말이 있지요.

화수격(化水格)

時	日	月	年
己	丙	辛	辛
亥	子	丑	亥

〈참고〉 종살격

時	日	月	年
庚	丙	癸	癸
子	子	亥	丑

섣달의 병화가 불기는 전혀 없군요. 금수만 중중(重重)합니다. 병화는 재와 합해서 데릴사위 (화해서 재가 되므로) 가 되었습니다만 병화는 재와 합하여 적국 (화해서 살이 되므로) 으로 가버렸군요. 역시 병화는 뭐가 달라도 다릅니다. 일을 저질러도 크게 저지른다니까요.

그럼 이런 식으로 각자 화기격에 대한 분위기를 만들어보세요. 낭월이 일일이 설명을 하지 않더라도 위의 경우를 잘 이해하신다면 나머지 경우에 대해서도 추리가 가능할 것입니다.

참고할 수 있도록 옆에는 비슷한 분위기의 종격을 적어보았습니다. 꼭 같지는 않더라도 함께 화기격을 음미하는 차원에서 보시면 좋겠습니다.

화목격(化木格)

時	日	月	年
壬寅	丁亥	己卯	癸丑

〈참고〉 종강격(從强格)

時	日	月	年
甲辰	丁卯	甲寅	癸卯

화화격(化火格)

時	日	月	年
丁巳	戊午	癸巳	丙戌

〈참고〉 종강격(從强格)

時	日	月	年
甲寅	戊午	戊午	戊午

화토격(化土格)

時	日	月	年
甲子	己丑	乙酉	庚申

〈참고〉 종왕격(從旺格)

時	日	月	年
庚午	己未	己未	戊辰

화금격(化金格)

時	日	月	年
庚辰	庚戌	乙酉	庚申

〈참고〉 종왕격(從旺格)

時	日	月	年
辛巳	庚申	戊戌	辛酉

화수격(化水格)

時	日	月	年
丙申	辛亥	辛亥	壬辰

〈참고〉 종아격(從兒格)

時	日	月	年
壬辰	辛亥	辛亥	壬寅

화목격(化木格)

時	日	月	年
甲辰	壬寅	丁卯	甲戌

〈참고〉종아격(從兒格)

時	日	月	年
壬寅	壬寅	壬寅	壬午

화화격(化火格)

時	日	月	年
戊午	癸酉	丁巳	癸巳

〈참고〉종재격(從財格)

時	日	月	年
甲寅	癸巳	丙午	壬午

이렇게 열 가지로 20개의 사주를 감상했습니다. 정말 많기도 많군요, 이거 대강대강 보신 것은 아니겠지요? 그래도 이리저리 궁리를 해가면서 자료를 찾아 챙겨 넣었는데, 읽으시는 벗님은 훌쩍훌쩍 넘기면 섭하겠네요. 그러니까 혹 쉽게 넘어오신 벗님이 계신다면 다시 돌아가 꼼꼼하게 살펴보시기 바랍니다.

6장

용신공부 마무리

어울리는 이름을 지어드려요!

그동안 지루하게 용신공부를 했습니다. 이 정도면 용신에 대한 이름에 어울리게 자세한 공부를 한 셈입니다. 이제는 우리가 사주를 보고서 용신을 찾으면서 궁리한 결과를 바탕으로 격국 이름을 지어보겠습니다.

하다 못해 강아지 한 마리를 사와도 이름을 지어야 하는 것이거늘 하물며 인간의 운명감정서인 사주를 구했는데 이름이 없대서야 말이 되남요. 자, 그럼 얼마나 멋진 이름을 지으실 건지 한번 생각해봅시다.

우선 격국의 이름을 정하는 것에는 여러 가지 방법이 있다는 말씀 드려야겠군요.

분위기에 따라서 정하는 방법
월지에 따라서 정하는 방법
용신에 따라서 정하는 방법

간단하게 말씀드려서 위의 세 가지 정도로 요약할 수가 있겠습니다. 그러면 옛날에는 어떤 방식으로 격국들을 정했는지 몇 가지만 알아봅니다. 물론 지금도 훌륭히 통용됩니다. 그런 것들은 그냥 두겠습니다.

여기서 시비를 걸고 싶은 것은 이상야릇한 이름을 붙인 것들입니다. 여기에 대해서는 고전 『명리정종』을 읽어보시면 자세히 알 수 있습니다. 그래서 그중에서 몇 가지만 발췌해서 생각해보고 이어서 요즘에 유행이 되다시피한 용신격(用神格)에 대한 공부를 하겠습니다. 그럼 『명리정종』에 나와 있는 몇 가지의 격국들 이름을 한번 살펴보겠습니다.

요즈음에 알기 쉬운 격의 이름으로 바꿔서 부를 수는 없는지 생각도 해보기 위해 이런 시간을 마련했습니다. 혹 벗님들 중에는 격이 라는 말에 혼동이 되어서 미로를 헤매는 분들도 계실 겁니다.

① 비천록마격(飛天祿馬格), 『명리정종정해』 232쪽

時	日	月	年
丙	壬	壬	壬
午	子	子	子

격의 이름은 "비천록마격"입니다. 용신격으로 살펴보건대 겁재가 가득하고 재성이 공격을 받으니 필시 군겁쟁재격(群劫爭財格)에 해당하는군요. 이런 경우에는 군겁쟁재라고 불러도 좋겠습니다.

② 자요사격(子遙巳格), 『명리정종정해』 239쪽

時	日	月	年
甲	甲	壬	丙
子	子	辰	寅

진월의 갑목이 신강하고 水가 많으니 火土를 용하는 게 좋겠군요. 자요

사격이라고 했지만, 이런 경우에는 식신생재격이나 아니면 기인취재격(棄印就財格)이라고 해도 아무 상관이 없겠습니다.

③ 정란차격(井欄叉格), 『명리정종정해』 246쪽

時	日	月	年
庚	庚	庚	癸
辰	子	申	卯

신월경금이 매우 신왕하군요. 火는 없고 水木이 있으니 水木을 용하고 이름은 정란차격보다는 상관생재격이라고 하는 것이 더 알기 쉽겠군요.

④ 육음조양격(六陰朝陽格), 『명리정종정해』 253쪽

時	日	月	年
戊	辛	辛	戊
子	酉	酉	辰

육음조양격이라고는 하지만, 유월의 신금이 신왕하여 시지의 자수를 용신하는 형상이군요. 그래서 식신격이라고 하면 무난하겠습니다.

⑤ 육임추간격(六壬趨艮格), 『명리정종정해』 288쪽

時	日	月	年
壬寅	壬寅	壬寅	壬寅

이 격은 네 개의 임인으로 이루어진 특이한 사주로군요. 인월의 임수가 매우 허약하니 식신을 따라서 종하고 종아격이 되었군요.

이상 몇 가지 격국을 살펴봤습니다. 이름이 특이한 만큼 그 사연도 없지는 않군요. 그래서 이런 격국의 이름들을 없애버리지 않는 게 좋겠다는 생각입니다. 그러나 여러 가지 격국을 외우느라고 머리를 혹사시키는 게 싫으시다면 당장에 이런 사슬에서 벗어나시기 바랍니다. 다시 한 번 강조하거니와 이런 격국들은 몰라도 사주 용신을 가리는 데는 크게 장애가 되지 않습니다.

나중에 전문가 수준이 된다면 고전을 공부하셔서 본격적으로 궁리하실 가치는 충분하겠지만, 지금 여기서는 굳이 고생하실 필요가 없습니다.

이제 보통 "용신격"이라고 말하는 현대적인 격국의 이름들을 한 번 생각해보겠습니다. 참고로 월지를 격으로 잡는 것에 대한 말씀을 드립니다. 『자평진전』에서는 십격을 말하고 있습니다. 여기서 말하는 십격은 오직 월지를 기준해서 정하는 것입니다. 『사평진전』에서도 수없이 많은 격국들을 궁리하고 검토해본 결과, 크게 열 가지로 나누면 된다는 것을 생각한 모양입니다. 그래서 기본 십신 혹은 육친의 이름에 따라서 비견, 편인, 정인⋯⋯ 그 다음 끝에 격이라는 글자만 넣으면 됩니다. 그러니까 갑목이 해월에 나면 편인격이라고 하고, 병화가 해월에 나면 편관격이라고 하는 식입니다.

이는 당시로서는 아주 파격이었습니다. 그러나 이 격들은 월이 무엇인지를 아는 데만 필요할 뿐 더 이상 도움이 되지 못했습니다. 그래서 생긴 것이 용신격입니다. 용신격은 용신의 상황에 따라서 붙여진 이름입니다. 물론 낭월이 애용하는 격이기도 하군요. 그럼 대략 어떤 것들이 있는지 한번 살펴보시기 바랍니다.

세련된 감각의 이름들

각종 용신에 따른 격국 이름을 생각해봅니다.

신강일 경우
신약일 경우
외격일 경우

이렇게 세 가지 경우을 생각해봅니다. 우선 신강한 경우에 나타날 수 있는 용신에 따라서 그에 어울리는 용신격의 이름을 정해봅니다. 꼭 이대로일 필요는 없지만, 이렇게 지어서 부른다면 격이라는 흐름에 하나의 정리를 할 수 있을 것 같습니다.

인성이 많아서 신강일 경우

재성이유기(有氣)하면 재성을 용신하고 기인취재격(棄印就財格)
기인취재란 말이 어색하여 싫으면 인중용재격(印重用財格)
재성이 약해서 식상으로 생조하면 식신생재격(食神生財格)
식상이 전혀 없고 재관이 유정하면 재관격(財官格)
재성이 전혀 없고 관성이 강하면 정관격(正官格)

재성도 없는데 관성이 고독하면 정관고독격(正官孤獨格)

정관은 없고 편관이 힘이 있으면 편관격(偏官格)

편관이 있는데 무력하여 재가 생조하면 재자약살격(財滋弱殺格)

식재관이 전혀 없으면 종강으로 보고 종강용인격(從强用印格)

비겁이 많아서 신왕한 경우

식신이 유정하면 식신격(食神格)

상관이 유정하면 상관격(傷官格)

식신이 재성을 생조하면 식신생재격(食神生財格)

상관이 재성을 생조하면 상관생재격(傷官生財格)

식상은 없고 정관이 유력하면 정관격(正官格)

식상은 없고 편관이 유력하면 편관격(偏官格)

식상은 있으나 재성이 유정하여 관성을 生해주면 재관격(財官格)

편관이 약한데 재성이 옆에서 生해주면 재자약살격(財滋弱殺格)

식상이나 관이 없고 재성만 극을 받으면 군겁쟁재격(群劫爭財格)

군겁쟁재격이 어려워서 싫으면 거지팔자격

거지팔자격이 말해주기 미안하면 일인군주격(一人君主格)

식재관이 전혀 없고 인성도 미약하면 종격으로 종왕격(從旺格)

식상이 많아서 신약한 경우

인성이 있으면 상관패인격(傷官佩印格)

상관패인이라는 말이 어려워서 싫으면 상관용인격(傷官用印格)

인성이 있어도 무력하면 겁재를 용하여 상관용겁격(傷官用劫格)

인성이나 겁재를 용할 수도 없으면 종격으로 종아격(從兒格)

재성이 많아서 신약일 경우

겁재가 유력하면 겁재를 용하고 용겁격(用劫格)

겁재가 있기는 해도 무력하면 부옥빈인격(富屋貧人格)

부옥빈인이라는 말이 너무 멋스러우면 재다신약격(財多身弱格)

인겁이 있기는 해도 함께 약하면 재성발광격(財星發狂格)

태약하여 도저히 버틸 수가 없다면 종재격(從財格)

태약한데 식상이 더불어 왕하다면 아우생아격(兒又生兒格)

아우생아라는 말이 어색하면 종아생재격(從兒生財格)

관살이 많아서 신약한 경우

정관이 많은데 인성이 유력하면 관인격(官印格)

편관이 지나치게 많은데 인성이 유력하면 살중용인격(殺重用印格)

편관이 많은데 인성이 유력하면 살인상생격(殺印相生格)

살인이라는 말이 좀 살벌하다 싶으면 편관용인격(偏官用印格)

인성은 전혀 없고 겁재가 강하면 살중용겁격((殺重用劫格)

겁재 중에서도 양인이 빵빵하면 살인격(殺刃格)

겁재를 편관과 합시켜서 붙잡아 두면 살인상정격(殺刃相停格)

인성은 없고 식신이 유력하면 식신제살격(食神制殺格)

인성이 없고 상관이 유력하면 상관제살격(傷官制殺格)

일주가 태약하고 인겁이 전혀 없으면 종살격(從殺格)

인겁이 전혀 없고 식상 재성이 함께 왕하면 종세격(從勢格)

기타

봄의 목일주가 태왕한데 火가 있으면 목화통명격(木火通明格)

가을의 수일주가 金의 생조를 얻으면 추수통원격(秋水通原格)

이런 종류는 수두룩하니 너무 신경쓰지 마시고

여기에 일행득기격(一行得氣格)이나 양기성상격(兩氣成象格)이 포함되고 아울러서 합화격(合化格)과 통관격(通關格)도 포함이 됩니다.

대략 이 정도면 용신격에 대한 이름을 짓는데 크게 불편하지 않을 겁니다. 나름대로 궁리를 해서 멋지게 만든 것도 있지만, 주로 육친에 관계한 이름을 의지해서 사용하는 것이 보통입니다. 그리고 용신격의 장점은 뭐니 뭐니해도 이름만 듣고서 그 상황을 대강 짐작할 수 있다는 점이군요.

그러면 각자 궁리해보고 빠진 격이 있걸랑 계속 추가하시는 것도 좋겠군요. 그럼 이 정도로 하고 줄입니다.

2

종합
명리학

命理

종합편을 시작하며

지난 시간까지 "연구 명리학"이라는 이름으로 용신에 대한 공부를 했습니다. 그 정도에서 용신공부를 마친 걸로 보고 이번 시간부터는 대운(大運)에 대한 궁리를 해볼 요량입니다. 요량이라고 하니까, 경봉스님께 들었던 이야기가 떠오릅니다.

거지가 밥을 얻어먹으러 다녔답니다. 예전에는 그런 사람이 많았지요. 거지가 어느 잘생긴 대문의 벨을 눌렀습니다. 잠시 후 주인 아저씨가 나왔습니다.
"뉘쇼?"
"예, 길 가던 거지랍니다."
"우짠 일이쇼?"
"밥 한술 얻어 먹을 요량으로 왔네요."
"아, 그래? 나도 요량하네."
그리고는 주인이 집안으로 들어갔습니다. 거지는 이제 아침은 면했구나 하면서 두어 시간 기다렸던 모양입니다. 아무리 기다려도 사람 발자국 소리가 나지 않자, 거지는 다시 벨을 눌렀습니다.
"뉘죠?"
"예, 아까 그 거집니다요."

"아니, 우째 아직 거기 있수?"

"아까 쥔장께서 요량한다기에…… 기다렸습니다만……"

"요량? 아…… 내가 줄 요량했나 안 줄 요량했지."

경봉 큰스님께서는 이런 이야기를 참 구수한 밀양 사투리로 이야기하셔서 청중을 종종 웃게 만드셨어요.

이제 대운을 배울 요량을 해야 하는 시간이군요. 차근차근 육친, 직업, 질병, 성격 그리고 신살에 대한 공부도 하게 됩니다. 그러니까 종합이지요. 여기서 배우는 모든 것은 용신을 알고 있다는 것을 전제로 합니다. 만약에 용신에 대해서 모르시는 벗님이라면 이 방에 머물러 있어봐야 별로 영양가가 없을 것 같군요. 일찌감치 아랫방에 가서서 다시 "연구 명리학"을 읽어보시는 게 좋겠습니다.

1장

___

대운법

이 사람아, 옷은 입어야지!

대운의 정의를 내린다면 뭐라고 하면 좋을까요?
여러 가지 이야기를 할 수 있습니다.

팔자가 몸이라면 대운은 옷이다.
팔자가 자동차라면 대운은 도로다.

이렇게 말을 해볼까 합니다. 몸이 있으면 필히 그 몸에 맞는 옷이 있게 마련입니다. 법관의 몸에는 법관의 옷이 있고, 산골 스님의 몸에는 산골 스님의 옷이 있지요. 그런가 하면 농부는 농부의 작업복이 있게 마련입니다. 양복을 입고 논을 갈고 있다면 아마도 미친놈일 거라고 짐작 하겠지요?

근데도 농부가 작업복이 없고 장가갈 적에 맞춰놓고 아까워서 못 입는 양복 한 벌밖에 없다면 어쩌겠어요. 도리 없이 양복이라도 입고 일을 해야 지요. 아니, 어떻게 그럴 수가 있냐고요? 뭐 정 이해를 못하겠다면 어젯밤 에 집에 불이 났다고 합시다. 뭐가 어려워요. 까짓거…… 후후. 이런 경우 에 농부는 운이 좋지 않은 셈이지요. 보통 운이 좋다 나쁘다는 말을 합니다 만 좋아도 좋은 정도가 있고, 나빠도 나쁜 정도가 있기 마련이지요. 그 정 도를 자세하게 알아야 합니다.

물론 운을 공부하기 위해서는 사주를 바로 아는 게 당연지사지요. 사주를 잘못 알고 운을 공부하겠다는 것은 마치 사람의 몸에 개 가죽을 입히겠다고 억지를 쓰거나, 거지의 몸에 정승 옷을 입혀주겠다는 것과 다를 바 없습니다.

오로지 그 사주에 어울리는 옷이 있게 마련이거든요. 그 운이 어떤 사람은 20대에 오고 또 다른 사람은 60대에 오기도 합니다. 어쩌면 이번 生에는 영원히 자신의 옷을 얻어 입지 못하는 경우도 없는 것은 아니지만요.(참 불행한 경우군. 쩝~)

사실 팔자를 공부하는 목적이 어쩌면 운을 알기 위해서라고 해도 과언이 아닐 것입니다. 그만큼 운에 거는 기대가 크기 때문이지요. 그럼 이제 운에 대한 공부를 떠나봅니다.

운을 찾아내는 방법은 좀 복잡합니다. 이런 저런 계산을 할 것이 있거든요. 그것을 하나하나 잘 배워봅시다. 물론 모른다고 해도 방법이 있습니다. 잘 만들어진 만세력은 대운의 숫자까지 착실하게 적어뒀거든요.

전에도 말씀드렸지만, 동학사에서 나온 『보기 쉬운 사주 만세력』은 대안을 아주 잘 적어두어서 어쩌면 대운 계산하는 방법이 없어질는지도 모른다는 행복한 고민을 하기도 했다니까요.

너무 편한 것만 좋아하면 자칫 게을러 질 수 있기 때문에 이번 시간에는 착실하게 따지는 방법을 공부하겠습니다. 좀 혼동이 되더라도 잘 따라와주시기 마랍니다.

① 우선 양남음남 양녀음녀는 년간(年干)을 보고 정합니다.
　　남자인데 년간이 양(甲丙戊庚壬)이면 양남(陽男)이 됩니다.
　　남자인데 년간이 음(乙丁己辛癸)이면 음남(陰男)이 됩니다.

여자인데 년간이 양(甲丙戊庚壬)이면 양녀(陽女)가 됩니다.

여자인데 년간이 음(乙丁己辛癸)이면 음녀(陰女)가 됩니다.

② 양남음남과 양녀음녀를 구분하였다면 다음은 월주를 봅니다. 월주는 대운의 출발점입니다. 그래서 우선 월주를 보고 출발합니다.

③ 월주가 가령 갑자월(甲子月)이라고 한다면 양남이나 음녀는 앞으로 갑니다. 그런데 앞이라고 하는 것이 어디를 말하는지도 감이 잘 잡히지 않을 수 있습니다. 앞이라고 하면 갑자로부터 을축병인정묘 순입니다. 반대로 뒤라고 하면 계해 임술 신유 경신 순입니다.

그러니까 똑같은 사주라도 남녀에 따라서 순서는 반대입니다. 정반대의 운세를 타게 되는 거지요.

④ 음남과 양녀는 월주를 기준해서 뒤로 갑니다.

이것은 매우 신경써야 할 부분입니다. 여기서 혼동을 하는 경우가 왕왕 있기 때문이지요.

⑤ 그리고는 대운수(大運數)의 나이를 적습니다.

나이는 사람에 따라서 각각 다르게 나타나기도 하고 같게 나타나기도 합니다. 『보기 쉬운 사주 만세력』에 있는 남자의 나이, 여자의 나이를 응용하시기 바랍니다.

이상이 대운을 올바르게 적는 요령입니다. 여기서 대운의 나이를 적는 방법을 다시 설명 드립니다. 대운은 1대운부터 10대운까지 있습니다. 여기서의 숫자가 어디서 온 것인지 매우 궁금한 분들이 많을 줄로 압니다. 그 출처는 이렇게 나옵니다.

역시 음남양남과 양녀음녀에 따라서 다릅니다. 그러니까 일단 대운만 들어오면 무조건 음남양남을 구분해야 한다는 것을 뼛속 깊이 새겨두시기 바랍니다.

　양남음녀는 앞으로 간다고 했는데 여기서도 마찬가지입니다. 이번에는
절기일까지를 날짜 수로 세어봅니다. 가령 양력 을해년 1월 26일 축시에 태
어났다면 남자일 경우에는 양남이 되고, 여자의 경우에는 양녀가 됩니다.
"아니 을은 음인데 무슨 말을 그렇게 하세요?"라고 말씀하실 분은 사주의
설날은 입춘이라는 것을 다시 20번만 외우고 공부를 계속하시기 바랍니다.

時	日	月	年
辛	丁	丁	甲
丑	巳	丑	戌

　즉 아직 입춘이 지나지 않았기 때문에 갑술년이 된다는 말이군요. 만약
남자라면 양남이니까 앞으로 가야겠군요. 앞의 절기는 입춘이 기다리고 있
습니다. 그럼 입춘까지 한번 날짜를 세어보세요. 하나, 둘, 셋, 넷…… 9일
이 남았군요.

　만약에 여자라고 한다면 뒤로 세어가야겠군요. 통상 30일로 한 달을 잡
고 보면 앞으로 9일이 남았다면 뒤로는 20일이 되겠지요? 이렇게 대강 따
져도 됩니다만 그래도 중요한 것이니까 한번 세어보세요.

　작년 달력을 모두 버려서 셀 수가 없다고요? 달력이 왜 필요해요. 만세력
을 보면 되지요. 세어보니 20일 선에 소한이 들어 있군요. 그럼 20입니다.

　이렇게 얻어낸 숫자를 3으로 나눕니다.

　그러면 남자는 3대운이 되는 거고 여자는 7대운이 되는 겁니다.

　이런 순이 되겠군요. 한번 적어보세요. 이렇게 나오는지 아니면 다르게
나오는지 자꾸 적어보는 것이 최선입니다. 머리로는 이해를 했더라도 막상

실제로 해보면 틀리는 경우가 많거든요.

〈남자운의 표〉

63	53	43	33	23	13	3
甲申	癸未	壬午	辛巳	庚辰	己卯	戊寅

〈여자운의 표〉

67	57	47	37	27	17	7
庚午	辛未	壬申	癸酉	甲戌	乙亥	丙子

우선은 부모님의 사주나 자신의 사주를 가지고 한번 시험을 해봐요. 그래서 확실하게 자신의 것으로 만들어야 합니다.

여기 나온 숫자는 『보기 쉬운 사주 만세력』과 약간 다를 수가 있습니다. 그런 경우에는 만세력에 있는 대운수(大運數)가 더 정확한 걸로 합니다.

21일이 되어야 완전한 7대운이 되지만 대운을 계산할 적에는 일사이입(一捨二入)법을 사용합니다. 즉 나머지가 하나가 남으면 버리고, 둘이 남으면 집어넣는 거지요. 그 와중에서 오차가 생깁니다. 그 오차를 『보기 쉬운 사주 만세력』에서는 좀 더 줄인 셈이지요.

이렇게 해서 대운의 간지와 대운의 숫자를 찾아서 적었습니다. 이 연습은 여러 번 해보셔야 정리가 될 것 같군요. 열심히 해보세요. 절대로 틀리면 안 됩니다. 왜냐면 자칫 거짓말쟁이가 될 수 있기 때문이지요.

싫어도 셈을 할 때는 해야지 뭐

이 강의는 다소 지루할 수 있습니다. 왜냐면, 낭월이 가장 재미없어하는 부분이거든요. 그렇다고 그냥 넘어가면 두고두고 꺼림직 할 것 같아, 일단 건드려봅니다. 그러니까 지나는 길에 잠시 들여다본다고 생각하세요. 몰라도 팔자를 감정하는 데는 전혀 지장이 없습니다.

대운의 분석

① 월의 30일을 대운수로는 10년으로 삼는다.

② 월의 3일을 대운수로는 1년으로 삼는다.

③ 월의 2일을 대운수로는 8개월로 삼는다.

④ 월의 1일을 대운수로는 4개월로 삼는다.

⑤ 월의 12시간(간지로)이 1일이다. 고로 12시간은 4개월이다.

⑥ 월의 6시간(간지로)은 대운수로는 2개월이다.

⑦ 월의 3시간은 대운수로는 1개월로 삼는다.

⑧ 월의 1시간은 대운수로는 10일로 삼는다.

⑨ 월의 현재 시간으로 1시간은 대운수의 5일에 해당한다.

이렇게 지저분(?)하게 나눠봤습니다. 아시다시피 낭월이는 숫자만 나오면 십 리나 도망을 가버리는 사람입니다. 그럼에도 불구하고 이렇게 늘어놓는 것은 혹시라도 이렇게 따져 보다가 뭔가 기발한 기미(機微)를 발견하지 않을라나 해서요. 하하.

여기서 엄밀하게 따지는 방법이 나옵니다. 지난 시간에 말씀드린 일사이입(一捨二入)은 대강 따지는 방법이라고 말씀을 드렸는데, 엄밀하게 따지자면 운이 교체되는 시간이 나올 것입니다.

자신이 출생한 시간으로부터 따져서 본다면 6대운이라고 하더라도 정확하게 셈을 한다면 6세 4개월 3일 8시간이라는 수치가 나오는 것이 가능할 것입니다.

물론 이렇게 복잡하게 따지는 방법을 사용하건 말건 낭월이는 전혀 신경을 쓰지 않을 참입니다. 저도 이렇게 골치 아픈 계산은 싫으니까요. 그래도 확실하게 분석을 해보고 싶으신 분들은 그렇게 하세요. 그러니까 일사이입의 방법은 8개월 이상은 일 년으로 본다는 말입니다. 4개월 정도는 버리자는 셈이지요. 그게 편해요. 인생살이에서 반 년 정도의 오차는 별로 대단한 차이가 아니라고 생각하거든요.

따라서 오차를 더욱 줄인 『보기 쉬운 사주 만세력』을 사용하시기 바랍니다. 만약에 우리 벗님들 중에서 프로그램에 눈이 밝으신 분은 이 힌트를 가지고 정확한 대운을 계산하는 방법을 찾아보시는 것도 좋겠군요.

삼일을 일 년으로 삼는 연유. 저두 몰라유~ 정말 갈수록 태산이로군요.
『명리대감(命理大鑑)』에서 그 연유를 밝혔는데 물론 이것이 정설이라는 것은 아니고요. 다만 한번쯤 생각해볼 만하다는 것입니다. 그 내용을 간략하게 한번 적어보겠습니다.

······고인이 운운······

대개 3일을 일년으로 삼는 것은 어떤 연유인가.

한달은 30일이고 하루는 12시이다.

10년은 120개월이다.

즉 인생은 120년을 일생으로 삼는다.

대저 3일이란 36개의 시간이 된다.

이것은 365일의 줄임이고, 다시 말해서 1년의 줄임이 되는 셈이다. 그래서 절입에 음양 남녀로 나눈 다음에 각 날짜에 따라서 그 일수를 계산한 다음에 3일은 대운의 1년으로 계산하게 되는 것이다. 운운······(여기서 운운이란 줄인다는 말).

이렇게 복잡한 이야기가 있는데, 더 깊은 이야기는 생략하겠습니다. 저도 잘 모르는 말을 너절하게 늘어놔봐야 영양가도 없을 듯하고······ 더 궁금하신 벗님은 특별히 자료를 요청하세요. 그럼 다시 생각해볼게요. 무엇보다도 지금은 명리학을 배워서 활용하는 것이 우선이고 대운의 숫자에 대한 연구 정도는 다음에 얼마든지 하실 수 있기 때문입니다.

이와 같은 연유로 대운의 숫자가 등장하게 되었습니다. 현재는 이것을 정설로 인정하고 있답니다.

그럼 이제 본격적으로 대운을 보는 방법에 대한 궁리를 해볼 시간이군요. 무엇보나도 내운의 길흉을 알기 위해시는 원국(시주팔지)에서 용신과 기신의 검토가 마무리되어 있어야 합니다. 그래서 낭월이도 그렇게 대운의 이야기를 꺼내놓기 꺼려한 것입니다. 지금부터라도 늦지 않았습니다.

아직도 용신에 혼동이 생기시는 분은 급하게 서둘지 마세요. 서둘러봐야 어차피 정답은 나오지 않거든요. 돌아가라는 옛 성현의 말씀을 잊지 마시고 차근차근 복습을 해주시기 바랍니다. 결국은 그것이 지름길로 가는 묘수가 됩니다. 서둘러봐야 정말 미궁 속만 헤매고 있을 뿐이거든요.

주객이 전도라지만

이제 두 번에 걸쳐서 대운의 구조를 설명 드린 셈입니다. 대운의 구조를 알고 났으니, 이제는 그것을 읽는 방법을 공부해야 할 순서로군요.

대운의 구조를 공부하기 위해서는 뭐니뭐니해도 용신을 잘 알아야 합니다. 사실 낭월이 그렇게 대운의 이야기를 뜸 들이고 뜸 들인 이유가 여기 있답니다. 용신을 가리지 못하는 상태에서 대운을 공부하는 것은 흡사 도둑이 무서워서 금고 열쇠를 금고 안에 넣고 잠그는 격이기 때문입니다.

그동안 착실하게 공부를 해 오신 벗님들은 사주를 읽어볼 엄두를 내셔도 되겠군요. 처음에는 다소간 긴장도 되고, 떨리기도 하고, 애매하기도 하고, 당황하기도 하고, 뭐 그렇겠지요? 그래도 한 번 두 번 연구를 하다보면 필시 뭔가 종합이 될 것입니다. 서둘지는 마시고요.

항상 주객(主客)을 생각합니다마는, 여기서도 주객의 구별은 연구에 도움을 줄 수 있습니다. 그러니까 이렇게 정리를 해보도록 하지요.

① 일주가 주가 되고 용신이 객이 된다.
② 용신이 주가 되고 대운이 객이 된다.
③ 대운이 주가 되고 세운이 객이 된다.

그러니까 일주를 모르고 용신을 볼 필요가 없듯이, 용신을 모르고는 대운을 볼 필요가 없는 셈입니다. 용신을 알아야 비로소 대운을 보게 되고, 대운을 보고 나서야 비로소 그 사람의 길흉을 말할 수 있지요.

이런 연유로 해서 그동안 그렇게도 운에 대한 이야기를 감춰 두었던 것이랍니다. 그러니까 지금 이 순간에 벗님께서 용신에 대한 정의가 확고하지 않다면 앞으로 나가봐야 헛고생이 되는지도 모릅니다. 죄송하지만 뒤로 가서서 용신공부를 더 하고 오시는 것이 아마도…… 하하.

이렇게 말씀드리니까 좀 떨리지 않으세요? 떨려야 정상인데……그래도 상관없어요. 스스로 용신에 대해서 기준이 서 있기만 하다면 대운에 대한 공부를 하면서 부족한 점을 느끼게 될 겁니다. 그러면 다시 보충하면서 전진하는 것도 방법이 되겠네요. 우선 사주의 격국과 용신을 한 대의 차량이라고 간주하고 대운을 도로에다 비유해봅니다. 이것이 가장 이해가 빠르더군요.

먼저 자동차를 한 대 마련하세요. 무슨 돈으로 차를 사느냐고요? 그게 뭐 어려운 일인가요. 자신의 사주를 적어놓으시면 그게 자동차지요. 사주는 자동차와 닮았습니다. 공무원은 공무수행이라는 차가 될 것이고 장사하시는 분은 영업용 차가 될 것이고 소방관은 소방차가 되겠지요 뭐.

차가 있고 나서야 길이 필요한 것이지, 차도 없이 운이 좋은지 나쁜지나 봐달라고 한다면 정말 어불성설이요 언어도단입니다. 그러니까, 우선 자신의 사주가 어떤 용도를 갖고 태어났는지를 먼저 확인하셔야 됩니다. 확인하셨나요? 어떻게 확인하느냐고요? 그야 앞장에서 배우신 "격국용신론"이 있잖아요.

서울에서 부산이라는 구간을 대운이라고 가정합니다. 즉 10년간의 대운을 말하지요. 10년밖에 없냐고 말씀하시고 싶으신 분들이 계시다면 이렇게

말씀드리지요. 부산에서 일본은 또 10년, 일본에서 홍콩은 또 10년이라고
요. 하하.

만약에 10년 대운이 용신의 뜻에 부합이 된다면 고속도로라고 계산합니
다. 즉 완전히 운수대통(運數大通)인 셈이지요. 아니 이럴 게 아니라 정리를
해볼까요?

① 10년 대운이 용신과 완전히 같으면 고속도로

② 10년 대운이 용신과 비슷하면 국도

③ 10년 대운이 위는 용신과 같고 아래는 비슷하면 대전까지는 고속도로
로 가서 그 다음은 국도

④ 10년 대운이 완전히 용신과 반대라면 배 타고 가는 길

그러니까 서울에서 인천으로 가서 배 타고 목포를 지나 부산으로 가는
노선이군요. 좀 따분하겠다고요? 그래도 이건 좀 나은 편입니다.

⑤ 10년 대운이 완전히 용신과 반대인데다가, 충돌까지 생긴 경우라면
필시 등산로로 부산까지 가는 셈이지요. 아무리 등산이 좋고 걷는 것이 건
강에 좋다고 말을 한다고 하더라도 이건 좀 심했지요? 하지만 이런 운을
가진 사람도 있습니다. 아니 어쩌면 거의 대부분 일지도 모르지요.

⑥ 물론 워낙 원국이 좋은 사람이 대운을 또 좋게 만났다면 철도로 가는
셈이지요. 철도는 안정되어 있으니까요.

비유하자면 같은 길(운)을 가더라도 고성능의 차량에 해당하는 순수한
사주로 운을 맞이하는 것과, 저성능의 차량에 해당하는 혼탁한 사주로 운
을 맞이하는 것과의 사이에는 큰 차이가 있습니다.

우선은 간단하게 서울과 부산이라고 말씀을 드렸지만, 자세히 생각해 보면 그 과정은 엄청나게 많은 경우가 있을 수 있다는 것을 느끼시겠지요?

직접 가는 길이 있는가 하면, 강릉을 거쳐서 동해안을 끼고 부산에 가는 방법까지 생각해본다면 말입니다. 이렇게 다양하게 그 경우를 생각해보는 것이 통변에 유익할 것 같습니다. 그러니까 할 일 없으면 그 경로를 한번 적어보세요. 얼마나 되는지요. 하하.

이렇게 다양한 통로는 결국 대운과 용신과의 관계에서 결정이 납니다. 용신과 기신과의 관계와 기신과 한신과의 관계에도 영향이 있겠군요.

가령 고속도로라고 좋아할 것만도 아니라는 이야기지요. 중간에서 불길에 휩싸인 비싼 차도 있다는 사실. 하하. 정비가 불량하면 이런 참혹한 결과로 이어지지요. 그러니까 모든 여건을 종합해서 무사히 부산까지 간다 못 간다를 판단해야겠군요. 가령 추풍령까지 갔는데 기름이 떨어져서 멈추면 국도로 부산까지 가느니만 못한 것이 아닌 감요?

결국 이렇게 여러 가지 상황을 종합한 연후에 비로소 "지금의 대운은 어떠한 경로다"라고 말할 수 있습니다.

이제 대강 감을 잡으셨을 겁니다. 대운의 작용력을 말입니다. 다음 장에서는 세운에 대한 상황을 살펴보겠습니다. 대운과 세운은 표리(表裏)와 같아서 자칫 혼동 하기도 쉽고 구분을 잘 못하는 경우도 왕왕 있습니다. 이 기회에 대운과 세운의 작용을 확실히 해두셔야겠군요.

대운과 세운은 공간과 시간이다

이제 대운에 대한 개념이 잘 섰을 걸로 생각하고, 세운에 대한 이야기를 드려보겠습니다. 우선 세운이 뭔지는 아시겠지요? 세운(歲運)이란 일 년의 운을 말합니다.

매년마다 일 년의 간지가 바뀌게 되어 있지요. 지난해는 갑술년이었고, 또 올해는 을해년이듯이요. 물론 내년에는 병자년이 되겠군요. 이런 것들을 세운이라고 합니다. 즉 한 해의 운이라는 뜻입니다.

한 해의 운세는 무엇에 비유를 하면 좋을까요? 음~~

대운과 세운이 서로 얽히고 설켜서 복잡한데 어느 가닥을 잡아야 정답이 나올 것인가. 참 난감한 경우가 있을 겁니다.

① 대운(大運)은 공간이다.
② 세운(歲運)은 시간이다.

뭘 의미하는지는 아시겠지요? 시간과 공산이라는 생각으로 대운과 세운을 정의해봅니다. 가령 하루라는 것에 대해서 생각을 해볼까요? 하루라는 것이 대운이라면, 매 시간은 세운이 되는 셈입니다.

오늘이 토요일이라면 토요일이라는 것은 대운이 되는 셈입니다. 그런데 토요일도 사람마다 다 각각이지요?

어떤 사람은 회원들과 등산을 가려고 궁리를 했을 거고, 어떤 사람은 가족끼리 오붓하게 자연농원에 갈 계획이고, 어떤 연인은 바닷가에 갈 계획이 있을 겁니다. 적어도 이 정도의 계획들은 좋은 운에 속하지요.

어떤 백수는 토요일이니까, 종일 티비만 보겠다고 할 테고, 또 오늘 하루는 우째 보내야 하나 하고 고민하는 따분한 사람들도 있겠지요.

이렇게 팔자에 따라서 그리고 팔자에 따른 대운에 따라서, 각자의 하루가 정해집니다. 그 하루가 정해지고 나면 그만이냐? 아니지요. 하루라고 하더라도 항상 변수가 뒤따릅니다. 그 시시각각으로 변화되는 것이 바로 세운이라고 할 수가 있다는 말씀입니다. 물론 10년 대운에서 세운은 1년을 차지하지만, 대운은 사람마다 다르고 세운은 사람마다 동일한 조건이라는 중요한 차이점이 있습니다. 즉 을해년이라고 했을 경우에 장관은 을해년이고 고물장수는 을사년이 되는 것이 아니란 말씀이지요. 이렇게 사람에게 동일하게 주어진 세운이지만, 그 길흉이 다른 것은 사주와 대운의 복합작용 때문입니다. 그래서 어떤 사람은 올해가 신나는 운인데, 어떤 사람은 죽(?)쑤는 운이거든요.

다시 도로 이야기로 돌아가서 말씀을 드리겠습니다. 서울과 부산을 10구간으로 나눕니다. 그 대운은 아주 좋은 대운이라고 가정을 하고요. 그렇다면 날씨는 쾌청하고 도로는 한가하고, 컨디션도 오케이로군요. 이 상태로 출발합니다. 위~잉~

대운이 바뀐 지 5년째입니다. 그럼 현재 통과하고 있는 지점은요? 그야 부산까지가 약 400킬로미터 된다고 보고, 160킬로미터를 통과하고 있겠군요. 이 구간은 사주감정표에 "매우 주의를 요하는 운"으로 나와 있다고 합시다. 그렇다면 대운은 좋은데 세운이 나쁘다는 말을 했을 가망성이 많군요. 실제상황을 봅시다.

우리의 주인공은 마악 대전을 통과해서 고속도로의 상황이 매우 양호한 것에 대해서 만족해하며 계속 액셀러레이터 (오행으로는 木이라고 했던가)를 밟고 있는 발에 힘을 주었습니다.

이제 막 대덕 터널을 벗어나려고 하는 참입니다. 이 구간에 이르자 서서히 속도를 줄였습니다. 아침에 서울에서 출발할 때 예보관(사주감정가)이 주의를 준 말이 생각나서였습니다. 그는 160킬로 구간부터 200킬로 구간까지는 매우 주의를 하시는 게 좋겠다는 이야기를 했습니다.

잠시 후, 바로 앞에 가던 차가 앞 차를 들이받았습니다. 차는 괴성을 지르면서 터널의 벽을 들이받고 몇 바퀴인가 회전을 했습니다. 우리의 주인공이 미리 감속을 해서 거리를 두었기에 망정이지 그냥 바싹 붙어서 따라갔다면 틀림없이 연쇄추돌사고로 중상 아니면 사망이었을 겁니다.

왜 사주를 공부하느냐고 묻는다면 이렇게 말을 하렵니다. "미리 예보를 듣고 길을 떠나는 나그네가 되기 위해서라고……." 같은 공간 안에서도 시간에 따라 상황은 수시로 달라질 수 있습니다. 그 변화에 얼마나 지혜롭게 적응하는가 하는 것은 미래를 예측하는 능력이 얼마나 있느냐에 따라서 많이 달라질 게 아닐까요?

이렇게 대운과 세운에 대한 차이점을 설명했습니다. 종종 받게 되는 질문 중에 하나는 팔자가 중요하냐 대운이 중요하냐는 것입니다. 물론 이렇게 질문을 하는 사람은 당연하다고 해도 좋을 만큼 명리학의 진면목을 모르는 분입니다. 마치 "육체가 중요하냐 정신이 중요하냐"라고 묻는 것과 같은 말이기 때문입니다. 둘 중에 누가 더 중요한지 답을 찾지 마세요. 그 답을 찾으려고 하는 순간에 이미 10만 8천리를 벗어나게 됩니다.

이제 준공검사를 받으시지요

이제 집은 완성되었습니다. 기초부터 차근차근 다졌기 때문에 쉽게 무너지지 않을 겁니다. 요즘 공사판에 지나가다 보면 "부실공사 없는 해"라고 커다랗게 써놓은 걸 볼 수 있습니다. 그렇게 써놓을 수밖에 없는 그동안의 현실이 씁쓰레하기도 합니다만, 또한 어쩔 수 없는 하나의 운이겠지요. 낭월이는 그렇게 생각합니다.

집을 한 채 지어도 부실하게 지으면 나중을 장담할 수 없습니다. 마찬가지로 사람의 팔자도 부실하게 적으면 운명을 말할 수 없습니다.

이 정도 왔으니 집으로 치면 거의 마무리한 셈입니다. 길(대운)도 이미 만들어졌고요. 종합점검을 하고 준공검사를 기다리는 단계라고 할 수도 있겠군요.

일견 봐서는 근사합니다. 식당인지 주거용인지도 이미 결정(용신)이 났습니다. 만약에 아직도 이 집(팔자)이 무슨 용도인지 감이 잡히지 않는다면 벗님은 너무 급하게 여기까지 달려왔다고 의심을 해볼 만합니다. 그야말로 부실공사를 한 셈이지요. 하하. 좋은 건축자재가 있더라도 적절하게 사용하지 못한다면 필시 부실공사가 될 수밖에 없겠지요? 그러니까 자재의 특성을 잘 파악해서 어떻게 적재적소에 사용하느냐는 목수의 재량입니다. 우리 속담에 그런 말이 있지요.

"유능한 목수는 나무를 탓하지 않는다."

"어설픈 목수가 연장만 탓한다."

이 두 마디 말은 많은 생각을 하게 합니다. 난데없이 낭월이 목수 운운하는 것은 다른 뜻이 아니고요. 사주가 어차피 기둥인 바에야 기둥은 목수의 영역이라는 말이지요. 그럼 우리의 한식집을 보실랍니까?

나무들을 잘 살펴보세요. 모두가 죽죽 곧은 것이 아닙니다. 강릉 경포대도 그렇고 진주 촉석루도 마찬가지입니다. 즉 곧은 것도 있고 구부러진 것도 있습니다.

그 먼 곳을 언제 가보누 하실 분들일랑은 가까운 절이나 고궁에 가보세요. 가보면 나무로 지은 집일 경우에(요즘은 시멘트로 집을 짓는 경우도 많음) 필시 구불구불한 목재도 사용되어 있다는 것을 알 수 있습니다.

그렇게 못생긴 나무가 아주 요상하게 제자리를 찾아서 자기 일을 하고 있는 절묘한 조화를 느끼실 수 있습니다. 굵은 나무와 가는 나무, 긴 나무와 짧은 나무들이 어우러져서 합창교향곡을 연주하고 있는 자연의 환희가 느껴집니다.

우리는 이제 목수의 면허증을 받느냐 마느냐 하는 아주 중요한 갈림길에 서 있습니다. 지은 집이 합격품인지 불량품인지 스스로 판단을 하는 단계인 거지요.

팔자의 원국을 살펴보면 그런 느낌이 들 때가 많습니다. 년간에 달랑 붙어 있는 힘없는 한 글자가 그 팔사에 아주 중요한 역힐을 하기도 하고, 일지나 월지에 깊이 박힌 힘 있는 글자가 전혀 도움이 되지 않는 경우도 허다합니다. 그런 자잘한 변화를 목수는 알고 있어야 합니다. 그래야 이 집이 어떤 모양으로 나올 것인지 상상도를 그릴 수 있기 때문이지요.

똑같은 자재를 가지고도 어떤 사람은 주변에 어울리는 근사한 집을 지을 수 있는가 하면 어떤 사람은 엉망으로 만들기 일쑤입니다. 사주 보는 것을 살펴보면 그런 생각이 듭니다.

전혀 엉뚱한 곳에 집착해서 용신과는 아무 상관도 없는 놈을 잡고 애를 써봐야 답이 나올 리가 없지요. 그래도 한두 번 당겨봐서 아니면 얼른 놓고 다른 다리를 잡아야 할 텐데, 끝까지 그놈을 잡고 늘어지는 거지요. 이런 고집은 학자에게는 전혀 도움이 되지 않습니다. 결론은 주관적이지만 상황 판단은 객관적으로 해야 합니다. 상황 판단을 너무 주관적으로 해버리는 경우에 답안지를 영원히 찾을 수 없을지도 모릅니다.

우선 사주를 하나 적어놓고 검토를 해보겠습니다. 아주 기초적인 자료만 드리겠습니다. 그동안 배우신 실력으로 사주를 뽑아서 궁리를 해보시기 바랍니다.

이 사주에서 용신을 찾아보고, 기신도 찾아보고 그리고는 대운을 살펴보시기 바랍니다. 당장에 답을 달아놓으면 커닝을 하게 되니까요.

《문제》
이 사주를 생각해보세요.
여자 1955년 9월 8일 오시 生(음력)

[경고]
그냥 펄럭 하고 한 장을 넘기는 것은 쉽습니다.
그러나 그만큼 벗님의 실력은 뒷걸음질치는 것도 아시기를……

답은 다음 장에서 일러드리겠습니다. 다만 실제 사주란 점만 일러드리지요. 올 정월에 신수를 보러왔던 사람입니다. 그럼 잘 살펴보시고 많은 궁리를 하시기 바랍니다.

무슨 경고씩이나요. 헤헤~

그렇지만 아마 궁리를 하신 분은 아실 겁니다. 좀 더 생각해보고 그리고 또 한번 생각해보는 조심성…… 이것이 프로정신입니다.

그럼 사주를 찾아봅니다. 맞게 찾았는지 아닌지 꼭 확인을 하세요.

時	日	月	年
丙午	丁巳	丙戌	乙未

사주는 이렇게 생겼군요. 여기에 대운까지 적어봐야지요? 대운은 어떻게 적던가요?

우선 년간을 보시고요. 음…… 음간이군요. 그럼 여자니까 음녀가 됩니다. 음녀는 순행(順行)을 한다고 했으니까, 생일을 기준해서 앞으로 다가올 절기로 날짜를 세어가야겠군요. 만세력을 펴놓고 세어보세요.

16일 후에 입동이 들어오는군요. 그럼 16 나누기 3을 해야 된다고 했으니까 나눠보세요. 그럼 5하고 나머지 1이 되지요?

나머지가 없으면 참 좋은데 있으니 어써겠어요. 다음 법칙을 적용시켜야지요. 다음 법칙이란 바로 일사이입을 말합니다. 1은 버리고 2는 취한다. 즉 여기서는 1이 남았으니까 버리는 것이 상수로군요. 그럼 대운의 수는 5가 되겠습니다.

55	45	35	25	15	5
壬辰	辛卯	庚寅	己丑	戊子	丁亥

이것이 사주 주인공의 운로(運路)로군요. 이 정도로 오차 없이 적어놓으셨어요? 참 궁금하군요. 필시 많은 벗님들은 잘 적으셨겠지만, 그중에 몇 분은 틀렸을 것 같군요.

종종 틀리는 게 대운을 적는 것이거든요. 지금 틀리는 것은 전혀 부끄러운 일이 아닙니다. 그러나 나중에 직접 사주를 볼 때는 절대로 틀리면 안 됩니다. 명리가의 체면이 말이 아니지요. 흐흐.

용신은 틀릴 수가 있지만 대운을 잘못 적는다는 것은 자격 미달입니다. 만약에 잘못 적으신 것이 눈에 띈다면 즉시 확인해보시고 확실하게 해두시기 바랍니다.

여기서 한번 대운수를 미주알고주알 캐어볼까요?

두리뭉실하게 봐서는 다섯 살마다 대운이 바뀌는 것으로 나왔습니다만, 만약에 정말로 다섯 살마다 운이 바뀐다면 45대운의 경우 45세 입춘부터냐 45세 생일부터냐 하고 물을 경우가 있을 겁니다. 이런 물음에 대비해서 정확하게는 어떻게 확인을 하는지 이런 기회에 한번 분명히 짚어 두는 것도 좋겠군요.(또 슬슬 자신이 없어지는 낭월… 하하)

우선 다시 한 번 확인을 합시다.

이 여자는 생일이 을미년 9월 8일 오시라고 했습니다. 그러면 다음 절기인 입동까지 16일이라고 확인을 했는데, 정확히 하기 위해서는 만으로 따지게 됩니다. 그럼 다음 절기인 입동일이 음력 9월 24일에 드는군요.

그럼 9월 23일 낮 12시까지는 확실하게 15일이 되었습니다. 일단 보류하고 그 후부터 절입시간까지가 숙제입니다. 입동시가 24일 13시 46분인가요? 『보기 쉬운 사주 만세력』에는 그렇게 나와 있군요. 일단 그 시간을 기준으로 합니다. 또 다른 만세력을 사용하시는 분은 약간의 오차로 인해서 다르게 적혀 있을 수도 있기 때문입니다.

시간을 또 따져봐야지요. 정확히 하루는 경과했군요. 24일 12시까지는 4개월에 해당하니까 일단 또 보류합니다. 그래놓고는 나머지가 1시간 46분인데 약 2시간이군요. 그럼 두 시간으로 보고요. 현재의 두 시간은 10이라고 했지요? 그럼 4개월 10일이 추가되는군요. 좀 복잡하지요?

자, 다시 생일로부터 대운수는 5대운+4개월+10일 이렇게 되는군요. 그럼 45세 신묘(辛卯)대운은 45세 되는 해의 생일인 9월 8일로부터 4개월 10일을 보태야 하는 셈입니다. 그렇게 되면 46세 1월 18일 경이 되는군요. 여기서 알 수 있듯이 대운수가 달라졌습니다. 이거 큰일났네요.

대운수가 대강 따지니까 5대운이었는데, 정확하게 하니까 6대운이 되는 셈이군요. 사실 이렇게 정확하게 하는 것이 옳습니다. 원칙대로 한다면 이렇게 해야 합니다.

게으른 낭월이는 이렇게 하려니까 보통 시간이 걸리는 게 아니더군요. 그래서 간략하게 일사이입으로 셈을 하고 맙니다. 그러나 낭월이야 그렇게 엉터리로 계산을 하거나 말거나 우리 순진한 벗님들까지 그럴 필요는 없지요. 그래도 발설지옥에 가는 것은 면하기 위해 돌머리를 두드려가며 계산을 하고 있습니다.

발설지옥이 뭐하는 곳이냐면요. 혀를 꺼내놓고 쟁기로 갈아버리는 지옥인데, 혀를 잘못 놀리면 간다고 하네요. 아니 이것은 컴퓨터를 들여다보면서 자판기(커피 판매기가 아님)로 한 거짓말이니까 아마도 손가락을 맷돌로 뭉개는 지옥에 가야 할 것 같은데……. 이제 신종 지옥이 하나 생겨나야 할까 보네요. 하하.

이제 확실하게 이해를 하셨지요? (대강 따져서 나머지가 2가 되었다면) 정확히 계산한다면 본래 대운수보다 당겨서(약 4개월 정도) 운이 바뀌게 될 겁니다. 이 정도만 알고 계신다면 누가 뭐라고 해도 돌팔이 선생에게 배웠다는 조롱은 피하실 겁니다.

원리를 알고 나서 활용을 줄여서 간단히 하는 것과, 방법을 아예 몰라서 줄이는 것은 엄청난 차이가 있습니다. 이제 우리 벗님들은 대운에 관한 한 확실한 방법을 익히신 겁니다. 나중에 철학원에 놀러가시걸랑 한번 넌지시 물어 보세요.

"전 대운수가 몇살 몇월 몇일날 바뀌나요?"

아마도 굉장히 골치아파할 겁니다. 그러면서도 답을 해야 선생이지 "그런 것은 없어요", "이놈아 시비하러 왔냐"는 둥 엉뚱한 말을 한다면 대번 눈치 채고는 빙그레 웃을 겁니다. 아주 고소하게요. 하하.

축 대운연구 졸업!

자, 이제 대운에 대한 장을 마무리할 시간입니다.

사주와 대운을 한꺼번에 나타내보겠습니다.

時	日	月	年
丙	丁	丙	乙
午	巳	戌	未

55	45	35	25	15	5
壬	辛	庚	己	戊	丁
辰	卯	寅	丑	子	亥

요렇게 이층 집을 지었습니다. 이 정도라면 어떤 명리가라도 준비 작업에 대한 결함을 지적하지는 않을 겁니다. 그리고 각자 취향에 따라서 뭔가 더 추가시키고 싶은 것이 있다면 추가하면 되겠군요.

낭월이는 팔자 원국에 추가시킨 것이 있습니다. 아주 기본적인 거지요. 각 간지의 오행을 적어두는 것입니다. 이것은 상담자와 마음이 통하게 하는 데 매우 유익하다고 생각합니다.

은연중에 뭔가 이해를 도우려고 설명을 하기 위해서 애를 쓴다는 전달이 되는 것 같더군요. 한번 시험 삼아서 적어보시지요.

時	日	月	年
火	火	火	木
丙午	丁巳	丙戌	乙未
火	火	土	土

55	45	35	25	15	5
水	金	金	土	土	火
壬辰	辛卯	庚寅	己丑	戊子	丁亥
土	木	木	土	水	水

이렇게 적는 겁니다. 처음에 적었던 것보다는 좀 어수선하지요? 만약에 초보자가 아니라면 이렇게 까지 할 필요가 없습니다만, 대개는 정말 왕초보거든요.

어떤 선생님들은 육친까지 적기도 합니다만, 육친을 적으면 정말 복잡해요. 그러나 처음 공부를 하시는 과정에서는 반드시 적어 가면서 확인을 하는 것이 좋겠더군요. 자칫 혼동을 해서 엉뚱한 이야기를 하는 것보다는 적어놓고 정확한 이야기를 하는 것이 이치에 합당할 것 같군요.

이제 준비는 끝났습니다. 그럼 용신을 찾아보고, 다음에는 대안을 확인하는 순서에 따르면 되겠지요? 이 정도 준비가 되었다면 아주 훌륭합니다. 마음 놓고 잘 연구해보시기 바랍니다. 그런데 예문이 하나뿐이라서 또 다른 예가 있었으면 좋겠다고 생각하실 벗님도 계실 것 같군요. 이번에는 또 다른 경우를 하나 간략하게 확인을 해보겠습니다.

남자 1949년 2월 10일 새벽 자시(음력)

앞에서 사주를 잘못 적으셨던 벗님들도 이번 사주만큼은 올바르게 적기 바랍니다. 한 번 실수는 명리가의 상사라지만, 두 번 실수는 노력 부족+게으름+무성의입니다. 하하.

거듭 말씀드리지만, 잘못된 데이터로는 정확한 답을 구해낼 수가 없습니다. 그러니 절대로 틀리지 않도록 하시기 바랍니다. 정답을 보시기 전에 스스로 위와 같은 예문을 작성해서 용신은 무엇인지 확인도 해보시고, 또 대운은 정밀하게 나누면 몇살 몇월에 교체가 되는지도 따져보시기 바랍니다.

時	日	月	年
水	土	火	土
壬	戊	丁	己
子	戌	卯	丑
水	土	木	土

51	41	31	21	11	1
金	水	水	木	木	火
辛	壬	癸	甲	乙	丙
酉	戌	亥	子	丑	寅
金	土	水	水	土	木

일단 낭월이 모범 답안을 제시합니다. 각자 점검해보시고 어디가 혼동이 되시는지 확인해보세요.

대운수는 정확히는 절입일로부터 약 2일 18시간 정도.

고로 2일은 8개월 18시간은 95일 정도.

결국은 출생 후 약 11개월부터 첫 대운 시작.

그러면 2세의 1월부터 병인대운이 접목. 정확히는 2대운.

데이터가 이렇게 나왔나요?

만약에 이와 틀림없이 나오신 벗님들께는 축하드립니다. 정말 조심스럽게 하나하나 밟아오셨다는 증거입니다.

어딘가 틀린다고 생각되시는 벗님은 다시 주의 깊게 확인하시기 바랍니다. 지금 바로잡지 않으면 나중에 매우 곤란해집니다.

이 정도로 팔자와 대운에 대한 이야기를 마무리하겠습니다. 이제는 어떤 사주가 있든지간에 생년월일시만 정확하다면 데이터를 작성하시는 데는 전혀 무리가 없는 걸로 알겠습니다. 여기에 자신 있게 대답을 하실 수 있는 분들만 다음 단계로 넘어가기를 부탁드립니다. 하하.

2장

육친법

시대따라 인심따라

이제 실내장식으로 들어갑니다. 이른바 육친의 대입이 이뤄질 것입니다. 육친의 설명은 책마다 차이가 있습니다. 그 이유도 다양하지요.

가령 옛날에는 화장실과 처가는 멀어야 한다고 했습니다. 당연하지만 옛날 화장실은 냄새가 많이 나거든요(서니암은 아즉도 퍼세식인디. 흐흐). 또 각시도 여간 마음이 상해도 친정에 가지 않아야 했습니다. 그랬다가는 난리가 나기 때문이지요. 이것이 불과 100여 년 전 일입니다. 아니 50년 전에도 적용되었던 일이지요.

요즘은 어떤가요? 화장실이 멀~ 수록 미개인이고, 가까울수록 문화인입니다. 오죽하면 안방에 화장실을 두고 살까요. 이것이 모두 시대에 따른 변화이지요. 난데없이 화장실 이야기를 하는 것은 육친도 그와 같기 때문입니다.

예전에는 아버님이 가장 중요했습니다. 직업도 대대손손(代代孫孫)으로 전승되었습니다. 그러다 보니 백정집안이니 정승집안이니 하는 것이 생기게 되고, 자연히 사람을 사귀는 데에도 집안이 하나의 기준이 되었지요. 사주를 봐도 아버지의 동향에 상당히 관심을 갖게 될 수밖에요. 그러던 것이 요즘에 이르러서는 어떤가요?

아버지는 단순히 상징에 불과합니다. 오직 자식들 목숨을 책임지는 사람, 또는 돈 벌어오는 기계(?) 쯤으로 여기기도 합니다. 이런 시대에는 아버지는 별로 대우를 받지 못합니다. 차라리 배우자가 더 중요하게 된 셈이지요. 이렇게 변하는 것이 인심이고 세상이지요.

운명을 상담하는 자평명리학은 현재를 살아가고 있는 사람들의 마음이 투영된 것이라고 봐도 과언이 아닙니다. 묻는 마음이 현실적이듯이 답하는 마음도 현실을 벗어날 수 없습니다. 무슨 질문을 하더라도 결국은 재물을 모으고 배우자와 잘 살아가고자 하는 마음이 바탕에 깔려있습니다.

이런 관점에서 우리가 연구를 해야 할 육친의 영역도 시대에 따라서 다소 달라질 수밖에 없지 않은가 합니다. 낭월이도 쓸데없이 늘어놓아 어수선하게 할 것이 아니라 간결하게 정리를 하는 게 나을 성 싶군요.

육친을 대입시키되 용신에 해당하는 육친과, 기신에 해당하는 육친 정도를 탐구하는 방향으로 해볼 생각입니다.

時	日	月	年
丙	丁	丙	乙
午	巳	戌	未

時	日	月	年
壬	戊	丁	己
子	戌	卯	丑

자, 우선 이 팔자들을 좀 더 울궈먹어야겠지요?

이 팔자에다가 육친을 좀 적어보자는 겁니다. 역시 스스로 확인을 해 보는 게 중요합니다. 하하.

각자 이 팔자에 육친을 달아보시기 바랍니다. 아래의 딥은 확인용으로 사용하시고요.

時	日	月	年
劫財	日元	劫財	偏印
丙午	丁巳	丙戌	乙未
比肩	劫財	傷官	食神

時	日	月	年
偏財	日元	正印	劫財
壬子	戊戌	丁卯	己丑
正財	比肩	正官	劫財

잘 적으셨나요? 그리고 (가능하다면이 아니라) 절대로 육친일랑 한자로 적으세요. 하긴 한글로 적어도 뜻만 통하면 된다고 하나, 그래도 맛이 그게 아니더군요. 한자로 적어야 분위기가 빨리 들어오더라고요. 스스로 알아서 하실 일이지만, 낭월이는 그렇게 권하고 싶네요. 하하.

나중에 숙련이 되면 적지 않아도 좋습니다. 하지만 지금부터 약 6개월 정도까지는 적어가면서 보시는 게 훨씬 편하지 않을까 하네요. 매우 혼동될 수가 있거든요.

간지의 육친뿐만 아니라, 지장간의 육친도 적는 버릇을 들이세요. 역시 매우 유익한 방법입니다. 지장간 이야기한지 오래되었다고 혹시 까먹었다면 지장간과 육친을 모두 확인해보세요.

남자의 사주는 적지 않더라도 스스로 찾아서 확인을 해보시기 바랍니다. 그런 육친이 나타내는 뜻은 이미 예전에 대강 음미하고 넘어갔는데, 다시 복습을 하는 의미에서 다시 한 번 살펴보도록 하겠습니다. 이 사주가 정화니 정화를 기준으로 확인을 해보지요.

時	日	月	年
丙	丁	丙	乙
午	巳	戌	未

午			巳			戌			未		
丁	己	丙	丙	庚	戊	戊	丁	辛	己	乙	丁
比肩	食神	劫財	劫財	正財	傷官	傷官	比肩	偏財	食神	偏印	比肩

정화의 기준으로 보면

갑목 : 정인(어머니)

을목 : 편인(무정한 어머니)

병화 : 겁재(형제, 자매, 친구)

정화 : 비견(형제, 친구)

무토 : 상관(남자에게는 해당없고, 여자에게 자식)

기토 : 식신(역시 여자에게만 자식)

경금 : 정재(남자에게만 부인)

신금 : 편재(남자에게만 부인, 애인, 첩)

임수 : 정관(여자에게만 남편)

계수 : 편관(여자에게만 남편, 애인, 정부)

이 정도로 설명을 해봅니다. 이미 전에 일부 설명을 드렸기 때문에 자세하지 않더라도 이해를 하시는 데는 어려움이 없을 걸로 생각합니다.

희용기구한(喜用忌仇閑)

우선 용신에 해당하는 육친과 기신에 해당하는 육친을 구분해야 합니다. 물론 그 나머지 희신이나 구신 또는 한신까지도 모두 기억하고 있으면 더욱 좋지요.

이것을 염두에 두지 않고는 육친론이 한낱 잠꼬대에 불과하다는 것을 말씀드리고 싶군요. 대충대충 설명을 해서 비슷하게 둘러댄다고 해도 정확한 답이 되는 것이 아닙니다.

항간에는 용신이 보이지 않으니까, 그냥 육친론만 들여다보고서 사주를 감정하는 사람도 있다고 합니다. 그거야 나름대로 무슨 공식이 있어서 그런지는 몰라도 자평명리학(子平命理學)에서는 있을 수 없는 일이군요. 그러니까 이쯤에서는 웬만한 용신은 그냥 튀어나오면 좋겠습니다.

그렇지 않으면 용신 찾으랴 육친 살피랴 피곤하게 되지요. 결국은 스스로 지치고 말 겁니다. 그러니까 어느 사주를 보시든지 항상 용신과 기신을 먼저 가려두고서 육친을 대입시키기 바랍니다. 이렇게만 한다면 전혀 실수를 염려하지 않아도 될 겁니다.

그러니까 처음에는 팔자에다가 표시를 해두시는 방법 좋습니다. 육친을 적고 그 옆에 희용기구한(喜用忌仇閑)을 혼자만 알게 표기를 하는 겁니다. 이러면 훨씬 쉽게 설명을 할 수 있지 않겠어요? 그럼 이 사주를 다시 살펴보시기 바랍니다.

時	日	月	年
丙午	丁巳	丙戌	乙未

용신은 정해보셨나요? 낭월이 묻지 않았다고 "얼씨구나 이것은 그냥 넘어가나부다" 하시지는 않겠지요? 용신을 정하지 않고는 육친을 찾아봐야 아무 의미가 없다고 했습니다. 만약에 아직도 용신을 확인하지 않았다면 다음 줄을 읽기 전에 용신부터 확인을 해보시고 나서 계속하세요.

원국

술월의 정화가 1木 4火를 거느렸으니, 필시 신강이라. 극설(剋洩)을 찾아야 하는데 극에 해당하는 水가 없고 대신 설에 해당하는 土가 둘이 있으니 土를 용신으로 정한다.

육친으로 대입

월지 술토는 火기운에 가세해서 설기가 되지 않으니 버려두고, 년지의 미토를 중시한다. 그런데 미토에게는 을목이 누르고 있으니 기신에 해당하고 사주가 너무 건조한 것이 흠이다.

용신=미토(식신)
기신=을목(편인)
희신=金(재성)

구신=火(비겁)
한신=水(관살)

이 정도가 나왔나요? 정말 낭월이 이렇게 위의 다섯줄을 쓰기 위해서 얼마나 오래 기다려왔는지 모를 겁니다. 하하.

이제 뭔가 이야기할 맛이 나네요. 마치 오랫동안 아껴두었던 과자를 이제야 꺼내먹는 기분입니다.

식신은 자식에 해당하니까 자식과의 인연이 좋군요.

편인은 어머니에 해당하니까 어머니와의 인연이 나쁘군요.

비견, 겁재는 모두 형제나 친구에 해당하니까 구신으로 기신을 도와주는 의미가 많으니 나쁘다고 해야겠군요.

재성은 희신으로 매우 좋은데, 육친상으로는 아버지와 시어머니에 해당하는군요. 좋은 편입니다. 그러나 원국에 재성이 없으니 모두 그림의 떡이로군요.

관살은 한신에 해당하니 혹은 좋고 혹은 나쁩니다. 즉 사주를 축축하게 해주고 土에게 생기를 불어넣는 차원에서는 좋은데, 木을 生해주는 의미에서는 흉하군요. 구태여 꼭 선악을 구분하라고 한다면 좋은 편입니다. 남편은 좋은 편이라고 해야겠군요. 그런데 남편 역시 인연이 약하다고 해야 하는 이유를 설명하지 않아도 되겠지요?

자동차는 좋기도 하고 나쁘기도 하지만 꼭 구분을 하라고 한다면 없어서는 안 된다고 하는 수밖에 없듯이 말이지요.

이렇게 일단 각각의 육친에 해당하는 관계의 사람들을 검토해봅니다. "당신은 누구와 인연이 좋고 누구와 나쁘다"고 말을 할 수가 있겠지요?

이런 식으로 대입을 하는 것이 육친입니다. 그럼 이 한 가지의 명조(命造)를 기준으로 삼아서 각자의 사주를 적은 다음에 배우자는 길작용을 하는지 흉작용을 하는지 한번 살펴보시기 바랍니다.

엥? 벌써 따져봤다고요? 흐흐 어렵하시겠어요.

이 정도만 해도 이미 육친을 사용하는 방법에 대해서 감이 잡히실 것도 같습니다만, 그래도 한 가지 예만 가지고 모든 기준을 삼기에는 아쉽다고 푸념을 하는 친구도 있을 법하니 하나만 더 구경해 보겠습니다.

時	日	月	年
丙辰	戊申	甲寅	癸卯

자! 이제 스스로 찾아서 적어보세요. 격국은 어떻게 생겼는지, 용신은 무엇인지 그리고 기신은 무엇인지를 말입니다.

정말 이 정도 진행이 되니까, 처음에 노느니 염불한다는 말로 시작했던 "왕초보 명리학" 시절이 생각나는군요.

그 시절부터 여태까지 꾸준히 공부를 열심히 해 오신 벗님들께 일단 박수를 보내고 싶어요. 정말 만만한 공부가 아니거늘 지칠 줄 모르고 따라오시니 대단하십니다. 그럼 여담을 줄이고, 다시 사주를 보겠습니다.

각자 능력대로 격국을 설명했을 것으로 보고 낭월이 밀씀드립니다. 확인을 하시면서 뭐가 잘못되었는지 살펴보시기 바랍니다. 많이 틀리는 사람이 많이 깨닫는다는 평범한 진리를 또 한 번 되새기면서……

격국의 구조

인월의 무토로군요.

월과 일을 얻지 못했고, 세력조차 약하니 매우 신약하군요.

우선 뭐가 많아서 신약이 되었는가를 살펴보는데…….

木이 너무 많군요. 木이 많아서 신약이면 火가 있나 살핍니다. 火가 있으면 木기운을 빼어다 일주를 生해주니 그 공덕이 두 가지나 되거든요.

시간에 병화가 있군요. 병화를 용신으로 합시다.

병화가 용신이라면 기신은 당연히 용신을 극하는 수가 되겠군요. 그리고 金은 구신이고, 土는 희신이 되겠습니다.

자, 다시 사주를 봅시다. 여기서 용신에 해당하는 병화는 육친으로 뭐지요? 그렇군요. 편인, 어머니에 해당하는군요. 그럼 어머니 덕이 있다고 봐도 좋겠지요?

다른 것은 도움이 되는 것이 하나도 없군요. 정말 아쉬운 팔자로군요. 무엇보다도 이 시대에 가장 중요한 배우자(財星)의 인연이 흉하다는 것은 참 딱하다고 해야겠군요…….

맘에 걸리는 게 하나 있네요. 보이세요? 바로 인신충(寅申沖)이로군요. 이렇게 일지가 충을 당하면 참 나쁩니다. 속이 항상 시끄럽다는 말로 대신할까요? 특히 이렇게 신약한 경우에 일지 충은 매우 불길합니다. 신왕하면 또 다르겠지만요.

이 사주는 오직 시간의 어머니에게 모든 것을 의존하고 있는 형상입니다. 아버지는 역시 기신인 걸로 봐서 정말 어머니와 아버지의 인연이 다르겠군요.

지금은 그 정도만 음미하고 넘어갑니다. 다음에 또 짚어볼 것이 있으니까요. 그것에 대해서는 나중에 다시 언급하겠습니다.

여기서 "쓸데없는 육친은 볼 것도 없다"는 점을 유의해야 합니다. 여기서 이모부나 할머니는 어떨까 등등은 제외하고 직접 용신과 기신에 해당하는 육친에 대한 것만 잘 파고들면 얻을 것이 많습니다. 곁가지에 마음이 홀려서 스스로 소용돌이에 말려들지 말고요. 한 가지만 파고드세요.

이 정도로 육친을 대입하는 방법을 마무리하겠습니다.

좀 아쉽지요? 당연합니다. 하하.

그러나 염려마세요. 이 모든 것을 한번에 풀이하는 "실전편"이 기다리고 있답니다. 실전에서는 그동안 배운 것을 총동원해서 한 사람의 사주를 해부하겠습니다. 그때까지 좀 더 차근차근 내공을 익혀야겠어요.

3장

성격법

보살 마음과 도둑놈 심보

질문 드립니다. 팔자와 마음이 연관이 있을까요 없을까요?

답도 제가 하지요. 당연히 아주 밀접한 연관이 있습니다.

이것을 심리(心理)라고 하나요? 정말 인간의 심리는 복잡하고 미묘해서 한마디로 이것이 "그대의 마음구조다"라고 말하기가 어렵습니다. 기억나세요?

왕초보 시절에 읽으셨던 갑을병정의 이야기 말입니다. 사실은 그 내용들도 모두 심리와 연관된 것들이 많았습니다. 낭월이 항상 인간의 심리구조에 관심이 많다 보니까, 주로 연구를 해도 그쪽 방면으로 가는 것 같군요. 나중에 연구가 더 쌓이면 그런 책을 하나 만들고 싶습니다. "팔자로 본 심리구조", 뭐 이런 정도의 주제를 갖고 말이지요.

이제 이쯤 왔는데, 심리구조를 좀 더 구체적으로 파볼 수 있는 힌트를 드리고 가는 것이 본전 생각 덜 나게 하는 방법이 아닐까 싶군. 직접 팔자의 운을 보는 것과는 약간의 성질이 다르기 때문이지요. 없어도 될 항목을 집어넣는다는 것은 읽으시는 분으로 하여금 벽시계 하나 사고 손목시계를 덤으로 끼워 받는 것만큼이나 즐거운 일이거든요. 하하.

맨 처음에 십간론(十干論)을 하면서 기본적인 성격은 익히 궁리를 했습니다. 그 정도는 모두 아시고 계실 걸로 생각합니다. 여기서 우리가 생각해볼 것은 좀 다른 이야기인 셈이지요.

물론 기본적으로는 십간의 성격이 자리를 깔고 있고요. 그 위에 추가로 주변의 상황에 대한 성격이 포함되는 셈이지요. 기본적으로는 십간의 성격이 있지만, 각기 같은 일간이라도 그 차이를 보이는 것은 주변의 간지가 서로 얽힌 상황에 따라서 다르기 때문입니다.

가령 갑목이라고 했을 경우에 기본적으로는 갑목의 성격이 있습니다만 주변의 상황에 따라서, 즉 정월(正月)의 갑목과 8월의 갑목은 그 성격이 판이하게 달라질 수가 있다는 거지요.

성격(性格) 혹은 심리(心理)에서 그 사람의 취미와 인생관 그리고 직업관이 나오고 나아가 이성관(異性觀)과 재물관(財物觀)까지도 나오는 것이니 사실은 가장 중요한 것인지도 모르겠습니다.

이 장은 그냥 재미로 한번 생각을 해보는 장으로 마련할까 합니다. 그러니까 팔자를 궁리하는 데 있어서 성격이 얼마나 중요한 위치를 차지하는지 한번 생각이나 해보자는 취지입니다. 이 문제로 자세히 이야기 하면 또 다른 강의가 될 테니까요.

항상 느끼지만 유한한 언어로 변화무쌍한 마음을 나타낸다는 그 자체가 좀 무리거든요. 그렇지만 또 아무 말도 하지 않고 넘어가면 그나마 힌트도 없이 궁리하시느라고 고생이 여간이 아니지요.

몇 가지 경우를 한번 생각해봅니다. 성격은 오행의 구조에서 형성된다고 생각합니다. 다른 말로 하면 육친의 구조에서 형성된다고도 말씀드릴 수 있겠군요. 육친도 별다른 것이 아니고 오행의 관계에 명칭을 부여한 것에 불과하니까요.

지금 여기에서 많은 이야기는 다루기 어렵고요. 힌트를 드리는 정도입니다. 또 낭월이의 연구가 아직 깊은 속을 공개할 정도의 임상을 해보지 않은 것도 핑계가 되겠군요. 그쯤 아시고 흥미를 가져주시기 바랍니다.

욕심쟁이 – 상관(傷官)+정재(正財)

사람은 누구나 욕심이 있습니다. 그런데 항간에 보면 욕심이 지나치다 싶은 사람이 있습니다. 이런 사람은 현재의 상황을 불만족스럽게 생각합니다. 현재의 삶이 만족스럽다면 욕심이라고 할 것도 없으니까요. 항상 앞을 내다보고 나아가려고 합니다. 그런 성격은 아무래도 상관(傷官)의 성분일 가능성이 많군요.

집착을 보이는 것도 포함이 되어 있습니다. 집착이 없다면 잠시 욕심을 품었다가도 금세 잊어버리겠지만, 집착을 하는 것은 자나 깨나 마음이 가 있는 것을 말하니까요.

물질에 집착을 보인다면 아무래도 정재(正財)의 성분이겠지요? 그렇다면 욕심이 많은 사람은 아무래도 상관과 정재가 가까이 붙어 있는 사람일 가능성이 많군요. 하하.

사랑(희생적인 사랑)이 많은 사람 – 식신(食神) + 정인(正印)

사랑은 희생입니다. 남녀가 서로 사랑한다고 마구 지껄이는 것도 그렇다고 할 수 있겠지만, 대개는 자신의 애욕을 채우기 위한 사탕발림일 가능성도 많지요. 흐흐.

사랑은 주는 거라고 말합니다. 그러면서도 돌아오는 것이 없다고 화를 내고, 연인이 바람을 피운다고 앙앙거리는 것은 필시 애욕이지 사랑은 아닐 것 같군요. 어쩌면 질투일 가능성이 많겠군요.

여기에서 말하는 사랑이 많은 사람은 대가를 바라지 않습니다. 사랑은 오래 참는 거라는 노래 가사도 있지요? 인내심(忍耐心)이라면 아무래도 정인을 당할 자가 없지요?

　어머니의 사랑이야말로 진정 대가를 바라지 않는 사랑에 가까우니까요. 그럼, 정인이 있어야 한다고 말을 합시다.

　그리고 베푸는 마음, 주고 싶은 마음은 자신의 것을 나눠주고 싶은 마음입니다. 내 것을 꺼내주는 데는 식신과 상관인데, 상관은 대가를 기다리는 성분이니 아무래도 식신일 가능성이 많겠군요.

호기심 많은 것도 팔자일랑가?

호기심이 많은 사람-상관(傷官)

호기심이란 뭘 의미하나요?

이미 있는 것은 싫증을 내고 또 다른 것에 대한 생각을 하는 사람이지요. 항상 새로운 것을 좋아한다고도 말할 수 있겠군요. 호기심이 많은 사람은 항상 끊임없이 뭘 찾아서 헤매지요.

이게 바로 상관입니다. 상관이 있는 여자가 이쁜 것은 새로운 유행을 만들어내고 항상 신선해 보이기 때문입니다. 사실은 이뻐서 이쁜 게 아니라 항상 볼 때마다 다르기 때문에 신선해보이는 거지요. 그러니까 이쁘게 보이는 겁니다.

게임을 좋아하고 빠져드는 사람은 필시 상관의 성분이 팔자에 있을 겁니다. 게임은 그 구조상 호기심 덩어리거든요. 조금 더 진행하면 뭐가 나올라나 하는 그 호기심으로 밤을 꼬박 새우면서 삼국지에 붙어 있고 로스트 아크에 매달려 있지요.

자녀들 팔자에 상관이 있을 적에는 PC방에 갖다 바치는 돈이 만만치 않을 거라는 확신을 갖으시기 바랍니다. 하하.

비관적인 사람 – 상관(傷官) 약간 + 정관(正官) + 편관(偏官) + 편인(偏印)

물이 반 정도 채워진 물컵을 보고 긍정적인 사람은 '아직 반이나 남았다'고 생각하지만, 부정적인 사람은 '반 밖에 남지 않았다'고 생각합니다. 부정적인 성향을 갖고 있는 사람은 머리로는 뭔가 생각을 했더라도 막상 실행에 옮기지 못합니다. 그래서 관살이 자신을 억누르는데 상관이 약하여 거부를 못하니까 회의적인 것이지요. 이해가 되세요?

거기에다가 고독의 성분이 강한 편인이 상관을 억압한다면 틀림없이 비관적인 사람이 될 가능성이 농후합니다. 만만한 이야기는 아닙니다만 잘 궁리를 해보시면 뭔가 힌트가 있을 겁니다.

공무원 같은 사람 – 정관(正官) + 정인(正印)

우리는 보통 정관이 용신인 사람에게는 공무원(公務員)이 되라고 합니다. 당연하다는 듯이 정관은 공무원이 좋다고 생각합니다. 어째서 그럴까요?

우선 정관(正官)에는 "곧이곧대로"라는 뜻이 있습니다. 곧이곧대로 해야 공무를 수행하지 맨날 융통성만 부리다가는 국가 행정이 엉망이 될 것이 뻔합니다.

반면 사업을 하기에는 적합하지 못합니다. 그랬다가는 망해먹기 십상이지요. 하하.

이처럼 정관의 적성은 공무원입니다. 관공서에 일을 보러가면 대번에 느낄 수가 있더군요. 예전에는 사람이 어째 그렇게 융통성이 없을까 했는데, 명리를 공부하고 나니까 이해가 됩니다. 하하.

의지력이 강한 사람 – 정재(正財) + 칠살(七殺)

목적은 결과이니 결과를 향해서[정재] 인내심을 갖고 추진하는 노력이 필요합니다. 그러기 위해서는 또 의욕(정재)이 있어야겠군요. 그리고는 뒤도 돌아보지 않고 밀어부치는 파워(편관)가 있어야 합니다. 이러한 정황으로 봐서 의지력이 강한 사람은 정재와 칠살이 함께 있겠군요.

몸과 마음이 같은 사람 – 일간(日干) + 합정재(合正財)

몸과 마음이 같은 사람을 이야기하는 것은 몸과 마음이 다른 사람이 있다는 것을 전제하지요? 우리 주변에는 늘 말과 행동이 같지 않은 사람이 참 많지요. 그러면 몸과 마음이 같은 사람은 어떤 사람일까요?

일간은 자신의 마음이라고 했으니까, 항상 매우 밀접하게 작용을 합니다. 그런데 마음이 몸과 같이 움직이려면 아무래도 일간이 무엇하고 합을 해야 할 것 같지요? 그 무엇이란 것이 몸을 나타내는군요. 그럼 일간과 정재가 합을 해야 하는 것이라는 추리가 나옵니다. 다만 여기서 말하는 몸과 마음이 같은 사람이란 말은 선량하다는 것하고는 좀 다릅니다. 그 사람의 선악을 불문하고 말하는 것과 행동하는 것이 같다는 뜻이지요.

내 것을 잘 주는 사람 – 식신(食神) 혹은 상관(傷官)

인기가 가장 좋은 사람이겠군요. 내 것을 주는데 미워할 사람이 어디 있겠어요? 하긴 주는 것 없이 미운 사람이 있기는 있다고 합니다. 이런 사람은 항상 남들에게 인기가 좋은 반면에 각시에게는 야단을 맞지요. 언제나 퇴근 후에 친구들을 주렁주렁 달고 집에 데려옵니다. 그러니 아내는 친구들이 돌아간 후에 복수를 하지요.

한두 번 그렇게 각시에게 당하면 나중에는 속을 차릴 만도 하건만 어렵쇼! 이건 10년이 지나도 개선의 여지가 보이지 않습니다. 그래서 마지막으로 포기를 하면서 이런 말을 내뱉지요.

"에구~~! 내 팔자야~~! 제 버릇 개 주나~!!"

아내가 아무리 실속이 없는 짓을 하지 말라고 신신당부를 해도 소용없습니다. 다만 식신이 있는 사람은 받을 생각 없이 준다고 한다면, 상관이 있는 사람은 나중에 받을 생각을 하는지도 모르겠군요.

사실 낭월이 이 식신 때문에 항상 손해를 보고 산다니까요. 그래서 허구헌날 연지에게 쥐어뜯기지만, 그래도 제 버릇 개를 못 주고 이렇게 날이면 날마다 역학동 친구들이 바글바글하지요.

이제 연지도 포기를 한 모양입니다. 그리고는 한마디 선언을 했지요.

"에구~! 그렇게도 주는 게 좋다면 할 수 없지~~!!"

먹는 것만 밝히는 사람 정재(正財) + 겁재(劫財) 혹은 비견(比肩)

아무튼 먹는 재미로만 사는 사람들이 있습니다. 그래서 살만 디룩디룩 찝니다. 이런 사람이 혹 가족이나, 이웃에 있걸랑 가만히 사주를 뽑아보세요. 필시 정재가 있어서, 먹는데 지대한 관심을 갖게 되고 비건이니 겁재가 있어서 게을러집니다. 참 묘하게도 사람의 마음은 육친의 영양을 받는 모양입니다.

그러니 이런 사람이 회사에서 할 일이라고는 술상무 밖에 더 있겠어요? 역시 세상은 참 공평합니다. 이런 사람도 할 일이 있는 것을 보면 말이지요. 하하하.

이렇게 열 가지 정도로 성격에 대한 육친의 연관을 살펴봤습니다. 지금은 실험단계라고도 볼 수 있습니다. 이보다 더욱 새로운 이야기가 등장을 할 수도 있습니다.

그러나 현재로서는 이렇게 이해를 하시는 것이 좋을 것 같군요. 그리고 직업 상담을 할 적에는 심리적인 면을 잘 이해할 수 있어야 합니다. 성격을 무시한 채 용신만 잡으면 "용신 따로 직업 따로" 이야기 하게 되지요. 성격이라는 것은 미묘해서 상황에 따라서 수시로 달라지기도 하거든요. 도무지 종잡을 수 없습니다. 대운에 따라서도 달라지고 세운에 따라서도 달라집니다. 나아가서는 월운에 따라서도 달라질지 몰라요. 하하.

그러니 어찌 이것이 그 사람의 성격이라고 말을 할 수가 있겠나요? 그래서 원국에서 기본 성격이 정해지는 것이라도 잘 판단을 해보자는 겁니다. 기본은 천성이거든요. 천성이란 여간해서 변하지 않습니다.

이제 그 타고난 천성에 대해서 궁리를 해보자는 겁니다. 이것을 잘 알면 정말 카운셀링을 하는 데 있어서 타의 추종을 불허할 겁니다. 대단한 도움이 될 것 같지 않아요?

그럼 그렇게 되도록 정진하시고요. 이번 장은 이 정도에서 줄이겠습니다. 길어야 맛은 아니니까요. 이 정도를 힌트 삼아서 더욱 많은 사람의 성격구조에 대한 명상을 해보시기 바랍니다.

뭐 명상이라고 해서 다리를 꼬고 이를 악물고 눈을 부릅뜨고서 고통을 참으면서 하실 필요는 없다고 봅니다. 조용히 강가를 걸어도 좋고 아니면 포장마차에서 꼼장어를 구워놓고 소주잔을 기울이셔도 좋습니다.

우주의 이치에 대해 생각을 해보세요. 물론 하루 아침에 정답이 나오지는 않겠지만, 결국 그렇게 궁리를 하다보며 언젠가 멋진 기발한 생각이 전광석화같이 스쳐갑니다. 바로 그 순간을 놓치지 말고 움켜잡으세요. 그 후에는 벌판을 바라다봐도 예전과는 다르게 느껴지실 겁니다.

4장

질병법

인간의 영원한 염원, 건강장수

인생을 가장 행복하게 만드는 것은 바로 건강입니다. 병이 들면 모든 것이 귀찮기만 합니다. 그래서 아득한 옛날부터 건강에 대한 연구는 엄청나게 많았습니다. 오죽하면 이런 말이 있겠어요.

"다른 사람의 염병(장티푸스)보다 내 발가락의 티눈이 중하다."

어쨌거나, 이러한 연유로 해서 더욱 많은 치료법이 생겨나게 되었습니다. 또 하는 말이 있지요. "병이 한 가지면 약은 천 가지"라고.

사실 한 가지의 병에 약은 무던히도 많습니다. 그 많은 치료법과 일일이 상대하다 보면 자신이 마치 마루타인 것처럼 생각이 들기도 한다니까요. 하하.

그나저나, 이번 항목이 팔자와 질병의 관계를 생각해보는 마당이니까 기왕에 말이 나온 김에 좀 자세히 살펴보기는 해야겠지요?

그런데 애석하게도 아직까지 질병에 대한 정확한 정론이 구비되지 않은 상황입니다. 그래서 기본적인 것부터 한번 살펴보는 정도로 하고, 완성은 미뤄둘까 합니다.

팔자와 질병에 연관된 이론도 엄청 많습니다. 우선 가장 첨예하게 대립이 되는 두 가지가 있습니다.

오운육기론(五運六氣論)

팔자용신론(八字用神論)

둘은 전혀 해석방법이 다릅니다. 그리고 한의학의 일부에서는 오운육기를 응용해서 팔자로 질병을 찾아내기도 합니다. 아무래도 전문가들이 이용하는 이론이다 보니 의학에 문외한인 제가 감히 나서서 왈가왈부할 입장이 아닙니다.

그럼에도 불구하고, 이렇게 나서서 떠들어야 하는 이유는 또 이렇습니다. 질병이라는 게 팔자의 용신에 상당히 영향을 받는다는 실험을 해봤기 때문입니다.

여기서는 오운육기에 대한 이론은 접어둡니다. 아무래도 전문적인 이야기는 의사에게 맡기는 게 서로를 위해서 유익할 것 같군요. 우리는 팔자용신과 질병의 관계를 공부합시다.

한 가지 이론으로 질병이 정리가 되지 않는 이유는 간단합니다. 100퍼센트가 아니라는 거지요. 오운육기와 팔자용신이 서로 보완하고 절충을 본다면 필시 팔자를 가지고 그 사람이 평생 동안 겪어야 하는 질병을 모두 찾아내게 될는지도 모릅니다. 그래서 누군가가 그 작업을 해야 한다고 생각합니다.

낭월이는 오운육기의 이론을 전혀 가미하지 않은 채, 팔자용신만 관계된 질병을 다뤄볼 생각입니다. 이 섬을 미리 아시고 나음 과징을 공부해주시기 바랍니다.

우리 벗님들 중에는 한의학에 몸담고 계시는 분들도 많습니다. 그런 분들께는 하나의 자료가 될는지도 모르겠군요.

그동안 팔자의 격국에 따른 질병을 많은 명리서에서 다뤄왔습니다. 낭월이 아는 한도 내에서는 그중에서도 『적천수』 "질병론(疾病論)"이 포괄적이면서도 함축적이지 않은가 싶어요.

이 장에서도 주로 "적천수 질병론"을 응용해서 설명을 드려볼 작정입니다. 몇 개의 사주를 보면서 어떤 형태로 질병이 나타나는지도 함께 생각해보도록 하고요.

나아가 자신의 팔자에서는 어떤 질병이 생길 가능성이 있는지도 비교해서 연구해보시는 것도 좋겠군요. 그럼 질병을 탐험하러 떠나봅니다.

인체의 질병을 알기 위해서는 장기와 각 오행을 결합시키는 작업이 우선되어야 한다는 것은 알고 계신가요?

어디 한번 살펴보시지요. 인체에는 대표적으로 오장육부(五臟六腑)가 있다는데, 각각 어디를 말하는지 그리고 음양오행은 각각 어떻게 배당이 되는지 생각을 해봐야 할 시간입니다.

처음에 오행을 이야기하면서 맨 끝에다 도표를 하나 만들어드렸습니다. 기억이 나실라나 모르겠습니다만, 물론 잊어버렸다고 해도 상관없고요. 어차피 다시 해야 하니까요.

이제 좀 더 구체적이고 자세하게 질병을 분류해 보겠습니다. 잘 살펴보시고 기억해두시기 바랍니다. 우선 오장육부의 뱃속을 알아두고서 다음 이야기를 진행하는 것이 순서에 적합하겠군요.

오장육부의 십간관계

甲木	乙木	丙火	丁火	戊土	己土	庚金	辛金	壬水	癸水
쓸개	간	소장	심장	위장	비장	대장	폐	방광	신장
		(삼초)	(심포)						

이것이 가장 기본적인 인체의 구조랍니다. 그러니까 우리 벗님들도 이 정도는 달달달 외우셔야겠어요. 이것도 모른다면 다른 질병에 대한 이야기는 하나마나지요 뭐. 혹 의아해하실 분들도 있겠군요.

"아니, 뼈도 없고 눈이나 코도 없잖어?"

그래서 이것을 기본이라고 합니다. 인체의 모든 기관은 우선 이상의 오장육부에서 출발해서 전개되는 거라는군요. 다음에는 좀 더 구체적인 연결고리를 확인해보도록 합니다.

음식물이 각 기관에 들어가는 통로

신 맛이 나는 음식은 간으로 들어가니 木의 성분이며
매운 맛이 나는 음식은 폐로 들어가니 金의 성분이며
쓴 맛이 나는 음식은 심장으로 들어가니 火의 성분이며
짠 맛이 나는 음식은 신장으로 들어가니 水의 성분이며
단 맛이 나는 음식은 비장으로 들어가니 土의 성분이다.

이렇게 다섯 가지로 분류합니다. 그리고 오장이 주관하는 기능을 설명하는 방법도 있고, 오장이 싫어하는 것을 분류한 방법도 있습니다. 그런가 하면 오장이 각각 다섯 가지 맛이 지나치게 많을 경우에 생기는 부작용을 설명하는 방법도 있습니다. 이런 모든 것은 기본을 오장에 두고 있습니다. 즉 모든 기능은 오장에 연결되어 있기 때문이지요.

제가 이런 모든 것을 설명하기에는 한계도 있고, 의사가 되는 것이 목적이 아닌 이상 상식적인 수준에서 머무르는 것이 좋지 않을 성싶군요. 더욱 관심이 많으신 벗님은 깊이 파보시고요.

그런데 여기서 한 가지 짚어보고 싶은 것이 있어요. 물론 병이란 木에 나타나는 이상이라고 말할 수 있지만, 넓은 의미에서는 육체의 병과 정신의 병으로 나눠서 생각을 해볼 수도 있습니다. 사주를 보고서 그 사람의 육체적 결함을 찾아내고 정신적인 결함도 살펴봐야 완전한 질병의 탐구가 되지 않을까요?

요즘같이 정신 질환이 늘어만 가고 있는 실정에 꼭 육체적인 결함만 찾는 것은 어쩌면 원인은 무시하고 결과만 찾는 짓이 아닐까 하는……

그래서 우선은 육체의 질병을 생각하고, 나아가서 정신적인 결함을 찾아보자는 겁니다. 우선 질병에 대한 것을 좀 살펴보도록 하겠습니다.

팔자가 좋으면 병도 없단 말이지?

滴天髓 疾病論

五行和者 一世無災 血氣亂者 平生多病 忌神入五臟而病凶 客神游六經而災小 木不受水者血病 土不受火者氣傷 金水傷官 寒卽冷嗽 熱卽痰火 火土印綬 熱卽風痰 燥卽疲痒 論痰多木火 生毒鬱火金 金水枯傷而腎經虛 水木相勝而脾胃泄

하하, 깜짝 놀라셨나요? 갑자기 누구 기죽일 일이 있나 하고요.

모처럼 원문을 적어봤네요. 『적천수』에 나오는 질병에 대한 이야기의 전부입니다. 몇 마디 되지도 않은 것이 참으로 의미심장하거든요. 기왕이면 원문을 읽어보시라고 적어봤습니다. 물론 원문을 모른다고 해도 전혀 겁내실 필요는 없어요. 아래에 다시 한글로 적어볼 테니까요. 하하.

적천수 질병론

오행화자 일세무재 혈기난자 평생다질 기신입오장이병흉 객신유육경이재소 목불수수자혈병 토불수화자기상 금수상관 한즉냉수 열즉담화 화토인수 열즉풍담 조즉피양 논담다목화 생독울화금 금수고상이신경허 수목상승

이비위설

이것을 우리말로 옮겨볼까요? 자신은 없지만, 그래도 우리 벗님들이 한 가지라도 더 기억을 해주시기 바라는 마음으로 풀어서 적어보겠습니다. 시 (詩)처럼 적을게요. 시는 기억하기에 좋은 방식인 것 같더군요.

적천수 질병 시

오행이 화목하면 일생동안 병이 없네(좋~다!!)
혈기가 난잡하면 일평생에 병주머니
기신이 장간에 있으면 병세가 흉악하고
운에서 들어온 병 병세는 가벼웁네

나무가 물기를 얻지 못하니 혈병이요
土가 火기운을 얻지 못하니 기가 상했네
겨울에 태어난 金 차가우면 콜록콜록 뜨거우면 켁켁(가래)
여름에 태어난 土 뜨거우면 풍담이요 건조하면 피부병이라

담을 논함에는 나무와 火요
독기운이 겹칠 적에는 火와 金이라
金과 水가 허약하면 신장경락 부실하고
水와 木이 서로 다투면 비위가 허약하네

이렇게 멋진 시를 한 수 외워서 응용을 해보시는 것도 좋아요. 각자 편하

신 대로 음미해보시기 바랍니다.

글이라는 게 참 묘해서요. 원문으로 새카맣게 적어두면 아주 위압적이고, 우리말로 풀어서 리듬을 약간만 주면 금세 다른 표정으로 나타난다니까요. 하하.

그럼, 『적천수』에 예로 올라와 있는 사주를 자세히 보겠습니다.

時	日	月	年
庚	戊	甲	癸
申	戌	寅	未

(해석)

무토가 인월에 生하니 木은 왕하고 土는 허하다. 기쁜 것은 앉은 자리의 술토에 통근(通根)한 것이다. 그래서 족히 金을 용해서 살을 제한다. 하물며 경금이 록(비견)에 앉아 있으니 힘이 능히 木을 칠만하다. 이른 바 지나치게 과하지 않은 자는 치는 것이 마땅하다는 것이다. 비록 년간에 계수가 살을 하고 있으나, 미토가 계수를 하고 있어 제하니 계수는 木을 生하기가 불가능하다.

기쁜 것은 도와주고 미운 것은 제거시키니 오행이 화목(和睦)한 형상이다. 또 운세가 서남으로 흐르니 일주나 용신에 부합되는 것이라서 수명이 90이 되었으며 귀와 눈이 총명하고 오고가는 것이 마음대로 되었다. 그리고 일생 동안 아무런 병이 없었다.

설명을 듣고 보니 정말 팔자가 좋아 보이지요? 이것이 바로 오행화자 일세무재라는 항목에 대한 사주입니다.

時	日	月	年
庚	丁	乙	丙
戌	未	未	申

(해석)

정화(丁火)가 미월에 生했다. 미술은 조열한 土니 火를 흡수하고 金을 生하기가 불가능하다. 더구나 년간의 병화는 을목의 生을 받아서 기세가 더욱 왕성하니 金을 녹이기에 충분하다.

즉 그렇게 되니 土는 더욱 건조하여 설기가 되지 않고, 신중(申中)의 임수는 말라버리게 되니 정기(精氣)가 필시 메마르게 된다. 그러므로 처음에는 담화(痰火)의 병으로 고생을 하더니 해운(亥運)이 되어도 약한 水가 火를 대적할 수가 없으니 도리어 木을 生해서 火를 도와주는 형상이니 이것이 바로 한 잔의 물로 수레의 짚에 난 火를 끄는 형상이라 오히려 불길만 더욱 강하게 할 뿐이니 피를 토하고 죽었다.

정말 끔찍하군요… 피를 토하고 죽다니요?

이렇게 격국의 상황에 따라서 그 사람의 건강이 달라지나 봅니다. 이것은 혈기난자 평생다질이라는 항목에 해당하는 이야기입니다.

팔자가 깨지면 병도 들끓는구만

이번에는 앞에 이어서 기신입오장이병흉에 해당하는 사주를 하나 살펴보겠습니다. 아무래도 좋은 사주가 나오기는 글렀지 싶군요. 하하.

時	日	月	年
乙	丙	己	庚
未	子	丑	寅

(해석)

병화가 축월에 태어났다. 앉은 자리가 자수니 허약한 火가 활기가 없다. 그래서 용신은 木에 있는데, 木도 이미 시들어 버려서 아직 새싹이 나오기 전이다.

경금이 투출했으나 인목에 올라 있는고로 절지에 임하니 병이 깊다고는 못하리라. 싫어하는 것은 월지의 축토이다. 뿌리없는 경금에게 통근을 시켜주는 까닭이다.

더구나 축토 속에는 신금이 장되어 있으니 이것이 바로 "기신이 오장에 들어 있는 격"에 해당한다. 또 기토는 경금의 정인에다 火기운을 약하게 하고 金을 生해주는 역할을 하니 경금이 인목을 극하기에 족하다.

그리고 자수는 신장을 나타내는 데 축과 합하여 土로 변하니 나무를 生

하기에 불가능하다. 그뿐만 아니라 화토(化土)를 하여 金을 生하니 도리어 기신인 金을 生하는 작용을 하게 된다.

그래서 축토의 병은 비단 金을 生할뿐만 아니라 또 자수까지도 얽어매게 되니 이것이 바로 병환이 되어 간과 신장이 모두 일그러지는 원인이 된 것이다.

이 정도의 설명이 있군요. 이렇게 자세하게 흉신이 깊이 들어 있는 경우, 그의 나쁜 작용에 대해서 설명을 했으니까 아마도 우리 벗님들은 모두 이해가 되었을 걸로 압니다.

이번에는 객신이 있을 경우에 나쁜 작용이 가벼운가에 대한 설명을 한번 읽어봅시다.

時	日	月	年
庚	丙	庚	乙
寅	子	辰	亥

(해석)

병자일주가 진월에 生했다. 그러니 습토가 당령을 하고 물기를 머금고 木을 생조해주니 용신은 木에 있게 된다.

해수를 얻어서 木을 도와주니 좋다. 그리고 을목은 비록 경금과 합은 하였으나, 화하지는 않았으니 경금이 바로 하늘의 뜬 이슬 같은 객신(客神)이 되는 셈이다. 그러니 장부(臟腑)에 깊이 들어서 흉물이 되기는 불가능하다.

水는 정(精)이 되니 해자를 보고 木기운이 되어 봄날의 기운이 넉넉하여 火를 生하게 되는 것이다. 계절이 이미 화기(火氣)가 왕성해지는 때이기도 하니(辰月은 五陽에 해당) 진기(進氣)를 받아서 통근하게 되어 정기신(精氣神) 모두가 갖춰진 셈이다.

그래서 사기(邪氣)가 깊이 들어올 수가 없다. 운도 또한 좋으니 일생에 질환이 없었고 명리(名利)가 넉넉했는데, 오직 土기운이 허한 고로 金이 설하니 이런 까닭으로 비위(脾胃)가 항상 허한(虛寒)하여 설사(泄瀉)의 병은 면하지 못했을 뿐이다.

결국 설사를 하는 것도 팔자라는군요. 이와 같은 이야기들을 잘 음미해보면 명리학의 깊이가 도대체 어디까지인지 감을 잡을 수가 없답니다. 우리 벗님들도 항상 깊은 명상을 하셔서 무슨 병을 타고 났는지 예방법은 무엇이겠는지 궁리해보시기 바랍니다.

『적천수』이야기는 이 정도로 줄일까 합니다. 더 자세히 알고 싶으면『적천수』를 읽어보시기 바랍니다. 어차피 이것만 안다고 해결이 날 문제도 아니거니와, 질병에 관심이 없는 벗님들은 지루할는지도 모르잖아요? 하하.

다음 장에는 낭월이 직접 임상한 사람들 중에서 특징이 있는 몇 분의 팔자를 구성한 다음 질병에 대한 항목을 줄이고자 합니다. 더욱 관심이 많으신 벗님은 시간을 내셔서 깊이 연구를 해보시기 바랍니다.

사주가 건조하면 생리불순이지 뭐

자, 이번에는 낭월이 만났던 사람들에 대한 사주를 놓고서 질병에 대한 공부를 해보겠습니다. 우선 앞에서 배운 적이 있던 사주들을 다시 갖다놓고 봅시다. 맨 처음에 대운을 공부하면서 적었던 사주부터 볼까요?

時	日	月	年
丙	丁	丙	乙
午	巳	戌	未

이미 안면이 있지요? 여자 사주라고 했습니다.

그동안 질병에 대한 이야기를 보면서 공부를 열심히 하신 분은 느낌이 팍(!) 오실 겁니다. 어떤 느낌이 드세요?

'매우 조열한 느낌'

'바로 이 맛 아니, 바로 이 느낌!'입니다.

여자 팔자에서 이렇게 습기가 없다면 필시 몸에 문제가 있게 됩니다. 신체의 어디에 문제가 생기겠습니까? 한번 잘 생각해보세요.

이 사주를 적어놓고서 보니까, 너무나 조열(건조하고 뜨거움 = 열대성 더위)하여 필시 생식기에 문제가 있겠다 싶더군요. 그래서 물었습니다.

"사주가 이렇게 생기면 하체에 필시 고장이 생기게 마련인데요? 어디 자궁 쪽에 이상은 없으신가요?"

"어마!! 그걸 어떻게? 예……. 사실은 자궁 수술을 했어요……. 근데 그
것도 팔자에 나오나 보지요?"

"사실 이런 팔자를 갖고 있으면 자녀를 생산하기도 불가능합니다. 다행
히도 ○○님은 운이 북방의 물이 흐르는 운을 통과하시게 되는 바람에 겨우
자녀를 두실 수가 있었으니 모두 운이 좋았던 셈이지요."

이것이 팔자소관인 셈입니다. 정말 달리 설명을 할 수도 없을 정도로 빼
다 박았군요. 水는 신장(腎臟), 방광(膀胱), 자궁(子宮)이니까 말입니다. 종
종 이와 같은 사주를 대하게 됩니다.

다음은 불구자의 사주를 볼까요?

역시 이미 보았던 사주입니다. 잘 살펴보세요. 기억이 나실 겁니다.

時	日	月	年
丙 辰	戊 申	甲 寅	癸 卯

어디서 보았던가요?

그렇군요. 팔자와 육친에서 잠시 등장했던 팔자입니다. 이 사주를 보시
고서 어디에 질병이 있는지 알아내기는 어려우실 겁니다. 다만 낭월이 어
디가 불편한 사람이라고 말하면 고개를 끄덕일 분이 많을 겁니다. 하하.

이분은 하반신불구입니다. 즉 다리를 못 쓰는 사람입니다. 대번에 그런
느낌이 드시지요? 얼른 눈이 가는 곳이 어디지요?

그렇지요. 인신충(寅申沖) 제일감으로 인신충에 눈이 가야 정상입니다.

인신충과 하반신불구…… 매우 연관이 많아 보입니다.

물론 선천성 하반신불구입니다. 육친에서 이 사주는 어머니에게만 의지할 수밖에 없다고 말씀드린 기억이 나시는지 모르겠군요. 격국을 보면 그런 느낌이 다분히 듭니다. 그나마 힘도 없는 어머니지요.

하반신이 불구인데 모든 일은 어머니가 보살피고 있었습니다. 어쩌면 그렇게도 사주 분위기랑 맞아떨어지는지 정말 명리학의 존재가 두려울 지경이었답니다. 이 사주는 오래 전에 입수한 것이지만 하도 기억이 생생해서 기록을 해두었기 때문에 구경을 하시게 되었군요.

벗님들도 이렇게 공부를 하시고 나서는 돌아다니다가 뭔가 연구거리가 된다고 판단이 되는 사주를 만나면 메모장에 기록해두시기 바랍니다. 그리고 집에 돌아와서는 사주모음집에다 잘 정리를 해두시고 종종 펼쳐보세요. 아마도 많은 도움이 되실 겁니다.

그럼 또 하나의 사주를 살펴보겠습니다.

時	日	月	年
庚午	甲辰	庚戌	壬申

이번에는 진술충(辰戌神)인가요? 어떻게 고르다 보니 그렇게 되었군요. 이 사주는 형상이 어떻게 생겼습니까? 일주가 굉장히 시달리고 있는 느낌이군요. 그런 느낌이 드시나요?

양쪽에서 경금, 칠살이 마구 두들겨 패고 있는 형상이군요. 그래서 매우 신약한 갑목은 연간의 임수를 용신으로 삼는 도리밖에 없습니다. 그야말로 기신은 설치고 희신은 약하고 그런 사주로군요. 일견해서 나쁜 사주라는 느낌입니다. 〈적천수 질병 시〉에 말하기를(그렇게 불러도 좋겠지요?)

나무가 물기를 얻지 못하니 혈병이요
土가 火기운을 얻지 못하니 기가 상했네

이렇게 말을 했는데, 이 경우가 바로 나무가 水를 먹기 어려운 상황인 셈입니다. 그러면 혈병이라는 이야기이니 혈액으로 인한 병이라는 말이고, 또 木이 깨졌는데 木은 신경을 관장한다고 하니 신경이 깨졌다는 말도 됩니다. 그리고 풍(風)도 되지요. 그러면 무슨 병이겠나요? 틀림없이 중풍(中風)이라는 말입니다. 속칭 바람을 맞았다는 거지요. 그래서 수족이 마비가 되었습니다.

중풍은 파열된 혈관이 뇌에 엉겨 붙어 뇌 기능을 떨어뜨리는 병이라고 하더군요. 그러니 혈병(血病)이라고 해도 틀린 말이 아니고요.

무진년(1988)에 발병을 했답니다. 아마도 기신인 金이 무진년의 후원에 힘입어서 더욱 기승을 부린 모양입니다. 어쨌거나 본인에게는 정말 불행이지요.

이런 것을 본다면, 정말 자신의 팔자를 잘 알아야겠습니다. 예방을 한다면 이 지경이 되지는 않았을는지도 모릅니다. 가령 이 사람이 金이 병이란 것을 알고 또 水가 약이란 것을 알고 관리를 잘했다면 미리 그 중풍을 막을 수도 있지 않았겠나 하는 것이 낭월이의 생삭입니다.

이 사람도 평소에 술이나 고주망태가 되도록 먹고 혈압이 올라가는데 지대한 공헌을 하는 삼겹살이나 매일 구워먹었다면 피가 탁해질 대로 탁해져 당연히 혈병에 걸릴 수 밖에 없었을 겁니다.

만약에 평소에 혈액을 맑게 관리했다면 훨씬 잘 넘어갔을 가능성이 있다는 것입니다. 이렇게 말씀을 드리는 것은 필경 원인이 있었을 거라는 생각이 들거든요.

어떠세요 우리 벗님들……

정말 건강은 한번 무너지면 원상복귀를 하는 데는 많은 시간이 소요됩니다. 어쩌면 영원히 불가능할지도 모르지요.

각자의 팔자를 잘 알고 있다면 아마도 스스로 건강관리를 잘 하실 수 있을 거라고 생각이 됩니다. 이것이 어쩌면 자신의 팔자를 알고 있는 공덕이 되는지도 모르겠네요.

이 정도로 팔자와 질병에 대한 설명을 줄일까 합니다. 물론 이 대목은 굉장히 많은 부분이 얽히고 설켜 있는 듯합니다. 여기에다가 정신이 주체가 된다는 이야기 즉, "건강한 정신이 건강한 육체를 만든다"는 말을 보면 정말 기준을 어디에다 맞춰야 할지 혼동이 되는 게 사실입니다.

그러나 적어도 팔자와 질병에 대해서 이 정도 감을 잡고 있다면 어디에 가서도 괄시를 받지는 않을 것이구만요. 하하.

저로서는 가장 어려운 장이었습니다. 더욱 많은 공부를 해야 할 부분이라고 절감하고 있습니다. 그럼, 다음 대목을 위해서 잠시 휴식을 취하도록 하지요.

(또 통신이나 연결해야지…… 헤헤~~)

5장

———

직업법

백수도 직업이라구요?

직업이란 인간이 살아 있는 동안에 개목걸이처럼 따라다니지요? 없어도 곤란한 것이 바로 이 직업이라는 놈입니다. 그래서 처음에 사람을 만나면 우선 묻는 말이 이렇게 됩니다. "직업이 어떻게 되세요?" 혹은 "지금 하시는 일은요?"

이런 질문을 받고서도 뭔가 그럴싸~ 한 직업이 있는 분은 당당하게 지금 뭘 한다고 말을 합니다. 어깨를 쭈욱 펴면서 말이지요. 하하.

그런데 떳떳하게 말할 만한 직업이 없는 사람의 표정을 보세요. 직업이 없는 경우도 마찬가지입니다. 우리 벗님들도 직업이 뭐냐고 물어보면 대답이 참 가지가지더군요.

가장 많은 직업은 학생이지요? 다음으로 많은 것은 백수입니다. 이처럼 쪽수가 많은 백수이건만 백수라고 하면서 떳떳하지 못한 것은 또 뭣 때문일까요?

그것은 필시 직업이 없다는 것이 사회악(?)이라고 생각을 해서인지도 모르겠군요. 혹은 비리비리한 놈이거나, 능력 없다는 취급을 받으면 사람 만나는 것도 싫어진답니다.

이번 항목에서는 바로 그 직업에 대한 생각을 해보겠습니다. 사실 직업과 팔자는 매우 밀접한 연관성을 갖고 있지요.

직업의 유형과 팔자의 유형이 공통되는 점은 매우 흥미롭습니다. 낭월이

예전에 대구 근교에 살고 있을 때 실험을 해봤습니다. K2라고 하면 대구에 사시는 분들은 대게 알고 있습니다. 공군을 말하지요. 그 공군부대에 있는 장교 여러 명의 사주를 감정한 적이 있었습니다.

그들의 사주는 일정한 공통점이 있었습니다. 그래서 직업의 선호도는 팔자의 영향을 많이 받고 있는 것이 아닌가 하는 생각을 했습니다.

만약에 정말로 팔자와 직업이 연관이 있다면 이 부분만 집중적으로 파고들어도 사람이 살아가는 데 많은 유익함을 줄 수 있을 겁니다. 나아가서 복지사회 (너무 거창한가?) 로 전진하는 데 매우 유용하게 사용될 수가 있을 거라는 생각도 드는군요.

『사주첩경』에서도 이미 이렇게 직업의 유형별로 정리를 해본 것이 많습니다. 역시 이석영 선생님은 후학들의 존경을 받을 만한 분입니다.

『사주첩경』을 보면 경찰관, 교육자, 법률가, 연예인, 명리가 등등 종류 별로 다양한 연구를 한 자료가 있습니다. 만약에 벗님들이 직업과 팔자에 관심이 많으시다면 『사주첩경』을 구해보시는 게 매우 유익할 것입니다.

그럼 팔자와 직업에 대한 생각을 좀 해보겠습니다. 예전에 책에서 보았던 성공하는 비결 제1조는 "취미를 살려라"였습니다. 취미는 그만큼 중요한 것입니다.

팔자의 어느 것에 기준을 두면 그 사람의 직업이 나올까?

이는 아마도 명리학에 약간만 눈을 뜨신 분이라도 딩징에 관심이 가는 영역입니다. 사실 할 일은 많고 시간은 없고, 더구나 내가 해야 할 일이 무엇인지 아직도 감이 잡히지 않는다면 말입니다.

취미를 살려야 하고 또 인기가 좋아야 하고, 더구나 돈(!)이 되어야 하니까요. 그래서 이런 것들의 함수 관계로 예전에 인기가 최고였던 법률가가

지금은 순위에서 떨어진답니다. 그런가 하면 연예인이나 요리사에게 점수가 후하게 돌아가는 것도 역시 시류의 변화겠지요. 이렇게 수시로 변하기 마련입니다.

옛날에는 직업이라고 하면 오직 한 가지였습니다. 관운(官運)이 있느냐는 거였지요. 오직 이 한 가지를 중시하다 보니까 남자의 팔자는 무조건 관성이 강해야 했어요. 그래서 사주에 관성이 강하면 매우 좋은 팔자로 보기도 했답니다.

문제는 요즈음에도 그렇게 사주를 보시는 분이 적지 않다는 거지요. 관성을 부수는 것이 상관(傷官)이고 그러다 보니까 상관이 있으면 완전히 버린 팔자 취급을 했습니다. 즉 관성을 해롭게 하면 완전히 죽일 놈 취급을 했던 것이지요.

오죽하면 그 이름이 상관이겠어요? "관성을 손상시킨다." 바로 이 말이 아니고 뭐겠어요? 따라서 육친의 이름도 수정을 해야 한다고 봅니다. 특히 항상 푸대접을 받아서 서러운 상관 말입니다. 상관은 수정해서 재능(才能)이라고 했으면 좋겠더군요.

사실 상관이 있는 사람들은 재능이 많거든요. 정작 아이디어가 중요시되는 분야에서는 정관보다 상관이 더욱 비싸게 팔릴지도 몰라요.

어쨌든 팔자에서 직업을 찾아낸다는 것은 흥미 만점입니다. 우리는 팔자를 공부하고 있으니 오직 팔자에서 직업을 찾는 공부나 해 보는 겁니다. 그럼 팔자 내에서 직업에 영향을 준다고 생각하는 것들을 순서별로 나열해봅니다.

① 취미 : 일간의 주변에 뭐가 있는가에 중점
② 적성 : 비슷한 말이지만, 육친의 영향을 감안

③ 길흉 : 취미건 적성이건 간에 그것이 인생에 유익한가

④ 선택 : 용신과 희신 그리고 기신과 구신 등의 관계를 고려

⑤ 참고 : 취미와 적성과 용신의 언밸런스를 조정

학자는 학자의 그릇에 담아라!

이번에는 좀 더 구체적으로 생각을 해봐야겠지요?

그전에 우리 벗님은 직업의 우선순위를 어떻게 정하시는지 궁금하군요.

우선은 적성이 중요하겠지요. 사회적 인식도 신경이 쓰일 겁니다. 당연히 보수도 중요하겠지요. 이 시대에 동전이 없이는 아무것도 할 수 없다는 것은 삼척동자도 알고 있는 일이니까요. 이렇게 몇 가지로 종합해보면 평생을 어떤 일에 종사해야겠다는 답안이 나올 것입니다.

그런데 그렇게 많은 궁리를 하고 또 궁리를 해서 답을 찾았더라도 막상 사주를 공부한 친구가 사주를 처억 보고는 "넌 이게 좋겠구나" 하고 단번에 알아 맞추면 정말 황당하겠지요?

우리 벗님들 대다수는 학문을 하는 사람들입니다. 학문을 하는 사주는 맑아야 합니다. 반면에 사업을 하는 사주는 탁해야 하나고요? 뭐 꼭 그렇다고는 못하지만, 일단 사업을 하려면 맑기만 해서는 곤란하다는 것을 말씀드리지요.

학문을 해도 여러 가지의 등급이 있겠지요? 우선 가장 최고봉에는 박사가 있겠군요. 박사보다 아래에는 반(半) 박사인가요? 하하.

뭐 이런 것은 낭월이보다 잘 아시니까 더 이상 언급하지 않겠습니다. 다만 수준이라는 것은 분명 존재한다고 말씀드리고 싶군요. 이야기를 나눠보면 초등학교 수준에서 대학자 수준까지 정말 다양합니다. 이것이 완전히 격국의 차이인지 혹은 격국과 운세의 결합에서 오는 결과인지 한마디로 단언할 수는 없습니다. 그러나 좀 더 깊이 생각을 해본다면, 필시 격국과 운세의 상호작용이 빚어낸 결과라고 말씀을 드리는 것이 정확하지 않을까 합니다.

우선 학자의 사주를 한번 봅시다.

時	日	月	年
庚	己	戊	壬
午	未	申	午

분위기가 팍(!) 들어오시나요? 남자입니다. 『사주첩경』에 나와 있는 사주입니다. 직업은 박사님이랍니다. 과연 박사감으로 보이나요? 기미 일주가 신월(申月), 즉 상관월에 태어났군요.

신강한 기토가 신월의 金을 보니 용을 삼고 싶겠습니다. 동의하시는지요? 예, 비교적 쉬운 형상이로군요. 아마 우리 벗님들도 이 정도의 사주라면 놓치지 않을 성싶군요. 하하.

그럼 한번 형상을 살펴보겠습니다.

상관은 묵은 체제를 싫어하고 새로운 것을 좋아하는 성격의 구조라고 말씀 드립니다. 그래서 상관의 별명을 손오공으로 붙이겠습니다. 손오공은 항상 부산하게 이리저리 일거리를 찾아다니는 호기심 많은 친구지요. 가만두면 정말 끝도 한도 없이 싸돌아다니느라고 결국은 결실을 전혀 맺지 못하게 될 수도 있겠군요.

이 활발한 성분을 어느 정도 지긋이 눌러주는 것이 필요합니다. 즉 金을 잡는 것은 火니 일간으로 대비해서 본다면 인성이 되는군요. 옛스럽게 말하면 상관패인(傷官佩印)이라고 합니다. 즉 "상관이 인성을 차고(매달고) 있다"는 뜻입니다. 이 박사님의 사주를 보면, 월지의 상관은 년지의 오화가 잡고 있고, 시간의 상관은 시지의 오화가 잡고 있습니다. 그래서 상관이 천방지축으로 날뛰지 않고, 얌전한 교양이 있는 학생이 되었군요. 그러니 공부에 전념할 수 있습니다.

그럼 또 전체적인 상황을 살펴볼까요? 火는 土를 生해주고 있군요. 土는 다시 金을 生해주고 있고요. 그래서 사주에서 전쟁(?)이 없군요. 물론 "전쟁이 없다"는 것은 충돌한 것이 없다는 말이지요. 즉 격국이 편안해졌다고 말씀을 드려야겠네요. 여기서 기운을 발설시켜서 궁리를 하게 하는 것은 상관인데 만약에 격국에 나무가 어지러이 있다면 어떻게 될까요? 뭐 나무가 많다면 火들이 좋아라고 날뛸 테니 결국은 金이 깨지게 되겠고, 그로 인해 학문의 궁리에도 뭔가 결함이 생기겠군요. 그런데 천만 다행히도 나무가 없군요. 이렇게 팔자에서는 골고루 있어야 좋다고 하지만, 이런 경우에는 木이 없는 것이 도와주는 것이라고 하겠습니다. 만약에 나무가 있다면 이 사람의 관념이 분산(!)될 것입니다. 즉 학문이냐 (식상의 성분) 명예냐(관살의 성분이고 木은 관살에 해당하므로)로 분산이 됩니다. 보통 하는 말로 초지일관, 초지일관합니다만, 그 또한 팔자의 작용에 불과하지요. 하하. 초지일관이 어디 마음대로 되나요. 정말 모든 것은 팔자소관인가요?

그런데 다행히도 木이 전혀 없으니 오히려 한 가지에 몰두할 수가 있다. 겁니다. 이것이 바로 격국이 높은 것이라고 할까요? 어떠세요? 편안하게 느껴지시나요?

또 한 가지는 火가 강해지면 상관이 너무 눌리게 됩니다. 상관이 눌리게 되면 스스로 위축되어서 활발하게 자신의 뜻을 밝히는 데 힘이 들게 될 것입니다.

다행히도 木이 없으니까 전혀 구애받지 않고 연구에 몰두할 수가 있겠군요. 이 또한 이 격국을 높게 평가하는 기준이 되겠습니다. 그럼 용신이 극을 받으면 격이 떨어진다는 문제는 어떻게 설명을 할라고 그라노 하고 묻고 싶지 않으세요?

사실 이쯤 오면 그 정도의 질문은 금방 튀어나와야 하는데…… 당연히 타당한 이야기입니다. 절묘하게도 오화의 상투꼭지에는 임수가 떠억 버티고 있어서 견제를 하고 있군요. 이것을 일러서 긴장감이 있다고 합니다. 음…… 이 미묘한 맛을 느껴보시기를 바랍니다.

이 土는 자칫 조열해질 수도 있습니다. 그러나 임수가 있어서 역시 가습기 노릇을 해주고 있군요. 정말 버릴 게 하나도 없는 팔자인가 봅니다.

아니, 낭월아! 임수가 오화를 깔고 무토를 보고 있는데 무슨 힘으로 중요한 일을 한다는 말이냐? 그런 느낌이 드시지요? 그러신 분은 월지가 그렇게 중요하다고 항상 손가락 아프게 떠드는 낭월이의 진심을 아직도 쪼께~ 이해하지 못 하신 분입니다. 임수는 어디에 통근을 했나요?

바로 월지에 통근을 하고 있습니다. 항상 말하지만 통근의 법칙을 일간의 강약만 보는 데 사용하신다면 정말 억울한 일입니다. 모든 오행은 통근이 되면 강하고 못 되면 약한 법입니다. 일간만 강약이 중요한 것이 아니라, 전체의 오행 십간도 모두 통근이 중요합니다.

저울질을 정확하게 해야 실수가 적습니다. 물론 실수가 전혀 없다고는 못하겠군요. 하하. 실수를 줄인다고 생각하세요. 항상 목표는 완벽이지만, 아직은 실수투성이니까요.

거기에다가 운세가 가세를 합니다. 어떠세요? 이 사람의 운세가 보이시나요? 서쪽에서 출발해서 북쪽으로 갑니다. 이렇게 절묘한 운을 타는 것은 정말 복이 많은 사람이라고 할 수 밖에요.

상으로 학자의 사주를 한번 살펴봤습니다. 그러다 보니 시간가는 줄 모르겠군요. 다음엔 하천한 사람을 살펴볼까요? 다음 두 사주를 비교해 보는 겁니다. 뭐가 높은 것이고 뭐가 낮은 것인지 말입니다. 참, 그전에 이거 한 번 여쭤볼까요?

직업에 귀천이 있을까요 없을까요?

떠돌이는 선원이 체질인감?

직업에 대한 것을 다룬 지도 벌써 세 번째로군요. 정말 하고 싶은 이야기는 너무너무 많고, 시간은 너무너무 짧다는 송창식의 노래가 떠오릅니다. 그럼 객소리 좀 줄이고 부지런히 진도를 나가 보겠습니다. 이 시간에는 좀 낮은 팔자(?)를 하나 봅니다.

時	日	月	年
丙	甲	丙	丙
子	寅	申	申

이 사람은 선원입니다. 바닷가를 좋아해서 동해와 서해에서 많이 살았던 낭월이 서산에서 입수를 했던 사주예요.

우선 월을 얻지 못했군요. 일은 얻었고, 세력은 역시 없군요. 그래서 약하니까 水를 용신으로 삼겠습니다. 배사람과 水, 어쩐지 인연이 있어 보이지요?

천간에 식신이 우루루 나와 있으니 외모가 비교적 미남형입니다. 마도로스는 다 잘생겼나요? 속을 한번 들여다보니 좀 만만치가 않군요.

우선 월령에서 희신을 정면으로 치고 있습니다. 이것은 매우 흉한 형상입니다. 이렇게 되면 감옥의 인연도 있다고 말할 수 있겠군요. 칠살이 워낙

강하게 희신을 치고 있으니 말입니다. 이렇게 말씀을 드리면 혹 이러는지도 모르겠군요.

"아니 그럼 뭐 칠살이 희신을 치는 사람은 모두 감옥 가게?"

그리게 말입니다. 그러니 한마디로 뭐라고는 못하겠지요. 그런데 한번 잘 생각해보세요. 칠살이 식신에게 두들겨 맞고 있습니다.(밑줄 긋고요)

힘도 없는 식신이 강한 칠살을 건드리고 있는 것이 문제로군요. 차라리 火가 없다면 그런 유혹이나 받지 않을 텐데……. 이 말이 무슨 말인지 의아하시다면 지난 시간의 이야기를 다시 한 번 살펴보시는 것도 좋겠군요.

그래서 '그까짓 법이야 뭐' 하는 깔보는 마음이 생깁니다. 종종 들리는 뉴스에도 나오지요? 부산 세관에서 어선에 중국산 참깨를 밀수해오다가 적발, 금괴 적발 등등… 선원들이 이런 유혹에 약한 것도 아마 이러한 명식의 구조로 인해서가 아닐까요? 하하하.

다시 격국을 봅시다.

이 사주는 전국(戰局)이로군요. 위의 사주가 견제를 하고 긴장감이 도는 사주라면 이 사주는 치고받고 한참 열나게 싸우고 있는 형상입니다.

그래서 양팔통이라는 사주는 좀 문제가 있는 건지도 모르겠어요. 이 사주가 바로 양팔통의 구조를 갖고 있으니 말입니다. 항상 분주합니다. 한가하게 안정이 되기는 틀렸지요. 월지에서 충을 하고 있으니 각지도 없거나, 있더라도 시원치 않을 겁니다. 어쩌면 각시가 없을 가망성도 있지요? 재성이라고는 씨도 보이지 않습니다. 이 사주를 봐주면서 참 난감했던 기억이 나는군요. 어떻게 나빠도 이렇게 나쁠 수가 있을까…….

다행히 시간에 水를 만났으니 정말 일 점의 희망이로군요. 그래서 항상 희망은 있습니다. 그 희망에 속아서 살아보는 거지요. 가난한 집안에 태어나서(초운이 정유, 경술……) 공부도 못하고, 방황하면서 떠돌아다니니 정말 딱한 팔자입니다. 그렇지만 중운의 북방운에는 약간 의식의 해결은 될 것으로 봅니다. 어쨌든 팔자란 것은 그 등급이 뚜렷합니다.

어떠세요? 비교가 되지요? 이쯤 이야기가 나오면 우리 벗님들은 부산해집니다. 내 팔자는 어디에 해당할까? 그러나 서둘지 마세요. 낭월이 그렇게 싱겁게 히든 카드를 내보이겠남요? 흐흐. 그냥 좀 더 꾹꾹 참고 동행을 하시기 바랍니다. 이제 그럭저럭 얼마 남지 않았군요.

윤락여성은 격이 어떨까?

수도 없이 많은 직업, 직업, 직업들…….

그 모두를 전해드리기는 도저히 불가능하고요. 이렇게 맛을 보는 것으로 갈증을 달래고 좀 더 정진하시기 바랍니다.

근데 남자들 이야기만 했다고 불평을 하시는 여성 벗님들이 계시군요. 그래서 여성도 한 분 찾아봅니다. 다음은 여성의 사주입니다. 한번 궁리를 해봅시다.

時	日	月	年
丙	甲	丙	甲
寅	午	子	辰

충청도 태안이라는 곳에서 만났던 아가씨입니다. 아니 지금은 아가씨가 아닐는지도 모르겠군요. 벌써 나이가 서른이 넘었으니까 아줌마라도 한참 아줌마군요. 이 사주는 어떤가요?

동짓달의 갑목이라, 월은 얻었네요, 그리고 일은 얻지 못했고, 세력도 얻지 못해서 상당히 약한 사주가 되었습니다. 그렇게 보이지요? 우선 약해진 이유를 살펴보면, 火의 세력이 만만치 않군요. 삼화이목(三火二木)이라 인오의 합 성분으로 火기운이 점점 강화되는 형상이라 이런 경우에 인성을 용신으로 하는 도리밖에 더 있겠어요? 천상 상관용인격(傷官用印格)이 되었군요. 그럼 우선 격국은 다시 바로 잡아졌습니다. 근데 이게 웬일? 월일의 지지가 충돌을 했군요. 월일이 서로 충하고 있는 사주의 주인공들은 하나같이 불안정합니다. 진득하게 견디는 것보다는 이리저리 분산된 듯한 정신을 갖고 있는 경우를 왕왕 보게 되더군요. 그럼, 이 여자도 필시 떠돌아다닌다고 볼 수 있겠습니다.

활동적인 직업이면서 火기운이 많은 직업. 이렇게 말씀 드리면 아실지 모르겠네요. 사실 이 아가씨는 다방 종업원이었지요. 사주를 보면서 정말 직업의 분위기랑 잘 어울린다고 생각을 했던 기억이 나는군요.

인물은 반반합니다. 목화상관(木火傷官)이 유정(有情)하면 인물이 대개는 입상을 면합니다. 즉 이쁘장하다는 말입니다. 근데 이 사주는 식상이 너무 과다하군요. 이것은 여성의 활동성을 의미합니다. 물론 자식을 의미하기도 합니다만, 사실 자식의 성분만 있고 남편의 성분이 없군요. 그래서 미혼모가 될 가능성도 있다고 보지요.

전혀 金이 없군요. 웬만한 사람은 지장간에라도 있기 마련이건만 이 팔자는 정말 전혀 눈을 씻고 땅을 파 봐도 볼 수가 없습니다. 정말 남편 인연이 전혀 없는 경우로군요.

항간에는 다방 아가씨가 겸업으로 몸을 파는 경우도 있다고 하던데, 사실이 그런지는 전혀 모릅니다. 그렇지만 소문이란 항상 근원지가 있는 경우가 많기 때문에 그러려니 하고 있을 뿐이시요. 근데 이런 시주는 어떤지 한번 보세요. 역시 다방에서 차를 나르는 아가씨입니다. 그러고 보니 이 경우도 나이는 많네요. 그럴 수밖에요. 모두 십여 년 전에 입수한 사주들이구만요.

時	日	月	年
癸	己	戊	壬
酉	卯	申	寅

　이 경우에는 남편을 나타내는 관살이 혼합되어 있군요. 정말 차도 팔고 몸도 파는 아가씨라는 생각이 드는군요. 관살이 혼합되면 일단 여성의 팔자에서는 꺼리는 것입니다만, 이렇게 정면으로 상관견관(傷官見官)에 관살혼잡(官殺混雜)에 신약무인(身弱無印)에…….

　정말 격국이 탁하군요. 탁하다는 말에 밑줄을 그어두시기 바랍니다. 그 탁한 정도가 무척 심하군요. 용신도 마땅히 보이지 않을 정도입니다. 이런 아가씨에게 도덕관을 이야기해봐야 뭐 말라비틀어진 개뼈다귀 같은 이야기냐고 하기 십상이지요. 인신충(寅申沖)과 묘유충(卯酉沖)은 또 어떤가요? 재성은 겁재에게 날아가니 돈을 조금 모아야 형제들이 모두 물어가버리고 자신은 병든 몸만 남는 신세라고 소주 마시며 팔자 한탄을 하고 있을 것만 같습니다.

　사실 이 당시에 상담을 하는 목적이 바로 삼각관계 때문이었습니다. 참 딱해 보였지요. 앞의 아가씨는 삼각관계로 복잡해질 일이 없었는데 이 아가씨는 벌써 뭔가 분위기가 다르지요? 사귀던 남자의 부인이 어찌나 선불 맞은 산돼지마냥 설치는지 무척 고민을 하더군요.

　결국 아가씨는 소리 소문없이 태안을 떠났다고 들었습니다만, 어딜 가든 또 별 수 있을라구요. 팔자 그러하니…… 쯧쯧……. 더구나 이 경우는 묘신(卯申)의 암합(暗合)까지 있지요? 이것이 바로 암합의 무서운 점입니다. 은밀하게 골방에서 벌어지는 사연들…… 암합은 항상 뭔가 말썽의 씨앗을 품고 있는 것일까요?

중팔자란 것이 있는 건가?

흔히 살다가 살다가 안 되면 하는 말이 있습니다.

"에이 빌어먹을! 머리 깎고 중이나 될까부다!!"

아니, 뭐 중 노릇은 그렇게 호락호락한 줄로 아시는 모양이지요? 하하.

정말 이런 말 하는 사람들을 보면 참 가소롭다는 생각이 들지요. 낭월이 야 산전수전 다 겪어서 중 노릇이 얼마나 어려운 것인지 압니다만, 뭘 모르 고 함부로 지껄이시는 분들을 보면 참 가관입니다.

그렇거나 말거나 정말 중 노릇을 할 팔자는 따로 있는지 궁금하기도 합 니다. 중 노릇을 잘 할 수 있는 조건에 대해서 한번 생각을 해보겠습니다. 세상을 살다 보면 누구나 세상을 떠나고 싶은 시절이 있기 마련입니다. 꼭 중이 아니더라도 신부가 되거나 산중에서 명상을 하는 수행자가 되는 것도 포함합니다. 그 형상이 비슷하니까요. 그럼 조건을 한번 생각해봅니다.

우선 수행자는 혼자 살아야겠군요. 낭월이처럼 여우같은 각시를 두고서 는 제대로 수행을 하기 어렵지요. 누구는 오히려 그렇게 살면서 수행을 하 는 것이 더욱 어렵다고 하지만 사실 진짜 수행과는 거리가 멀지요. 벌써 하 는 짓거리를 보세요. 중 노릇을 한다고 하는 것이 맨날 사람들 데리고 사주 이야기나 하고…… 하하하.

이거 명리가로는 어떨지 몰라도 중으로서는 파격이지요. 벌써 각시가 있다는 것 하나만으로도 파격이 되기에 충분합니다. 그러니까 진짜 수행자는 오직 공부를 통한 깨달음에만 정진해야 합니다. 당연히 독신으로요. 하하.

다음으로는 사람이 맑아야 합니다. 입으로만 독신이라고 하면서 막상 암합을 이루고 있는 부인이 있다면 오히려 낭월이보다도 품격이 떨어지는군요. 언젠가 불교정화를 한다고 시끌시끌할 적에 대사님들의 부인이 나타나는 경우도 있었지요? 참 딱한 경우지요. 스스로 그 갈등과 고뇌가 보통이 아닐 겁니다. 그럴 바에는 차라리 땡땡이가 훨씬 편한디… 흐흐.

다음으로 정진력이라던지 독실한 신념이라던지 뭔가 생각을 할 것이 참 많군요. 그래서 제대로 된 수행자는 청고(靑高)하다고 합니다. 이런 팔자가 정말로 고승이 되어서 중생을 제도하는 제대로 된 중이지요. 성철스님 사주라도 있다면 궁리를 해보겠지만 유감스럽게도 사주를 모르니 할 수 없이 주변에서 한번 찾아보겠습니다. 다음에 나오는 사주는 스님입니다. 우리 벗님들의 눈으로 한번 저울질을 해 보세요. 얼마나 단위가 있는 스님일런지요. 후후.

時	日	月	年
戊	甲	己	戊
辰	寅	未	戌

천지사방을 둘러봐도 오직 의지할 것이라고는 자신의 몸뚱아리 하나뿐이로군요. 이런 격을 재다신약(財多身弱)이라고 한다는 것은 기억이 나실는지 모르겠군요.

이렇게 재성이 많으니 어떻게 공부를 하겠어요. 그저 여자만 밝힙니다. 그런데 정작 골라보면 쓸 만한 여자는 하나도 없군요.

사실 이 팔자의 주인공 스님도 낭월이 사주 공부를 한다니까 자신이 언제 도를 통하게 되는지 좀 봐달라고 하더군요. 그런데 사주를 적어보니 어려서 고생이 극심했겠더군요. 바로 경신(庚申)·신유(辛酉)대운을 보냈으니 말입니다. 아마 모르긴 몰라도 고아였거나 그와 유사한 환경이었을 겁니다.

20대 초에 한번 도를 통했다고 선방에서 떠들썩한 적이 있었다는군요. 그게 바로 임수대운이었습니다. 그렇다면 도를 통하는 것도 운에 달린 것일까요?

근데 이 사주를 감정할 당시에는 술토대운이 먹고 있었지요. 어떠세요? 술토는 재성이니 여자들이 꼬여서 공부가 되지 않는다는 암시를 갖습니다. 그렇지 않느냐고 하니까 사실이 그렇다면서 여자 사주를 한보따리 내놓으면서 어떤 아가씨가 가장 좋겠느냐고 묻더군요. 그래서 말했지요. 여자들 사주는 보지도 않고서…….

"에이~ 스님은, 여자는 많아도 정작 도움 되는 여자는 없네요. 보긴 뭘 봐요. 그냥 두시구랴."

이렇게 이야기를 하고 한바탕 마주보고 웃은 적이 있었습니다만, 정말 팔자의 장난은 공부하려고 마음먹고 파고드는 산골 스님에게도 벗어나기 어려운 전생의 업보인가 봅니다. 다행히 지금은 인성의 운이 들어와 있으니까, 어디에선가 파묻혀서 열심히 공부를 하고 있을 겁니다만, 또 다른 경우를 한번 보겠습니다.

역시 스님의 사주입니다. 어디 위의 사주랑 뭐가 다른지 한번 봅시다. 오월(午月)의 갑목이라, 이거 위의 사주하고 일간이 똑같습니다. 그렇다고 해서 갑목은 스님 팔자라고 하진 않겠지요? 후~

時	日	月	年
丙 寅	甲 子	壬 午	乙 亥

우선 위의 사주와 비교하기 위해서 여자가 있나 봐야겠네요. 보자……
갑목에게 여자는 土인데…… 천지사방을 둘러봐도 土는 없군요. 이게 바
로 진짜 스님의 팔자인 모양입니다. 그런데 월일이 충돌을 하고 있군요. 그
렇다면 역시 뭔가 떠돌이가 될 소질이 다분하군요. 또 갑목이 약하지 않지
요? 자수와 해수 그리고 인목까지 있는 것이 매우 강합니다. 이 정도라면
자신의 소신으로 인생을 살겠군요.

사주는 火가 용신이로군요. 木기운을 흐트리는 金이 없는 것도 매우 맑
아 보이는군요. 만약에 金이 있었다면 火와 金의 트러블을 면치 못할 것입
니다. 金이 없으니 용신은 오직 火가 되고 火는 내 재능을 남에게 베푸는
일을 하겠군요.

이것은 달라이라마(達賴喇麻)의 사주입니다. 망명정부의 지도자 스님 사
주답지요? 정말 망명정부에 지도자가 되는 것도 팔자인지 이렇게 일일이
충돌을 하고 있는 형상이라니……. 쩝~

비교가 되지요? 바람둥이 스님과 티벳의 고승…… 이렇게 비교를 해보
면 청귀(淸貴)한 팔자와 혼탁한 팔자의 구분이 쉬울 겁니다.

족집게 무당은 팔자에 있을까?

그렇다면 무당의 팔자는 어떨까요? 이것도 뭔가 팔자에 특색이 있는 건지도 모르겠지요? 사실 특색이 있어요. 그래서 한 번 궁리를 해보는 것도 의미가 있을 겁니다. 이제 마지막으로 무당의 직업을 갖고 있는 사람들을 살펴보겠습니다.

서정범 교수님처럼 전국 무당을 찾아서 순례라도 한다면 더욱 많은 사주를 모을 수가 있었을 텐데, 애석하게도 낭월이는 무당을 별로 좋아하지 않아요. 특히 천방지축으로 어른이나 아이나 마구 반말지거리를 하는 행동은 도무지 정이가지 않거든요. 그래서 무당은 일단 아이 취급을 하고 봅니다. 묻지도 않은 이야기를 너불너불 지껄이는 것을 보면 정말 귀신나부랭이의 냄새가 난다니까요. 하하.

무당도 무당 나름이라는 것을 알게 되었지요. 언젠가 정말 멋진 무당을 만난 적이 있었거든요. 이 분은 정말 팔자를 속일 수가 없어서 무당을 할 뿐이지 인품은 아주 훌륭했습니다. 덕분에 무당에 대한 시각이 상당히 달라졌지만, 애석하게도 그렇게 멋진 사람을 다시 만나기 어렵더군요. 히히.

時	日	月	年
庚	乙	辛	乙
辰	巳	巳	亥

을해생이면 올해 환갑이로군요. 낭월이 가장 싫어하는 사람 중에 하나입니다만, 이런 기회에 험담이나 할려고요……. 후후.

격국을 좀 봅시다. 사월의 을목이로군요. 정말 낭월이 을목이 현실적인 면이 강하다는 이야기를 십간 이야기할 적에 드린 기억이 납니다만, 이 사람은 그야말로 전형적인 을목의 특성을 갖고 있더군요.

우선 신약합니다. 신약한 을목이 水를 찾아야 하는데, 水는 년지의 해수가 있어서 다행입니다. 그래서 상관용인격(傷官用印格)을 이루고 일단 성격(成格)이 되었다고 봅니다.

그런데 자세히 보면 두 개의 상관이 인성과 대항하려고 버팁니다. 이 해수는 사실 이미 증발되기 일보 직전이라서 두 개의 사화를 다스리기는 이미 역부족이군요. 그러니 인격이 말이 아니지요. 인성이 무력하니까 인격도 무력한 것일까요? 아니 이거 아무래도 자리를 잘못 잡은 것 같군요. 성격에서 다루어야 할 이야기를 여기서 하면 안 되지요?

무당은 火기운이 강합니다. 사실 강신(降神)이 되어서 펄펄 뛸 적에 보면 영락없는 불꽃 그 자체지요. 그리고 옛날 영화중에 을화(乙火)가 있지요? 정말 이 사주를 보면서 영화 제목이 너무나 근사하다고 생각했답니다. 그 영화를 보지 못해서 정확한 뜻은 모르겠지만, 제목만 봐서는 분명히 무당 팔자가 맞다는 거지요. 을목이 水가 많으면 무당 팔자가 많다는 이야기입니다.

사실 무당 팔자를 몇 개 입수했는데, 그중에 火가 많은 을목의 무당이 상당히 많거든요. 그리고 신약한 정화(丁火)도 많아요. 이렇게 본다면 신약한 을목과 정화는 접신(接神)이 될 가능성이 많다는 말을 할 수도 있지요.

무당의 울긋불긋한 치장도 어찌 보면 팔자에 *火*가 많은 것과 연관이 있을 법하다는 생각도 해봤습니다.

時	日	月	年
丁	乙	辛	庚
亥	巳	巳	子

이 사주도 위의 사주랑 어지간히 닮았군요. 이 사람은 무당까지는 못 되고 귀신에게 시달리다 절로 피신 했습니다. 그래도 위의 팔자보다는 인성이 좀 강하니까 무당은 면했을까요? 참 묘한 대조를 이루는 두 사람의 사주로군요.

바로 이런 구조가 무당의 기본요소가 되나 봅니다. 두 사주는 그 흐름이 원만하지 못하고 탁한 느낌입니다. 그리고 보면 정말 직업도 팔자인가 봅니다. 특히 어쩔 수 없어서 하는 직업들은 아무래도 팔자 또는 전생의 업연으로 끊지 못하게 될 가능성이 많다고 생각되는군요.

재밌지요? 자신과 관계가 없는 나쁜 이야기는 귀가 솔깃하실 겁니다. 하하. 강 건너 불구경이 재미있다는 속셈이지요 뭐.

그렇지만 본인들은 갈등이 심하답니다. 심하면 정신질환까지 겪으니까요. 사실 무당이라는 직업에 종사하시는 분들은 열이면 아홉은 어쩔 수 없어서 그냥 하고 있는 거랍니다.

우리 벗님들은 앞으로는 그런 사람을 봐도 측은한 마음으로 대해 주세요. 초등학교 교과서에서 안향 선생님이 무당을 사기꾼이라고 마구 나무라는 장면이 나오는데, 물론 욕먹을 짓을 한 것도 사실이지만, 그로 인해서 그렇지 않은 양심적인 무당까지도 도매금으로 넘기시긴 말라고 권합니다.

진정한 카운셀러는 모든 죄인을 포근하게 다독거릴 수 있어야 한다고 생각하거든요. 사실은 그보다 더한 벼슬아치들이 얼마나 많아요? 아시다시피 경기도 일부에서 벌어진 세무서 비리 말입니다. 정말 거기에 비한다면 너무나 선량한 사람들이지요. 세간에서 비난을 받는 대가로 재물을 좀 요구했기로서니……. 하하.

이거 직업 이야기도 한없이 길어질 낌새로군요. 곧 줄이겠습니다. 세상에는 사람도 많고 직업도 많습니다. 모두를 다 이야기할 수도 없고 그럴 필요도 없습니다. 팔자의 모양새를 보시고 어떤 종류의 직업이 어울릴 것인지 추리해보면 됩니다. 그리고 본인에게 원하는 직업이 무엇인가 물어보세요. 우리는 학자니까요. 쪽집게 흉내를 내실 필요도 없어요. 잘 모르겠으면 물어보시고, 참고할 것이 있으면 또 물어보시고요. 괜히 모양 잡는다고 "에헴~" 하면서

"넌 틀림없이 목수를 해야 하는 팔자야. 목수를 하지 않으면 47세에 죽어~ 어쩔꺼?"

후후…… 제발 이러진 마세요. 그러시면 낭월이 죽어서 염라대왕에게 할 말이 없어요.

명리학은 낭월이 보기에 "종합인생구조학"입니다. 그렇게 간단하게 "사주나 봐주슈!"가 아니란 겁니다. 우리 벗님들의 정신수양이 더욱 깊어지시기를 빌어드리면서 또 다음 항목으로 여행을 떠납니다.

6장

신살법

답없는 질문 "신살이 뭐요?"

이쯤 왔으니 신살론(神殺論)이 등장해도 좋을 듯합니다.

그동안 낭월이 의식적으로 신살론을 피해(?)왔습니다만, 이제는 약간 맛이라도 보고 가는 게 좋을 것 같습니다. 신살론을 공부하다 보면 다음과 같은 곤경에 제일 먼저 처하게 됩니다.

"용신을 모르고서는 신살은 의미가 없다."

이처럼 신살에 관심을 갖는 대부분의 벗님들은 용신이 잘 보이지 않으니까, 용신 대용으로 신살이라도 배우면 뭔가 할 말이 나오지 않을까 하는 기대를 합니다.

물론 개중에는 신살 그 자체가 매력이 있어서 관심을 갖는 분도 계시겠지만요. 처음에 명리학 계통의 책을 손에 쥐면 기초부터 차근차근 공부를 하려고 마음을 단단히 먹습니다.

그렇지만 하루 이틀 세월이 가고, 명리학이라는 것이 두통학(?)이라고 느껴질 정도로 힘에 겨워지면 점점 두려워집니다. 집어치우자니 그동안 투자한 시간이 아깝고, 더 파고들려니까 거대한 절벽이 앞을 가로막고 있어서 도저히 역부족이라는 느낌이 듭니다. 그래서 스스로 할 수 있는 돌파구로 "신살이나 배워보자"는 타협안이 나오기 쉽습니다. 사실 신살에 대한 이야기를 읽다 보면 어느새 그런 느낌이 듭니다.

'그래 확실한 것은 신살이로구이로구나. 용신은 몰라도 되는 갑다. 그러니까 신살을 배워서 응용을 하면서 용신은 차차 궁리해도 되겠다.' 바로 이런 타협안을 내놓고는 그때부터 열심히 신살을 외우게 됩니다. 그렇게 해서 또 서너 달 시간이 흘러가지요. 그리고 나서 결론은 이렇습니다.

'신살은 맞기도 하고 틀리기도 한다.'

정말 맥이 빠지는 이야기입니다. 이쯤 오면 이제는 스스로 의욕이 상실됩니다.

용신도 못 가려 …… 신살도 응용 못해 …… 이거 나는 인연이 없나 부다. 차라리 관상이나 배워볼까? 관상은 그래도 눈에 보이는 대로 확인을 해가면서 공부를 하면 되니까, 명리학처럼 이렇게 복잡해지지는 않을 거야. 이제 명리학은 사요나라다.

그래서 다른 학문에 기웃기웃하게 됩니다. 이것이 일상적인 음양오행을 공부하는 학자의 노선일 겁니다. 어떠세요 우리 벗님은?

이런 과정을 거치지 않고 여기까지 오셨다면 정말 행운입니다. 어떤 분은 20년을 헤매시다가 바로 들어가시는 분도 있으니까요. 정말 바른 길로 간다는 것이 얼마나 어려운지 겪어보지 못하신 분은 이해를 못합니다. 사실 이 노선은 낭월이 그대로 밟아온 길이기도 합니다.

관상을 공부하다 보니까, 역시 조각조각은 이해가 되는데 전체적인 그림을 그려놓으면 또 아니더라는 겁니다. 그래서 수상을 보게 되고, 그러다가는 점술이나 연구하는 것이 더 좋겠구나 싶어서 육효와 육임을 들고 몇 개월 씨름을 하기도 합니다. 그러나 보니 결국은 음양오행의 기초가 천배 만배나 중요하게 된다는 사실을 느끼게 됩니다. 그래서 음양오행을 잘 배우는 방법이 무엇일까 하고 책을 찾다 보니까 결국은 명리학이더라는 이야기지요. 하하.

이처럼 빙빙 돌다가는 다시 제자리로 오게 되는 것입니다. 만약에 명리학에 치중한다고 생각하신 벗님들은 아직 음양오행의 이치를 모르시는 분입니다. 음양오행의 이치를 아신다면 명리학이든 풍수학이든 아무 상관 없습니다.

그동안 기초 공부를 탄탄하게 해오신 벗님들은 이제 이쯤에서 무슨 감이 잡히실 듯합니다. 적어도 희용기구한(喜用忌仇閑)이 무엇을 말하는지 정도는 아실 것입니다. 이것을 확실히 팔자에서 집어낼 정도가 되신 벗님들이 비로소 신살을 공부할 자격이 있는 것입니다.

적어도 낭월이는 그렇게 생각합니다. 그러니까 지금이라도 아직 희용기구한이 무슨 말인지, 하나의 팔자에서 어느 것을 희로 혹은 기로 삼아야 하는지 도통 감이 잡히지 않는 벗님이라면 여기서 기웃거리실 필요가 없습니다. 기웃거리시다가는 오히려 그나마 쌓아올린 학문이 퇴보를 하게 되는지도 모를 일입니다. 하하. 즉시 덮어두시고 기초를 다시 공부하시는 것이 인삼녹용탕을 한 제 먹는 것과 같습니다.

사실 신살이 몇 개나 되는지 저도 다 모릅니다. 부지기수라고 하는 것이 나을 것 같군요. 항간에는 약 240개 정도 된다고 하고, 270개가 된다고 하기도 합니다. 그중에서도 비교적 입에 많이 오르내리는 것이 약 50여 개 된다고 생각합니다.

50여 개의 신살 중에서도 더욱 적중률이 좋은 것은 15개 정도 될 겁니다. 15개 중에서도 정말 버릴 수가 없는 것을 들라고 한다면 5개 정도일 겁니다. 5개 중에서도 더욱 배울 가치가 있는 것이 있다면 무엇일까요? 그야 저도 모르지요. 하하.

신살이 몇 개나 될까?

　도대체 안개 속과 같은 신살은 모두 몇 개나 될지 한번 생각해볼까요? 우선 신살의 종류라도 나열해서 어떤 것이 있는지 한번 생각이나 해보고 넘어가는 게 좋겠군요.

　그러한 신살들은 일단 명리학에서 나온 것은 아닌 것 같습니다. 대개는 풍수학에서 나온 것이라고 생각이 되는데요. 명리학에서는 그중 일부를 빌어와서 응용하고 있었다고 생각이 됩니다. 무슨 상담을 하다가 설명을 할 길이 없으면 (용신이라는 개념이 없던 시절에) 풍수책을 뒤져서 비슷한 놈을 끌어다가 써먹은 것 같군요.

　그렇게 한두 번 응용을 하다 그 이야기가 정론이 되어버렸고, 명리학자의 노트는 자꾸 두꺼워졌을 겁니다.

　명리학계의 중흥조라고 할 만한 책은 『명리정종(命理正宗)』입니다. 『명리정종』 이전에도 많은 책이 있었지요. 그중에서도 『연해자평(淵海子平)』을 들어보셨을 겁니다. 요즈음 보학을 공부하려면 연해자평을 읽어야 한다고 주장하는 얼빠진 (혼날라) 사부님노 없시 않습니다.

　사실 수십 년 전만 해도 『연해자평』과 『명리정종』은 쌍벽을 이루는 파워를 자랑했습니다. 제가 통도사에서 행자(예비승려)를 하던 시절에 철학원을 하다가 집어치우고 중이 되겠다고 찾아온 사람이 있었습니다. 제가 명리학을 어떻게 공부하면 되냐고 묻자, 바로 『연해자평』을 권해주더군요.

저는 『연해자평』이나 『명리정종』은 참고서로 이용할 적에 그 가치가 있다고 봅니다. 그 자체를 이용해서 입문을 한다든지 무슨 줄거리를 잡으시려면 애로사항이 많을 거라는 생각이 드는군요.

『연해자평』과 『명리정종』의 가치는 일간을 그 사람 본인으로 보고 사주감정을 했다는 것입니다. 그야말로 자평명리학(子平命理學)의 원조로군요.

그렇지만 영원한 스타는 없는 법. 이제 그 빛나는 스타 자리를 『적천수』에게 넘겨주고 『연해자평』과 『명리정종』은 장로(長老)의 자리로 옮겨 갔습니다. 그런데 아직도 새로운 공부를 할 줄 모르고, 옛날 법에만 빠져있는 학자들이 종종 있습니다. 우리는 이런 학자들에게 현혹되지 말고 오로지 최신형을 아니 미래형을 공부해야 합니다.

미래형이라는 말씀을 드렸습니다만, 낭월이 그런 말을 하는 것은 바로 명리학의 핵심이 심리학에 있기 때문입니다. 인간의 그 복잡다양한 심리구조와 심리변화 그리고 잠재심리까지 팔자 속에서 찾아보자는 겁니다. 이것이 바로 명리학의 미래형 아닐까요? 미래의 명리학은 아마도 이러한 형태로 발전하게 될 것입니다. 또 그래야만 하고요.

언제까지나 남편과 자식 그리고 직업의 유형적인 형이하학(形而下學)에 머무르면 곤란합니다. 이제 명리학도 형이상학(形而上學)으로 도약해야 합니다. 즉 물질적인 관점에서만 머무르지 말고, 심리학으로 그 가지를 뻗어나가는 것이 중요합니다.

그렇지만 온고지신(溫故之新)이라고 했는데, 이것을 무시하고 전혀 다른 돌연변이를 만들면 또 학자의 오만과 편견이 판을 치겠군요. 그래서 일단 신살도 잠시 생각해보자는 것입니다. 이거 어쩌다 서론이 너무 길어졌군요.

이미 소개드린 바 있는 『명리정종정해』의 별표를 보면 신살이 약 5~60개 정도 나열되어 있습니다. 일일이 작용에 대한 설명은 드리지 못하겠고, 그냥 이름이나 적어보겠습니다. 한번 구경하시지요.

길신류(吉神類)

태극귀인, 천을귀인, 복성귀인, 천주귀인, 천복귀인, 천관귀인, 문창귀인, 절도귀인, 천덕귀인, 월덕귀인, 천덕합, 월덕합, 천상삼기, 지하삼귀, 인중삼기, 금여록, 건록, 식신, 정관, 천주록, 명위록, 시록 등등.

흉신(凶神) 또는 복합적인 신살류(神殺類)

역마, 공망, 괴강, 양인, 비인, 음인, 반음, 복음, 파군, 현침, 천라, 지망, 태백(일명 손), 당부, 홍염, 유하, 황번, 표미, 함지(일명 도화), 고신(일명 홀아비), 과숙(일명 과부), 격각, 홍만, 천희, 해신, 용덕, 세합, 태양, 천공, 혈인, 백호, 조객, 상문, 병부, 검봉, 천모, 공망, 지모, 대화, 방화, 장군전, 대모, 지배, 음살, 신폭, 탄함, 천형, 파쇄, 수옥, 폭파, 천곡, 천구, 겁살, 염살, 지살, 연살, 월살(일명 무당살), 망신, 장성, 반안, 원진(일명 사랑살) 등등.

대강 적어봤습니다. 한자로 적는 것은 생략할랍니다. 뭐 적느라고 고생하고, 읽으시느라고 고생할 영양가 없는 작업은 피하자는 게 약삭빠른 낭월이 속셈입니다. 하하.

너무 많다고 걱정을 하실 필요는 전혀 없어요. 그중에서 정말로 간단하게 몇 개만 골라서 한번 양념을 해보겠습니다. 뭐, 간단하게 한다고 해서 낭월이를 탓하진 마세요. 사실은 이나마도 빼버리고 싶은 것을 참고 적으니까요.

이제 우리가 공부를 해볼 몇 개의 신살 이름을 나열합니다. 그 신살의 구조는 『보기 쉬운 사주 만세력』 뒷쪽에 보면 잘 도표화되어 있습니다. 그중에서 여기에 해당하는 것을 골라서 잘 이해를 하시기 바랍니다.

① 천을귀인(天乙貴人)
② 도화살(桃花殺)
③ 역마살(驛馬殺)
④ 공망살(空亡殺)
⑤ 백호살(白虎殺)
⑥ 괴강살(魁 殺)

이상의 6개 정도 신살을 한번 설명드려볼랍니다. 그중에서도 비교적 적중률이 좋거나, 원리상 일리가 있는 구석도 있다고 생각되는 것을 엄선을 했습니다. 그러나 나중에 "낭월이 책 속에서도 군더더기가 있더라" 하는 오명을 얻게 될는지도 모른다는 불안감도 없지 않습니다.

신살도 좋은 것이 있더란다

－천을귀인

그럼, 우선 먼저 천을귀인(天乙貴人)을 살펴봅니다.

글자에서 풍기는 맛이 어떠세요? 느낌(!)이 좋지요? 사실 모든 좋은 작용을 하는 신살 중에서 왕의 자리를 차지하고 있는 길신(吉神)의 왕입니다.

보통 신살은 나쁜 작용만 한다고 생각하기 쉽습니다만, 절대로 그렇지 않습니다. 좋은 작용을 하는 것도 있고, 나쁜 작용을 하는 것도 있습니다. 그런데 유난히도 나쁜 작용을 하는 신살이 많더군요.

오랜만에 도표가 등장합니다. 우선 기본 구조를 익히는 도리밖에 없으니까요. 그럼 한번 살펴보겠습니다.

천을귀인의 구조

(일간 대비 지지 전체에 해당함)

일간	양 천을귀인	음 천을귀인
甲, 戊, 庚	丑	未
乙, 己	子	申
丙, 丁	亥	酉
辛	午	寅
壬, 癸	巳	卯

양천을은 노골적인 도움을 주는 귀인이고 음천을은 숨어서 도움을 주는 귀인입니다. 그러니까 갑목 일주가 미월에 태어났다면 월지가 천을인 것이고 양띠라면 년지가 천을인 셈이지요. 축시에 태어났다면 시지가 천을에 해당하는 것입니다.

간단하지요? 원래 신살은 간단합니다. 그래서 함정에 잘 빠져들게 되지요.

우리 역학의 학문서 중에 『육임(六壬)』이 있습니다. 여기서도 신살은 등장을 하지만, 특히 천을귀인을 매우 중요시합니다. 낮에 점을 할 적에는 양귀(陽貴)라고 해서 위의 구조표에서 앞에 해당하는 지지가 담당하고, 밤에 점을 할 적에는 뒤쪽의 지지인 음귀가 담당을 한답니다.

그래서 어떠한 일의 성공에 대한 점을 했다면 귀인(貴人)의 동태를 주의 깊게 관찰하지요. 육임에서의 귀인은 그야말로 "엄마는 해결사"인 셈입니다. 그 정도로 비중이 큰 신살이라는 것을 말씀드리고요. 상식적인 차원에서 이해하시면 됩니다.

천을귀인의 작용

천을귀인은 협력의 신이라고 합니다. 그냥 협력 정도가 아니라 적어도 아주 높은 어르신의 협력이라고 할까요.

일체의 나쁜 암시를 무력하게 만드는 작용을 한답니다. 길신 중에서 왕이라고 한 것만 봐도 능히 알 수 있을 겁니다. 그만큼 좋게 여기는 살입니다. 그저 있으면 반가울 따름입니다.

천을은 윗사람의 원조를 의미하기도 합니다. 그러니까 천을은 좋은 것일 수밖에 없군요. 그리고 육친에 대비해 볼 수도 있습니다. 가령 정재가 천을이면 각시의 원조가 많다고 하겠고, 정인이 천을이면 어머니의 은혜가 하늘과 같다고 하겠습니다. 정관이 천을이면 당연히 남편의 덕이 많겠지요.

근데 여기서 문제가 발생합니다. 정재가 천을이면 처덕이 많다고 했는데, 팔자에서 재성이 기신에 해당한다면 어떻게 봐야겠나요?

여기서 우선순위가 중요합니다. 우선순위는 바로 오행이라는 거지요. 당연합니다. 명리학은 오행을 중요하게 여기는 학문인 고로 오행의 구조가 우선합니다. 고로 재성이 천을이라도 재성이 기신에 해당한다면 천을의 작용이 없어집니다.

혹, 어떤 벗님은 이렇게 물으시겠군요. 천을이 흉작용으로 변하면 더욱 나빠지는 것은 아니냐고요. 그럴 일이야 없겠지요? 좋은 작용을 못하게 된다고 봐야겠습니다.

팔자에 천을귀인이 있어도 해당하는 글자가 희용신에 관계가 없다면 있으나마나가 될 겁니다. 낭월이 이제야 신살의 이야기를 꺼내는 이유가 바로 여기에 있습니다. 희용기구한에 대해서 이해를 못 하고 있다면 신살은 전혀 의미가 없게 되니까요.

이런 식으로 궁리를 해본다면 천을을 적용시킬 장소는 얼마든지 있겠군요. 어디 벗님의 팔자에는 천을이 있나요? 하하.

이 정도만 천을에 대해서 알고 계시면 될 듯합니다. 너무 많이 생각하면 혼동이 되니까요.

만약에 기신이 천을이라면 어떨까요? 천을이 전혀 의미가 없겠지요? 이런 이유로 신살을 미리 적용시킬 수 없습니다. 용신을 가리지 못한다면, 그냥 천을이 있기만 하면 좋다고밖에 할 말이 없으니까요. 아시겠지요? 이러한 점이 바로 낭월이 미루고 미뤄왔던 속뜻이라는 것을요.

그러니까 천을이 제대로 힘을 발휘하기 위해서는 용신이 천을에 해당할 경우라고 하겠습니다. 그런 경우에는 생각보다 더욱 그 귀품이 높게 되겠지요.

다시 말해서, 천을을 몰라도 상관이 없다는 뜻도 됩니다. 용신이야 당연히 좋을 것인데 천을이 있건 말건 상관이 없다는 거지요. 그렇지만 천을이 있다면 그 좋은 작용이 상승되는 것은 사실입니다.

천을과 공협 (拱挾)

여기에서 꼭 하고 넘어가야 할 이야기가 있습니다.

공협이라는 말이 있습니다. 어느 팔자의 지지가 미사축진이라고 할 경우에 오(午)가 공협이 됩니다. 즉 순서를 따라서 가다가 그중에 하나가 사이에 빠져 있을 경우에 그것이 공협이 된다는 것입니다. 그래서 양쪽의 지지가 빠진 글자를 함께 끌어 당겨서 없어도 있는 것으로 간주한다는 것이지요. 이야기가 이쯤 오면 정말 복잡해집니다.

그동안에는 팔자 안에 있는 것만 갖고 고민을 하면 되었는데 이제는 팔자에 없는 것도 끌고나와야 하니 말입니다. 기왕에 천을을 배우려면 제대로 배워야 하지 않겠어요? 그래서 이렇게 설명을 드립니다. 사실 공협을 활용하거나 말거나 한번 알아두면 잊어버리지는 않으니까 손해 볼 일은 없을 겁니다.

그러니 위의 예에서 일주가 신미(辛未)라면 오가 귀인이 되는 셈이고 그래서 이 사주는 귀인이 공협이 되었다고 말을 합니다. 또 다른 말로는 공귀(拱貴)라고도 합니다.

이렇게 적용을 시킨다면 신살을 올바르게 활용할 수가 있습니다. 그럼 내 팔자에 귀인이 어떻게 하고 있나 한번 살펴보셔야지요. 하하하

복숭아꽃을 보고도 몰라요?

－도화살

우리 벗님들은 도화살(桃花殺)이란 말을 익히 들어보셨을 줄로 생각합니다. 일상생활에서도 색(色)에 얽힌 사건으로 매스컴에 등장하면 "도화살 낀 모양이구만"이라고 말합니다.

분위기상 도화살은 스캔들을 의미합니다. 이름도 어딘가 로맨틱해보이지 않나요? "복숭아꽃 살"이라니 살 이름치고는 좀 재밌습니다.

복숭아꽃 색은 핑크빛인데, 서양 사람들도 남녀의 애정을 색깔로 표현할 적에는 핑크빛이라는 말을 잘합니다. 아마도 사랑의 색이 핑크빛이고, 복숭아꽃이 핑크색이라서 이 살의 이름이 그렇게 되었을는지도 모르겠네요.

도화살의 일반적인 의미는 간단히 말해서 색(色)과 연관을 시킵니다. 그럼, 어떤 것이 도화인지 실례를 보겠습니다.

삼합의 첫 자 다음 자가 도화로군요. 무슨 말인가 하면 가령 일지가 자(子)라고 가정했을 적에 자는 삼합이 신자진이 되고 신자진에서 첫 자는 신을 말합니다. 즉 신의 다음 자가 도화라는 말이니까 신의 다음 자는 바로 유(酉)가 되는군요. 그래서 만약 사주에 유자가 있다면 이 글자가 도화살에 해당하는 겁니다. 간단하지요?

그래도 이해가 되시지 않는 분을 위해 표로 보여드리겠습니다.

일 지 혹은 년 지	도 화 살
亥卯未	子
寅午戌	卯
巳酉丑	午
申子辰	酉

* 암기법 힌트 : 해당 삼합의 첫 자 다음 자

이 정도면 모두 아시겠지요?

그러고 보면 도화살은 모두 자오묘유에 해당하는군요. 그러니까 사주에 자오묘유가 전혀 없는 분은 도화가 없는 겁니다. 이런 경우에는 아예 따질 필요도 없는 거지요.

그럼 실제로 사주에서 도화살이 어디에 있는지 한번 찾아보고 넘어가도록 합시다.

時	日	月	年
甲辰	丁丑	戊午	癸卯

이 사주는 일지가 축이로군요. 축이면 삼합은 사유축이 되고, 첫자는 사화(巳火)니까 사의 다음 자는 오화(午火)로군요. 그래서 이 경우에는 오화가 도화에 해당한다고 말합니다.

지지에 오화가 있나요? 그렇군요. 월지가 도화로군요. 이런 식으로 도화를 찾으면 됩니다.

도화는 일지를 기준해서 보기도 하지만 옛날에는 년지를 중히 여겼습니다. 사실 모든 신살은 년지를 기준해서 보게 되어 있습니다. 나중에 자평명리학이 발전하게 되어서 일지를 중히 여기자, 신살도 일지를 기준하여 대입 시켜보니까 적중률이 높아지게 되고 그래서 일지를 기준으로 하고 년지를 참고하게 된 것입니다. 하지만 모든 신살은 년지를 기준으로 보았다는 점을 기억하시기 바랍니다. 그래서 지금도 년지를 기준해서 도화살이 있는지 확인하게 됩니다. 그럼 위의 사주로 확인을 해보지요.

년지는 묘목이로군요. 그럼 해묘미가 되고요. 해의 다음 자는 자수(子水)가 되니까 지지에 자가 있으면 년지 기준 도화에 해당하는군요. 그런데 다행인지 불행인지(?) 사주의 지지에 자수는 보이지 않는군요. 이런 경우에는 년 기준 도화는 없다고 말하겠군요.

그럼 또 한 가지 사주를 보지요. 이번에는 년지와 일지에서 모두 도화가 되는 사주를 한번 찾아보겠습니다.

時	日	月	年
乙	庚	癸	甲
酉	子	卯	申

*일지 기준 (신자진)에서 유금이 도화살
*년지 기준 (신자진)에서 유금이 도화살

일지나 년지의 삼합이 같은 관계로 똑같이 유금이 도화에 해당하는군요. 이 정도면 도화살이 해당하는지 마는지는 잘 아실 겁니다. 이 도화살은 육친별로 적용시킵니다.

이 경우를 한번 보지요. 일간이 경금이군요. 경금에게 유금은 겁재에 해당합니다. 그러면 겁재도화(劫財桃花)라고 말을 하지요. 이렇게 되면 형제나 자매가 애정사건으로 가문에 망신이 든다고 합니다. 물론 일반적인 이야기지요. 여기서 우리는 유금이 희용기구한에서 어디에 해당하는가를 먼저 봐야 합니다.

유월의 경금이 매우 신왕하군요. 그러면 金은 기신에 해당합니다. 이렇게 된다면 아무래도 도화살의 흉작용이 먼저 나타난다고 말을 해야겠군요. 이래서 용신을 모르고서는 신살을 적용시킬 수가 없다고 말을 하게 됩니다. 그럼 도화살이 좋은 작용도 한다는 말이 되겠군요.

만약에 희용신이 도화에 해당한다면 당연히 좋은 일이 생길 것이고, 기구신이 도화에 해당한다면 애정사건으로 불미스런 일이 발생합니다.

남자든 여자든 도화가 있으면 성적인 매력이 있습니다. 그래서 이성 친구들이 줄줄이 따라다니는 모양입니다. 다행히도 낭월이는 도화살이 없어서 안심입니다만.

여자 팔자에서 성관이 도화면 남편이 미남이라고 말합니다. 남편이 바람끼가 있다고도 말합니다. 그리고 보면 미남 남편을 모시고 살려면 그만한 대가(?)를 지불하는 셈인가요? 정말 공짜는 없는 모양입니다. 하하.

이런 현상은 특히 연예인들의 경우에 해당하지요. 인기를 끄는 데에는 여러 가지 원인이 있겠습니다만, 첫눈에 매력을 발산하는 사람은 필시 도화살이 있을 가능성이 있습니다.

도화살에 관한 한 여러 가지 별칭이 있습니다. 그 별명들이 재밌으니 한번 나열해보겠습니다.

① 년월에 있으면 담외도화(牆外桃花: 담장 밖에 있다는 뜻)

② 일시에 있으면 담내도화(牆內桃花: 담장 안에 있다는 뜻)

③ 도화가 서너 개 있으면 편야도화(遍野桃花: 들판에 좌악 깔렸다?)

④ 도화가 합이 되면 풍류도화(風流桃花: 무슨 뜻인지 알 만할 듯)

여러 가지 이름이 있습니다만 이름이 중요한 것이 아니니까 줄입니다.

육친별로 생각해보고 위치별로 생각해볼 정도는 됩니다. 다만 너무 집착
하지는 마세요.

『사주정설』이나 기타 서적에 보면 도화살에 대한 몇 가지 예문이 보이는
군요. 참고하시라는 말씀을 남깁니다.

방랑시인 김삿갓은 역마살 들었나?

— 역마살

사실 그 많은 신살 중에서 이 살처럼 맘에 드는 것도 없어요. 역마살(驛馬殺)…… 어쩐지 파란만장한 풍운아의 냄새가 납니다. 떠돌아다닌다는 뜻이란 정도는 모두 알고 계실 겁니다. 그리고 역마살의 생성연유를 보면 수긍이 가기도 합니다.

역마살의 구조

일지	도화살
亥卯未	巳
寅午戌	申
巳酉丑	亥
申子辰	寅

삼합의 첫째 자를 충하는 것이 역마에 해당하고요. 예를 들어서 일지나 년지가 해묘미라면 사가 역마로군요. 일지나 년지가 신자진이라면 당연히 인목이 역마가 되겠고요. 너무 쉽나요? 사실 역마는 인신사해에 해당합니다. 전에 본 도화는 자오묘유에 해당했는데 뭔가 느낌이 있군요.

자오묘유는 사왕지(四旺地)에 해당하고 인신사해는 사생지(四生地)에 해당한다는 것을 알 수 있습니다. 사실 자오묘유는 이미 왕성할 대로 왕성하기 때문에 관심은 자손의 번창에만 있을 법도 합니다. 그래서 음심이 동하게 되고 그러다 보니 색정 사건이 발생하게 되는지도 모르지요.

반면에 인신사해는 어린 아이에 해당하는데 어린 아이들은 잠시도 가만히 있지를 못하지요. 항상 뿔뿔거리고 돌아다닙니다. 그러니까 역마가 있으면 돌아다니게 되지요. 말이 되지요?

여기서 벌써 충(沖)한다는 말이 등장합니다. 충돌은 뭔가요? 불안정하고 돌아다니는 의미가 있겠네요. 역마살은 그래서 이름에 걸맞게 정해져 있다고 생각이 들거든요.

낭월이 하도 돌아다니다 보니까 처음에 사주에 대한 이야기를 듣고서는 '나두 역마살이 있는갑다' 했습니다. 그런데 막상 따져보니까 없더군요. 그래서 생각했지요. 신살은 다 믿을 것은 못되는구나 하고요. 저처럼 떠돌아다닌 사람도 역마살이 없다면 나머지는 말해서 뭐하랴 싶었지요.

어디 실제로 역마살이 있는 사주를 한번 보고 이야기할까요?

時	日	月	年
丙子	甲寅	丙申	丙申

어디서 본 기억이 나지 않나요? 직업을 이야기하던 항목에서 등장했던 선원입니다. 이 사주도 역마살이 있군요. 일지가 인오술에 해당하고 인과 충하는 것은 신인데 신이 둘이나 있으니 역마치고는 엄청 강하군요.

사실 선원이라고 하면 돌아다니는 걸로야 타의 추종을 불허하니까 정말 역마살이 있었다 해도 들어맞는 경우이겠군요. 하하. 그럼 이런 경우는요?

時	日	月	年
丙	戊	甲	癸
辰	申	寅	卯

이 사주도 구면일 겁니다. 이 경우에도 신자진으로 신과 충하는 글자는 인인데 월에 인목이 있으니 분명히 역마로군요. 그런데 하체가 불구라서 못 돌아다니고 있는데 뭐라고 말을 해야 하나요?

이런 경우를 보면 정말 한마디로 말하기 어려운 것이 신살이 아닌가 합니다. 지나는 길에 이런 팔자도 한번 들여다보지요.

時	日	月	年
庚	乙	乙	壬
辰	亥	巳	戌

여명(女命)입니다. 을해 일주가 사월에 났으니 해묘미에 해당하고 삼합의 첫째 자와 충하는 글자는 사니 월지가 역마로군요. 이른바 오리지날 역마로군요. 역마는 이렇게 충이 되어야 제 맛이 납니다. 삼일만 가만히 들어앉아 있으면 두드러기가 나는 사람입니다. 정말 역마의 영향이라고 하고 싶더군요. 그렇지만 신살을 떠나서 사주의 구조를 보시면 좀 불안정한 느낌이 드실는지도 모르겠군요.

신약한 을목이 인성을 용하는데 인성은 충을 만났으니 일생이 고단한 팔자로 보이는군요. 이렇게 격국으로 보나 신살로 보나 떠돌아다닐 기색이 보이는 사람은 항상 불안정합니다. 그러니 역마의 영향이라고 해도 누가 뭐라고 할 사람이 없지요.

정관이 역마면 관찰사라고 하는 말이 있습니다. 이치는 그럴싸합니다만, 만약에 정관이 용신이라면 가능성이 있겠군요. 그러나 정관이 기신이라면 아마도 떠돌이 약장수가 되는지도 모르지요. 결론은 돌아다닌다는 것으로 군요. 돌아다니되 그 등급은 사주의 용신에 매어 있다는 것입니다. 다만, 수학공식처럼 딱딱 맞아 떨어지지는 않습니다. 어디까지나 참고 정도 하시라는 의미입니다. 그리고 길작용이냐 흉작용이냐 하는 것은 팔자의 용신에 따른다는 것을 분명히 기억해두시기 바랍니다.

김삿갓을 아시지요? 본명이 김병연이라고 하던가요? 이 사람의 팔자가 있으면 살펴봤으면 좋겠군요. 일평생을 떠돈 것으로 봐서 역마살이 없다는 것이 오히려 이상할 텐데, 정말로 있었는지 나중에라도 자료를 입수하시걸랑 한번 살펴보시기 바랍니다. 저는 역마살보다는 팔자가 불안정하여 떠돌아닌다고 보고 있습니다.

그래서 신살은 크게 의지할 바가 못 된다는 생각도 하게 됩니다. 신살의 작용이 상대적으로 영향이 있기도 하고 없기도 하다는 생각을 많이 하게 되더군요. 그래도 비교적 설득력이 있다고 생각되는 것들 중에 하나가 역마살입니다. 역마가 없는 사람도 돌아다니기는 하지만, 역마가 있는 사람은 돌아다닐 확률이 그보다 훨씬 높겠지요.

역마살에 대해서는 이 정도로 하면 되겠지요?

역마는 상황에 따라서 별명도 많답니다. 역보역마, 함화역마, 고상역마, 절족역마, 무강역마, 대검역마, 수도역마, 역시역마, 승헌역마 등등.

글자도 보통은 쓰이지 않는 이름들인 걸로 봐서 아마도 아주 옛날에 사용했던 역마 논문에서 발췌한 것이 아닌가 싶군요.

내용을 적을까 하다 생략합니다. 대략은 역마의 상황에 따라서 좋다, 나쁘다, 발전한다 등등인데 실은 용신이 어떻다면 그렇다고 하는 게 아니라,

오직 다른 지지와 어떻게 되면 그렇다든지 혹은 어떤 육친과 만나거나 혹은 역마가 공망이면 등등 이런 내용이기에 원리 탐구에는 적합하지 않습니다.

독수공방에 공망살

－공망살

　보통은 그냥 공망(空亡)이라고 합니다. 살에 해당시킬 때에는 공망살이라고 하지요. 또는 천중살(天中殺)이라고도 한다던가요? 시중에는 공망에 대한 것만 연구한 책이 천중살이라는 이름으로 출판된 적이 있었던 것 같습니다. 아마도 일본에서는 공망에 대한 것도 매우 중시하는 것으로 알고 있습니다.

공망의 구조

육순	해당되는 간지	공망
甲子順	갑자, 을축, 병인, 정묘, 무진, 기사, 경오, 신미, 임신, 계유	戌亥
甲戌順	갑술, 을해, 병자, 정축, 무인, 기묘, 경진, 신사, 임오, 계미	申酉
甲申順	갑신, 을유, 병술, 정해, 무자, 기축, 경인, 신묘, 임진, 계사	午未
甲午順	갑오, 을미, 병신, 정유, 무술, 기해, 경자, 신축, 임인, 계묘	辰巳
甲辰順	갑진, 을사, 병오, 정미, 무신, 기유, 경술, 신해, 임자, 계축	寅卯
甲寅順	갑인, 을묘, 병진, 정사, 무오, 기미, 경신, 신유, 임술, 계해	子丑

　갑자순 중에는 술해가 공망, 즉 갑자로 시작을 해서 을축, 병인, 정묘, 무진, 기사, 경오, 신미(辛未), 임신(壬申), 계유까지 천간을 모두 따지고 나면

지지에는 두 자가 남습니다. 그 남는 것은 천간을 얻지 못한 셈이지요. 그래서 공망이 됩니다. 즉 남편을 못 만났다는 뜻인가 봅니다. 항간에 공망을 공방살(空房殺)이라고 해서 남편 없이 혼자 빈 방을 지키는 것을 일러서 하는 말이 있는데 역시 같은 말인가 합니다.

또 다른 말로 한다면, 갑자순에는 열 개의 천간과 지지가 짝을 맺는데 술해가 빠지고 없습니다. 그래서 공망입니다.

또 맨 마지막 갑인순은 갑인부터 계해까지 따져보면 분명히 자축이 없게 됩니다. 즉 자축이 공망이지요. 다른 순도 이와 같이 따져서 없는 것이 공망이 됩니다.

공망에 대한 이야기는 오래 전부터 있었던 것 같습니다. 그에 대한 이야기도 엄청 많구요. 낭월이도 공부할 적에 공망에 대한 이야기를 많이 들었던 기억이 나는군요.

이렇게 성립이 된 공망은 당당히 명리학의 신살 항목에서 우두머리가 되어 있습니다. 그러면 사주에서 공망에 해당하는 것을 보는 것이 좋겠군요. 공망에 해당하는 사주를 찾아봅니다.

時	日	月	年
丙	乙	庚	丁
戌	丑	戌	亥

*일주(갑자순) 기준 술해공망
*연주(갑신순) 기준 오미공망

이 사주는 여명입니다. 전에 서울의 어느 암자에서 머물 적에 음식을 담당했던 아줌마의 사주랍니다. 절에서는 공양주보살이라고 합니다만 일주를 기준해서 보니까 년, 월, 시 모두가 공망이로군요. 이런 경우도 있긴 있는 모양입니다. 왕창 공망이라니…… 쯧쯧…….

만약에 공망을 기준해서 이 사주를 감정한다면 어떻게 말할 수 있을까요? 우선 위치별로 봅니다. 흠…… 연월이 공망이로군요. 그렇다면 부모의 덕이 없는 팔자라고 말을 합니다.

공망은 일명 유체무연(有體無緣)이라고 하거든요. 그러니 부모의 몸이 있더라도 인연이 약한 형상이니 부모에 대해서 한이 많다고 볼 수 있을 겁니다.

좀 더 정확하게 나눈다면 년은 부모니 부모 덕이 없고, 월지는 남편의 자리니 남편의 덕이 없다고 할 수도 있겠군요. 그리고 이는 사실이었습니다. 일이 끝나면 부리나케 집으로 가기에 바쁘더군요. 남편이 이뻐서 그런다면 금슬이 좋은 부부라고 하겠지만, 남편이 돌아와서 자기가 없으면 술을 먹고 땡깡(!)을 부리기 때문에 얼른 가야 한다고 말을 했던 것 같군요. 남편은 항상 부담스러운 존재였던 것 같습니다.

또 시지가 공망이로군요. 시는 자식의 자리라고 했습니다. 그러니 액면 그대로 받아들이면, 자식과의 인연이 약하다고 할 수가 있겠군요. 물론 자식이 있기는 있습니다. 있기는 있으되 인연이 박하니까 모두 제 갈 길로 간다는 뜻일 겁니다. 인연이 많다면 함께 살든지, 따로 살더라도 항상 부모를 생각하는 그런 자식이 되겠지요.

육친별로 본다면 술토는 재성에 해당하니 재물이 공망이요, 해수는 징인에 해당하니 어머니가 인연이 없다고 말하겠군요. 그래서 그런지는 몰라도 돈 때문에 항상 전전긍긍하는 모습을 본 것 같군요.

이런 식으로 사주를 감정하다 보면 공망이 든 것에 대한 설명만 하는 데도 간단치 않습니다. 그렇지만 공망의 이야기가 사실 맞게 되지 않았나고 말한다면 그렇지 않다고 하진 못하겠군요. 사실 그와 흡사하거든요. 하긴…… 그러니까 이 사주를 들고 왔지요. 전혀 공망과 상관없는 이야기라면 뭐하러 공망편에 내놓았겠어요. 하하.

"정말 공망이란 것은 대단하구나!! 이렇게 용신을 전혀 보지 않고도 적중률이 뛰어나게 높다니, 골치 아프게 격국이니 용신이니 억부법이니 할 필요 없이 공망이나 공부하는 게 훨씬 영양가가 있겠구나."

이렇게 생각할 수도 있습니다. 그러면서 계속 파고 들어가면 신살파(?)가 되는 거지요.

그럼 이 사주에서 공망이라는 신살을 전혀 내놓지 않고 감정해볼까요? 재밌겠지요? 이렇게 학문의 길은 의문과 검증을 반복하면서 나가는 것이 아닌가 싶습니다.

술월의 을축(乙丑)일주가 재다신약(財多身弱)을 이뤘구나. 재다신약에는 비견(比肩)이나 겁재가 대빵인데, 견겁이 하나두 없구나 그래서 천상 인성을 용하고 겁재를 기다린다는 가여운 명식이로군요.

상관견관(傷官見官)을 했으니(병화상관이 경금정관을 보았음) 부부관계가 좋지않다고 봅니다. 즉 자신의 의견이 꽤나 강해서 남편의 주장에 고분고분 하지 않습니다. 이런 각시를 남편이 이쁘다고 할 턱이 없지요. 그래서 매를 맞게 됩니다. 간혹 남편에게 매를 맞는다는 이야기를 하는 경우에는 상관(傷官)이 정관(正官)을 보고 있는 경우도 있습니다. 어쩌면 이러한 남편은 아내에게 열등감을 갖고 있을 수도 있습니다.

그래서 남편 덕이 없다고 느끼지요. 항상 주변에는 아내에게 잘 해주는 남자만 보이고 그럴수록 자신을 더욱 불행하다고 여깁니다. 이 점을 본다면 남편 자리가 공망이라서 덕이 없다기보다도 기신이 작용해서 덕이 없다는 말이 더욱 설득력이 있군요.

인성(印星)이 무력한 까닭에 부모의 보살핌이 부족하다고 해석합니다. 그렇다고 해서 부모의 자리가 공망(空亡)에 해당한다고 보면 곤란합니다.

재성이 공망이라서 재물이 없다는 것은 어떤 원리로 설명을 할까요? 그 말은 재성이 기신이니 재물 인연이 좋을 턱이 없노라고 말씀드릴랍니다.

형제간의 도움도 없어서 외로운 팔자이니 그렇게 흔해 빠진 겁재 하나도 변변히 없기 때문이지요. 공망이 중요하다는 말도 있긴 합니다만, 여러 정황을 대입해서 살펴보면 공망과 무관하게 나타나는 오행(五行)의 생극(生剋)에 대한 이치라고 정리를 해도 될 것입니다.

팔자 하나만 갖고 이야기하니까 혹 낭월이 진실을 왜곡한다고 생각하시는 벗님이 계실는지도 모르겠군요. 그런 벗님들을 위해서 또 하나의 사주를 보겠습니다.

時	日	月	年
丁巳	戊午	辛酉	戊子

*일지기준 자축공망
*년지기준 오미공망

이 팔자에는 일지 기준해서 볼 적에 년지의 자수가 공망이 되는군요. 자수는 육친상 재성에 해당합니다. 그러니까 공망론으로만 봐서는 재물에 인연이 없어야 한다는 말이 되지요. 그렇지요?

그런데 『적천수 징의』에 의하면 이 사람은 재산이 수만금이라고 하는군요. 여기서 수만금이라는 표현이 현재의 시가로 따져서 얼마에 해당하는 것인지는 몰라도 적어도 갑부는 된다고 합니다.

이로 미뤄보아 신살파가 감정할 적에 재성이 공망이니 빌어먹을 상이라고 말을 하게 된다면 그 본인은 사주란 게 정말 믿을 것이 못 된다고 하겠지요? 이것이 바로 신살론의 어려운 점입니다.

이 점을 보완하기 위해서 여러 가지 많은 공망론이 추가되었습니다만, 그 많은 이야기들을 뒤져가면서 써먹기보다는 그냥 원칙론에 입각해서 설명을 하는 것이 더욱 신빙성 있고 확실합니다.

이 팔자를 원칙론으로 본다면 유월의 무토가 신왕하니 상관생재를 이뤄서 거부(巨富)의 팔자라고 쉽게 말을 할 수가 있겠지요?

이 점이 바로 낭월이 바라다보는 공망론(空亡論)입니다. 이거 막중한 공망을 너무 무시한 듯해서 비난의 화살이 돌아오는지도 모르겠네요. 그렇지만 어떤 비난도 달게 받겠습니다. 물론 나중에 낭월이의 안목이 더욱 높아진다면 그때 다시 수정을 하겠습니다만 지금은 아니로군요.

이 정도로 공망에 대한 견해를 밝히고 마무리하겠습니다. 많은 궁리와 실험을 기대합니다.

길바닥에 피 뿌리는 살

-백호살

백호살(白虎殺)이라고 하니까 뭐가 생각나시나요?

좌청룡 우백호가 생각나시나요? 아니면 노래 잘 부르는 최백호가 생각나시나요? 그러나 여기서의 백호는 정말 무서운 백호랍니다. 연세 드신 벗님들은 그런 말씀을 들어본 적이 있을 겁니다. 바로 "호식팔자(虎食八字)"입니다. 즉 호랑이에게 밥이 되는 팔자라는 말이지요. 에구, 섬뜩하군요. 무슨 그런 으스스한 말을……

백호살의 별명은 이렇습니다. "見血光 災熟死", 견혈광하고 재앙사한다는 말이니, 피를 뿜으면서 죽는다는 뜻이군요. 정말 피비린내 나는 살입니다. 당연히 흉살의 최정상에 등장합니다. 어떤 흉한 살보다도 상위이지요.

이 살은 간지의 특성으로 인해서 결정이 되는 것으로 무진(戊辰), 정축(丁丑), 병술(丙戌), 을미(乙未), 갑진(甲辰), 계축(癸丑), 임술(壬戌)의 간지가 사주에 있으면 백호살(白虎殺)이라고 부르게 됩니다. 그중에서 무슨 간지일까요? 에구, 오달달달 떨리는군요.

팔자 속에 있는 모든 간지 중에서 무진, 정축, 병술, 을미, 갑진, 계축, 임술 이상 7개의 간지가 있다면 백호살에 해당합니다.

이제 자신의 팔자를 들여다보시고 이런 간지가 있는지 확인해 보세요. 특히 일주에 해당하면 정통 백호살입니다.

어떤 연유로 이렇게 일곱 개의 간지가 선발이 된 것인지는 낭월이도 잘 모르겠군요.

하지만 요즘에는 호랑이에게 물릴 일은 거의 없으니까 안심해도 되겠지요? 그런데 사실 지금은 호랑이 천국입니다. 하루에도 수십 명씩 호랑이 밥이 되고 있으니 말입니다. 벌써 눈치 빠른 친구는 감을 잡는군요. 그렇지요. 자동차!

자동차는 어떻게 보면 호랑이보다 더 무서운 건지도 모르겠습니다. 호랑이는 그래도 "형님…… 어쩌고……" 하면서 눈물을 흘리면 보내준다고도 하더구먼요.

제가 아는 아줌마 철학원 선생은 오직 팔자를 적어놓고는 백호살이 있는지 없는지만 살핍니다. 그러니까 아줌마의 감정서에는 백호살만 없으면 좋은 팔자인 셈입니다. 물론 월세를 낼 날이 다가온다면 원진살도 한 몫을 하겠지만요. 하하.

원진살이 뭐냐고요? 그야 일명 사랑살이라고도 하는데요. 만나면 시들하고 헤어지면 그리운 살이라는 별명을 갖고 있습니다. 뭐가 원진살에 해당하느냐고요? 만세력의 뒤쪽을 보세요. 그러면 뭐가 무엇을 만나면 원진살인지 훤히 알 수 있으니까요.

문제는 적중률인데요. 적중률은 어떨까요? 100퍼센트? 50퍼센트 아니면 10퍼센트? 글쎄요…….

혹은 맞기도 하겠지만, 대개는 틀리더라는 것이 낭월이의 생각입니다. 고전에 있는 몇 사람의 팔자를 적어보겠습니다. 물론 적중률이 높다는 "일주가 백호살"에 해당하는 사주만 뽑아볼랍니다. 간단하게 적겠습니다.

이 정도면 백호살의 위력을 짐작하겠지요? 혹은 맞기도 하고 혹은 틀리기도 하는군요. 고로 별로 신빙성은 없다. 그러나 주시하자. 이 정도로 설명을 드리고 싶군요. 백호살이 없어도 사주를 보는 데 전혀 불편하지 않습니다. 그래서 기분 나쁜 선입견을 갖고 있는 백호살은 입에 담지도 않습니다. 그렇지만 무시하라고 말씀드리고 싶지는 않군요. 각자가 주변에서 임상을 해보시기 바랍니다.

시 일 월 년 丙 甲 丙 癸 寅 辰 辰 卯	얼어 죽었다 (적천수)	시 일 월 년 庚 甲 丁 己 午 辰 丑 丑	부귀하였다 (궁통보감)
시 일 월 년 戊 乙 辛 辛 寅 未 卯 未	우울증 (적천수)	시 일 월 년 甲 乙 庚 辛 申 未 子 亥	귀했다 (명리정종)

어떤 사람이 교통사고로 피를 흘리고 죽었는데, 원국의 상황으로는 도저히 설명할 수가 없으나, 그 사람의 일주가 백호살이었다는 말로만 설명이 가능한 경우의 팔자와 실례를 명리마당에 올려주시면 매우 감사하겠습니다.

무인이나 경찰에게 많은 살

― 괴강살

괴강살도 백호살과 같은 구조의 신살입니다. 즉 특수한 간지로 이뤄진 신살이란 말이지요.

팔자 속에 있는 모든 간지 중에서 임진, 경진, 경술, 무술 이상 4개의 간지가 있다면, 괴강살에 해당합니다.

괴강살은 출생할 때 하늘의 괴강성이라는 별이 비쳤다고 해서 괴강살에 해당한다는 말이 있더군요. 그렇다면 이 살은 천문과 관계가 있는 살인가 봅니다.

뜻이 나쁘게만 나오지는 않습니다. 경우에 따라서 크게 되기도 하고, 고생이 막심하다고도 하니까 역시 격국에 따라서 작용이 달라진다는 이야기인가 봅니다.

대개 무인(武人)의 직업에 종사하는 사람들 중에 괴강살이 많다고 하는 것을 봐서는 강렬한 살기를 품고 있는 것이 아닌가 싶군요. 그리고 여자의 팔자에 괴강이 있는 것을 꺼리는 것도 같은 맥락에서 이해가 됩니다. 그렇지만 역시 원국에 따라서 설명이 달라진다는 점에서 일개의 신살일 뿐이라는 느낌도 없지 않군요.

이렇게 간단하게 몇 개의 신살을 살펴봤습니다. 이밖에도 무수히 많은 신살들이 각각 자신의 적중률을 자랑하면서 폼을 잡고 있습니다만 제가 보기에는 전부 "그 나물에 그 밥"이 아닌가 싶습니다. 그러나 결론을 내릴 수는 없지요?

　잘 알지도 못하고 결론을 내렸다가 많은 학자분들이 신살론에 접근하려
는 기회를 막을 수도 있다는 생각이 들어서 말입니다. 다만 현재의 낭월이
눈에 비친 신살은 이렇더라 정도만 말씀 드리고 마무리를 할까 합니다.

　계속 연구하셔서 비밀에 쌓인 신살의 영역을 개척하여주시기 바랍니다.

종합편을 마무리하며

그동안 이렇게 저렇게 용신과 연관된 명리학의 주변을 살펴봤습니다. 대강 살펴보면 대운(大運), 육친(六親), 질병(疾病), 성격(性格), 직업(職業), 신살(神殺) 등이로군요.

대운도 그렇지만, 육친이라든가 질병 또는 성격이나 직업 그리고 아직도 미완성인 채 있는 신살 등 어느 것 하나도 만만한 것이 없습니다. 그중에 어느 것을 하나 물고 늘어지더라도 아마 한 권의 책이 되고도 남을 만큼의 다양한 내용들입니다.

이런 여러 가지를 한 장에서 취급했으니 항상 부족하고 갈등을 느낄 수밖에 없지요. 이렇게 다각적으로 하나의 팔자를 놓고서 살펴봐야만 장님의 코끼리가 되는 것을 면할 것입니다.

그럼에도 낭월이의 연구가 부족하고 또 시간이 넉넉하지 못하다보니, 다소 얼버무릴 수밖에 없었다고 고백을 해야겠군요.

질병에 대해서는 물론 낭월이 도망갈 구멍이 있지요. 그 구멍이란 건 바로 "병은 의사에게 물어라"는 겁니다. 어차피 낭월이는 의사가 아닌 바에야 의사보다 정확히 볼 수는 없을 겁니다. 그리고 신살은 낭월이 나름대로 확고한 신념 (내일 무너질망정) 이 있기 때문에 별로 신경을 쓰지 않아도 되겠습니다만 항상 아쉬운 것은 육친의 장르와 성격 그리고 직업입니다. 단지 열 가지 특성을 갖고 서로 만나고 싸우고 상호 연결작용에 따라서 엄청나게 분류되는 육친은 아직도 미완성입니다.

이렇게 십성(十星)을 분석하는 것은 적성에도 대단히 큰 영향을 끼치기 때문에 여기에 대한 연구가 이뤄진다면 직업을 선택할 때에 도움이 될 것입니다.

직업에 대한 분류는 참으로 다양합니다. 인간이 사회적 동물이라고 한다면 직업은 정말 의식주에 직결되는 긴밀한 사회의 연결고리라고 할 수 있겠는데요.

어떤 사람은 일생을 한 가지 직업으로 살다가기도 합니다만, 대개는 두서너 개 혹은 수십 개의 직업에 종사하게 됩니다. 그러니 명리학도로서 한 사람의 직업을 바르게 일러줄 수 있다면 그보다 더 좋은 일이 어디 있겠나요. 그러기 위해서는 더욱더 정밀한 명리학 연구가 필요하게 되지요. 이 분야는 앞으로 우리 명리학자님들이 정리를 해서 세계 만방에 공표해야 할 것입니다.

성격에 대한 연구만큼 매력을 끄는 것도 없지요? 낭월이는 사실 온통 이 분야에 관심이 집중되어 있답니다. 그래서 강의를 마치고 성격에 대한 연구를 집중해서 해보려고 합니다만, 워낙에 둔재라서 항상 파고들기가 힘겹군요.

이미 선학들께서 많은 힌트를 남기셨습니다. 그래서 그 자료를 바탕으로 더 열심히 연구한다면 원하던 결과를 얻게 되는지도 모른다는 희망을 항상 갖고 있습니다. 그러나 마음만 있고 실행이 어렵고요.

이상 몇 가지 문제는 언젠가 우리 학인들이 연구발표를 통해서 완성시켜야 할 분야라고 생각합니다.

항상 명리학자의 오류는 어느 한 가지만 잡고 늘어지는데서 오기 쉽습니다. 전체를 모두 이해하고 운명을 살핀다면 오류를 최대한 줄이고 가장 명확하고 유익한 이야기를 해줄 수 있을 것입니다.

　이 명리강의는 사주쟁이를 만드는 곳이 아닙니다. 역술가를 만드는 곳도 아니지요. 오직 명리학자들에게 길을 제시해 주는 곳이라고 고집을 부리고 싶군요. 낭월이 자신도 아직 명확한 길을 다 알지 못하는데, 어떻게 함부로 말을 할 수가 있겠어요.

　그래서 항상 잘 모르면서 지껄인 것은 없는지 염려가 됩니다. 그렇다고 너무 모른다는 말씀만 드릴수도 없고…… 강의를 한다는 입장이 항상 그렇더군요. 이점 잘 헤아려주시기 바랍니다.

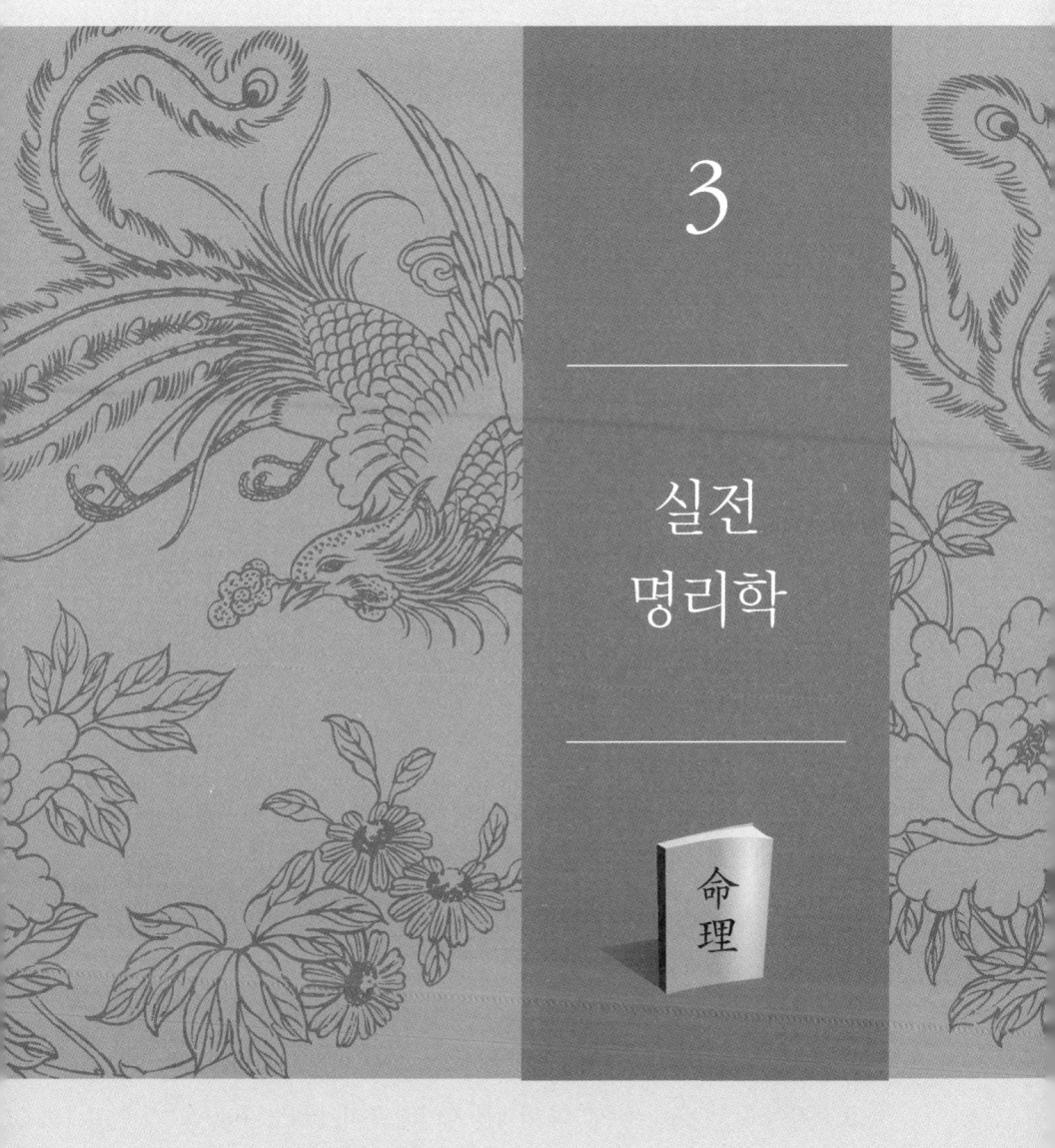

3

실전
명리학

命理

실전편을 시작하며

갑술년 봄에 시작된 "역학모임" 시절부터 한줄한줄 잘 치지도 못하는 타자 실력으로 강의를 해본다고 부산을 피웠는데, 한발한발 가다 보니 어느덧 여기까지도 오게 되었군요. 예고를 했듯이 이번 항목은 "실전명리학"입니다.

이제 그동안 배운 모든 자료를 종합해서 뭔가 완성품을 만들어내야만 공부한 보람이 있지 않겠어요? 살아 있는 자료를 갖고 하나하나 대입도 해보고 틀린 것이 있다면 어째서 그렇게 되었을까도 좀 생각해보고, 그렇게 진행해볼까 합니다. 이제는 정말 초보라는 말을 하기엔 너무나 학생들이 커버렸군요. 하하.

전쟁을 하듯이 목숨을 달아놓고 한바탕 명리학의 정체를 파헤쳐보시기를 바라는 마음과, 끝까지 용전분투하셔서 마침내 명리의 정상에 승리의 깃발을 힘차게 펄럭이시기 바라는 마음으로 실전명리학이라는 이름을 붙여봅니다.

이번 항목에서는 실제로 사주를 보면서 하나하나 가능한 한 모든 이론을 동원해서 파보겠습니다. 이야기 진행중에라도 항상 뭔가 미심쩍은 것이 있다고 생각이 될 적에는 가차 없이 이의를 제기해 주시기 바랍니다.

벗님들이 묵묵히 함구를 하시고 그냥 넘기시는 이면에는 낭월이의 망발이 하늘 높은 줄 모르고 날뛰게 될 거라는 암시가 있답니다. 부디 사랑의 조언을 아끼지 마시기 바랍니다.

자세히 파고드는 데 자신의 팔자보다 더 확실한 것은 없을 겁니다. 우선 낭월이부터 홀라당 벗고 궁리를 해볼랍니다. 그리고 또 책을 보다 보면 자신의 몸은 사리고 남의 사주만 이러쿵저러쿵 하는 학자들을 더러 보게 되는데, 정말 이것은 학자의 자세가 아니라고 생각합니다. 이상하게도 우리나라의 학자들이 저술한 명리서에는 "자신의 사주"를 밝힌 책이 별로 없는 것 같더군요.

'뭐, 떳떳하게 내놓기에 대단할 것도 없는데 그냥 넘어가지 뭐……'라고 한다면 달리 할 말이 없지만 중국의 명리학자들은 그렇지 않거든요. 이것이 어쩌면 학문을 하는 자세라고 생각합니다.

임철초 선생님은 『적천수 징의』(『적천수 천미』에서도 마찬가지지만)에서 자신의 사주를 밝히셨고, 서낙오 선생님도 저서 『자평수언(子平粹言)』에서 기탄없이 자신의 사주를 내놓고 자료로 삼았습니다.

두 분의 탐구정신을 사랑하는 낭월이도 못난 사주를 내놓고 칼질을 해볼 요량입니다. 그러니 다소 미숙한 곳이 보인다면 좋은 지적을 부탁드리면서 본론으로 들어갑니다.

1장

나부터
벗어야지

나부터 벗어야지

이름 : 박주현

서기 1957년 3월 18일 유시, 경북 청도 출생

이 자료를 갖고 사주부터 한번 세워보십시오.

항상 말씀을 드립니다만, 어떤 사주든지 남이 해석한 것을 볼 적에는 먼저 자신이 힘이 되는 곳까지 생각을 해보고 답을 찾아본 다음 설명을 듣는 게 좋습니다. 이 실전의 항목도 당연히 이와 같이 공부를 하시면 그동안 배우신 조각들이 한 덩어리로 어우러지는 맛을 보시지 않을라나…….

時	日	月	年
癸	己	甲	丁
酉	未	辰	酉

54	44	34	24	14	4
戊	己	庚	辛	壬	癸
戌	亥	子	丑	寅	卯

이렇게 사주를 세웠습니다. 우리 벗님들이 세운 것과 동일한가요? 만약에 틀리다면 다시 잘 확인하시기 바랍니다. 우선 낭월이의 풀이를 보시기 전에 나름대로 주관을 갖고 풀어보시기 바랍니다. 스스로 궁리를 한 다음에 답을 봐야 실력이 늘기 때문입니다.

이 사주가 약간은 만만치 않은 구석이 있거든요. 의견이 몇 가지로 나올 가능성이 있습니다. 물론 낭월이 그동안 강호(江湖)를 유람하면서 들었던 이야기를 모두 꺼내놓을 참입니다. 그러니까 적어도 내노라하는, 자칭 수십 년씩 공부해서 명리에 관한한 더 알 것이 없다고 자부하는 선생들의 평가도, 공부하시는 분들에게는 상당히 도움이 될 것 같군요.

그렇지만 그들의 이름은 적을 수 없습니다. 그렇게 된다면 명예를 훼손했다고 고소라도 할지 모르고, 낭월이는 배상을 하기 위해서 몸이라도 팔게 될지 모르걸랑요…… 하하.

생각을 좀 해보셨나요? 그럼, 천천히 가능한 한 자세히 설명을 드리겠습니다.

이것은 실제상황입니다

우선 격국을 살펴보고 뭔가 정해야 할 일이 있지요?

이른바 용신을 정하기 위해서 필수로 거쳐야 하는 작업이로군요. 그럼 한번 살펴봅시다.

일주는 기미(己未)

60개의 간지 결합체 중에서 56번째 간지가 바로 기미입니다. 영광스럽게도 56번째 간지를 배당받고 태어났군요. 하하.

56번째가 어째서 영광스럽냐고요? 뭐 낭월이는 농담 좀 하면 안 되남요. 어차피 자기 잘난 맛에 산다는데, 갑자일에 태어나신 분은 영광스럽게도 갑자일이라고 하시고 계해일에 태어나신 분도 행운을 받았다고 하세요. 그렇다고 세금을 더 내는 것도 아닌데, 즐겁게 생각하고 즐겁게 사는 게 좋지 않겠남요.

어쨌거나 기미일주는 기토라는 말도 되는군요. 기토는 음토(陰土)라고도 합니다. 음토에 대한 설명을 해보라고 한다면 벗님들은 어떻게 하시나요? 다음은 낭월식입니다. 궁리를 해보시고 비교해보시기 바랍니다.

기토는 전답의 土입니다. 전답이라고 하면 논과 밭에 있는 부슬부슬하고 축축한 土를 말하지요. 전답의 土를 음토라고 하는 데에는 상대적인 뜻도 들어 있습니다. 즉 전답이나 축축한 습토를 음이라고 보는 데에는 상대적으로 높고 단단하고 굳은 土를 양이라고 보기 때문입니다. 즉 무토(戊土)를 일컫는 말인데요. 무토는 상징성이 산이라고 합니다. 그럼 전답의 土를 양이라고 우길 수도 있을까요?

당연하겠지만 우길 수도 있습니다. 즉 그렇게 우기는 이면에는 논바닥이나 저수지의 바닥에 깔린 진흙이 있다는 거지요. 이렇게 음양은 서로 상대적으로 음이 될 수도 있고 양이 될 수도 있다는 것을 알고 고집을 부리시지 말라고 좀 시끄럽게 떠들어봤습니다.

기축 ― 습기가 상당히 많은 자갈전답의 土

기묘 ― 토양이 매우 박한 석탄층의 부스러진 土

기사 ― 열기가 상당히 많은 메마른 전답의 土

기미 ― 토양이 상당히 두꺼운 건조한 전답의 土

기유 ― 토양이 상당히 얇은 암반지대 전답의 土

기해 ― 물기가 상당히 많은 진흙토양 논바닥 土

기토와 연관이 있는 간지를 모두 한자리에 모았습니다. 이른바 기토들의 곗날이라나 뭐라나. 흐흐.

기왕에 기미일주를 분해하고 궁리할 바에야 기토에 대한 것을 모조리 꺼내서 한번 궁리를 해보자고 몇 자 적어봤습니다. 사실 사주팔자 중에서 일주만 따로 놓고서 보면 각기 6개의 간지가 서로 비슷한 가운데에 뭔가 다른 차이점을 느끼는 것도 좋습니다. 그럼 우선 기미에 대한 것은 이 정도로 보고 월령을 대입시켜봐야겠군요.

이 사주는 진월의 기미일주이니, 3월이라고 하면 되겠습니다. 3월이라면 이제 겨울도 다 지나가고 따뜻한 봄날이 된 셈이군요. 인묘월이 봄이지만 사실은 3월이 되어야 제대로 봄맛이 나지요? 따땃~ 한 양지에서 꼬박꼬박 졸아보는 것도 이 무렵이 아닌가 싶군요.

이때쯤의 전답은 어떤 상황일까요? 이 시기에는 논을 갈고 밭을 갈고, 농사일을 시작하는 시기라고 볼 수 있습니다. 본격적인 농번기는 아니지만, 부지런한 사람은 모종을 벌써 키웠습니다. 이때의 기토는 뭔가 설레임이 있겠군요. 뭔가 일을 해야 한다는 생각과 희망이 생기는 시기라고 하겠습니다. 그럼 반대로 술월의 기토라면 어떨까요? 의외로 이렇게 상대적인 고찰과 궁리가 이해하는 데에 도움을 주기도 하거든요. 한번 궁리를 해보세요.

술월은 가을이니까, 이미 추수는 마무리되었습니다. 여름내 가꾸었던 곡식은 모두 창고로 들어가고, 들판에는 황량한 적막감이 맴돌고 일 년 농사의 흔적인 벼포기와 콩줄기의 등걸만 썰렁한 들판을 지키고 있겠군요.

이런 시기의 기토라면 아마도 우울한 기토가 되지 않을지 모르겠군요. 이제 또 추운 겨울을 지내야 한다는 것도 부담이 될 테니까요. 이와 상대적으로 3월의 기토는 뭔가 앞을 내다보고 희망을 품어보는 자연환경의 영향을 받을 거라는 가설을 세워봅니다.

이런 식으로 궁리를 한다면, 그 각기 다른 예가 120가지로군요. 인월의 갑목부터 축월의 계수까지…… 거기에다가 곱하기 6을 해야겠습니다. 즉 갑목도 그 종류가 여섯 가지니까요. 아까 말씀드린 여섯 가지 경우의 기토처럼 말이지요. 이렇게 되면 720가지로군요. 720…… 720…… 72라는 숫자는 역학서의 여기저기에서 눈에 띄입니다. 우선 강태공 선생이 정리한 기문둔갑은 그 국수(國手)가 72국이었답니다. 물론 나중에 장자방 선생께서 18국으로 축소했다고 합니다만 일단 72라는 숫자가 나오는군요.

근데, 손오공이 용궁에서 배운 술법이 모두 72가지라고 합니다. 이것은 태공선생의 기문 72국과 손오공이 배웠다는 술법 72는 어떤 연관이 있다는 게 아닐까요?

720을 그대로 활용하는 학문이 있습니다. 바로 육임(六壬)이라는 점술에 관계된 학문입니다. 육임신과(六壬神課)라고도 합니다만, 이 육임의 과식이 바로 720과입니다. 뭔가 연관이 있어 보입니다만, 항상 게으름으로 인해서 모두를 속 시원하게 파헤쳐보지를 못하는 것이 아쉽군요.

어쨌거나, 이렇게 일간과 월지의 관계가 각기 다른 경우가 720가지나 된다는 것을 음미하면서 스스로의 팔자는 어느 것에 해당되는지 생각해보시고요. 그 당시의 자연상태의 모양이 어떨지도 한번 궁리를 해보세요. 그냥 낭월이의 사주풀이만 보실 것이 아니라, 이런 힌트를 항상 자신의 팔자에 대입해서 국물을 우려내야 합니다. 그래야 영양가 있는 공부가 되지 않겠남요?

용신 찾아 삼천 리

저의 사주를 뽑은 것은 꽤 오래됩니다. 적어도 19세 이전에 『사주정설』을 통해서 사주는 뽑을 정도가 되었지요. 그렇지만 용신에 대해서는 항상 헤매고 있었습니다.

이 의문의 보따리를 걸망에 넣어서 짊어지고 전국을 여행하고 있었지요. 우리 승가에서는 이를 만행이라는 이름으로 미화시켜서 부르기도 합니다만 낭월이한테는 그냥 여행이었습니다.

이곳저곳 둘러보는 것이 항상 좋았거든요. 그렇게 여행을 하고 다니다가 어느 철학원에서 발걸음이 멈춰졌습니다. 정말 제 운명이 어떻게 생겼는지 궁금했습니다. 이때가 아마 이십대 중반이었습니다.

그때까지만 해도 팔자 하나만 갖고 사람의 운명을 과연 얼마나 알 수 있을까에 매우 약한 믿음을 갖고 있었습니다. 그러다 마침, 어느 절에서 여비하라고 좀 넉넉한 돈을 주길래 큰마음을 먹고 들어간 것이지요. 머리를 깎은 사람들은 묘한 자존심이 있어서 속인에게 묻는 것을 매우 부끄럽게 생각하는 이상한(?) 버릇이 있답니다.

'명색이 삼계의 도사이신 석가여래의 제자인데 아무렴 세간에서 머리 기르고 온갖 방탕한 짓거리를 다 하는 그런 사람에게 뭘 물어본단 말인가' 하는 마음이 가득하지요.

"방랑철박원" (가명)

살며시 문을 열고 들어갔더니 마침 아저씨 한 분이 라면을 끓여드시고 있더군요. 아마 주인인가 봅니다.

"저……"

"어떻게 오셨나요?"

"예, 사주를 좀 보려고 왔습니다."

"아…… 그래요. 그럼 잠시만 기다리세요."

"예. 그러지요. 천천히 드세요."

그리고는 속으로 생각을 했지요.

'흠 아무래도 실력이 신통치 않은 모양이다. 만약에 잘 맞춘다면 뭣 때문에 라면을 끓여서 끼니를 때우겠냐……'

이렇게 혼자 궁리를 하면서 책장을 둘러봤습니다. 책장에도 『사주정설』은 있더군요. 그렇게 책들을 천천히 바라보고 있었습니다. 그러다가 식사를 마친 선생이 말을 걸더군요.

"그럼, 생년월일을 불러주시겠습니까?"

"예. 1957년 음력으로 3월18일입니다."

잠시 뭔가를 적더니 다시 물었습니다.

"시간은요?"

"시간은 오후 6시 경이라고 들었습니다만……."

"유시로군."

그리고는 또 잠잠하더군요.

얼핏 봐서 연세는 50대 중반 정도고 형편은 그리 넉넉하지 못해 보였습니다. 한참 궁리를 하더니 드디어 말을 던졌습니다.

"스님은 20세 전에 불가에 귀의 했군요."

"학교는 겨우 국민학교를 졸업했거나 중학교 중퇴 정도고."

"보자…… 공부를 할 시기에 여자 운이 들었으니…… 쯧."

이야기를 들어보니 처음에 들어와서 느낀 분위기와는 사뭇 느낌이 다르더군요. 가난의 기운이 흐르는 것도 정말 사주의 도인이라서 그런 것이 아닐까 하는. 하하.

그래서 약간의 오만함을 부끄럽게 생각하고 다소곳이 귀를 기울였습니다.

"스님, 혹 이런 공부에 관심이 없나요?"

"예, 저도 약간의 관심이 있습니다만……."

"인연이 있군요. 한번 마음먹고 배워보세요."

"그보다도 전 공부를 잘해서 도를 통할려고 하는데요?"

"하긴……."

"……."

그리고는 아무 말이 없는 겁니다. 무슨 말이라도 해야 할 텐데, 아무 말을 하지 않으니까 좀 답답해지더군요. 그래서 물었지요.

"저…… 중 노릇이나 잘 하겠습니까?"

"글쎄요. 여자가 따라다닐 팔잔디…… 하하."

정말 밥맛 떨어지는 말을 하더군요. 살림을 사는 중(일명 대처승)들을 얼마나 무시하고 업신여기는데, 나더러 결혼을 할 거라는 이야기를 하다니 정말 뭘 모르는 모양이구만…….

"팔자에 여자가 있더라도 결혼을 안 하면 되지 않을까요? 도를 닦는 사람은 팔자 정도는 뛰어넘을 수 있거든요."

이 언저리에서는 상당히 목소리를 높여서 이야기 한 기억이 나는군요. 그러자 그 선생은 고개를 끄덕였습니다.

"그래요. 팔자를 뛰어넘을 수도 있지요. 공부 잘 해봐요. 부처가 되셔서 많은 중생들을 제도해주세요."

격려인지 빈정거림인지 잘 분간은 되지 않았지만, 분명한 것은 적대감을 갖고 있는 것은 아니었습니다. 그래서 고맙다고 하고는 상담료가 얼마냐고 물었더니 그냥 가라더군요. 공짜로 상담을 하고 나온 셈이지요. 이것이 저의 첫 사주 상담이었습니다. 근데 한번 들어봤을 적에 참 묘~하게 느껴지더군요. 생일 하나만을 적어놓고서 그렇게 꼭 들어맞는 이야기를 하는 것이 신기하기도 했습니다.

이번에는 28세 무렵의 이야기입니다. 그때는 도봉산의 제법 큰 사찰에서 기도 담당을 하고 있었습니다. 한 달에 얼마간의 용돈을 받아 검정고시 학원이라도 다녀서 가방끈을 좀 늘여볼 요량으로 서울살이를 했지요.

처음 서너 달은 종로에 있는 학원에 열심히 다녔습니다. 그렇지만 역시나 중 노릇을 10년 했어도 변하지 않은 것이 있더군요. 그놈에 3개월 근성 말입니다. 3개월 정도 다니니까 공부를 해서 뭐하나 하는 생각이 들더라구요.

그냥 시내를 방황하고 다닌 적이 있었습니다. 그러던 차에 쌍문동에서 길가에 있는 철학원을 발견했지요. 그런데 다른 것은 별로 눈에 띄지 않는데 "연구생 모집"이라는 문구가 눈에 들어오더군요. 한번 노닥거리다가 가야겠다 하는 생각으로 들어가봤더니 의외로 젊으신 선생이 말쑥한 정장을 하고 앉아계시더군요.

"실례하겠습니다."

"스님이 어쩐 일이세요? 어서 오십시요."

"아, 젊으신 선생님이시군요. 한번 이야기나 들어보고 가려고 들어왔습니다."

그때가 아마 7월정도 되었을까. 상당히 더웠습니다. 그런데 철학원의 넓이는 불과 두세 평정도. 창문을 열어놓고 선풍기를 돌려놨지만 열기가 확확 들어오더군요. 땀을 식히면서 사주를 적는 것을 보고 있었지요.

한참을 들여다보시면서 궁리를 하는 듯 하시더니

"이 사주는 스님 사주가 아닌걸요. 하하."

"예? 그럼 제가 가짜란 말인가요?"

"독신으로 살 수가 없다는 뜻입니다. 전생에 부부 인연을 만들고 왔군요. 좋은 팔자입니다. 돈도 제법 만져보시겠는걸요. 중부(中富) 팔자는 됩니다."

"중부가 무슨 말이지요?"

"아마도 약 30억 정도는 만져볼 사주로군요."

'30억??? 이거 정말 비위 맞추는 것도 여러 가지로군. 나 같은 빈털털이가 무슨 수로 그 돈을…… 아니 단돈 300만원도 없는데 말이야.'

"이 사주는 비유를 하면 3월의 옥토라고 말을 합니다. 3월의 옥토가 바야흐로 농사를 지을려고 하는데 마침 봄가뭄이 들었군요. 그래서 모두 하늘을 바라다보고 있는 형국인데, 시간에서 한 줄기 소나기가 시원하게 달아오른 대지를 식혀주니 이게 바로 부자 사주지요."

자연에 비유하는 설명은 이해가 잘 되었습니다. 그래서 이것저것 많은 것을 물었습니다. 그리고 수업료가 얼마인지 물어보게 되었고, 제 월급보다 5만원 이 더 높은 액수에 곤란해하자 깎아주는 서비스 정신도 발휘 하시더군요. 나중에 알았습니다만, 당시 그 선생님은 지방에서 갓 올라와서 아직 자리를 잡기 전이었기 때문에 생활이 형편없다고 하더군요. 아무튼 수업료가 부족하면 부족한 대로 그냥 배우라고 했습니다. 이미 그 무렵에 그룹 지도가 시작되고 있었거든요. 낭월이는 덤으로 끼여들어서 명리학을 배우게 되었던 것입니다.

선생님은 결국 낭월이의 사부님이 되셨고, 지금은 서울 강남의 모처에서 상당히 인기를 끌고 있다는 소식을 어느 잡지에서 읽었습니다. 역시 학문을 깊이 연구하고 자잘한 술법에 흔들리지 않는 학자는 시간이 흐르면 세상이 저절로 알아주더군요.

이렇게 해서 낭월이의 명리학 입문이 시작되었거니와, 그 후 몇 년의 세월이 경과한 다음에 본격적으로 사주를 들고 전국을 다시 한 번 돌았습니다. 그래서 낭월이의 사주를 보고서 대략 세 가지의 용신을 잡는 방법이 동원되는 것을 알게 되었지요. 이제 한번 그 다양한 예를 보여드리겠습니다. 벗님은 어느 곳에다 표를 던지실는지요?

사주가 신약하다

이유는 3월의 기토가 일단은 신강해 보이지만, 진월의 진토가 년지의 유금과 진유합금되고, 시간에 계유가 있어서 土기운을 깎아내린다. 그리고 갑목(甲木)은 또 월간에서 기토를 극한다. 그러니 신약한 기토는 천상 인성인 火를 용하고 火土운을 좋아하고 金水운은 나쁘다.

사주가 신강하다

월을 얻었다. 그리고 일도 얻었고, 세력은 얻지는 못했으나 일단 약하다고는 못하겠다. 신강하다. 강하면 극하거나 설하는 것을 용해야 하는데, 정관이 가까이 있으니 갑목을 용신으로 삼는다. 그래서 水木운은 좋고 火土운은 나쁘다.

사주가 신강이나 용신은 금수이다.

월일을 얻었으니 신강하다. 그리고 진월은 이제 장차 남방인 여름의 계절로 전환되는 시기이다. 즉 상당히 강하다고 본다. 그래서 용신은 극과 설을 찾는데, 극인 갑목은 기토와 합이 되어서 사용이 불가능하다. 土로 변하기 때문이다. 그래서 시의 水를 용신으로 하고 水가 약하므로 유금 식신을 희신으로 삼는다. 金水운은 좋으나 木火土운은 나쁘다.

사주가 화기격으로 土가 용신이다.

진월 토왕지절에 기미일주가 되었으니, 가색격을 이뤘다. 그런데 화토격(化土格)이 되고 보니 土기운이 왕금인 쌍유에 설기되어서 土기운이 부실하다. 고로 金을 극하고 土를 生하는 년간의 정화를 용신으로 삼는다. 그래서 火土운은 길하고 金水운은 나쁘다. 木운은 한신에 속한다.

대략 이 정도의 서로 다른 판단이 나오더군요. 간단한 팔자에 이렇게도 다양한 풀이가 나올 수 있다는 것이 놀랍더군요. 어쨌거나 모두 프로들의 해석입니다. 나름대로 이치에 정통했다고 하는 분들이지요.

일전불사

궁리 좀 해보셨나요? 아마도 상당한 혼동이 있지 않을까 싶군요. 낭월이도 공부할 적에 항상 제 사주에 대해서 혼동을 많이 했습니다. 그래서 벗님들이 자신의 사주에 대해서 자신 없어 하는 모습을 보면서 빙그레 웃을 수가 있지요. 그게 다 발전한다는 증거거든요.

여러 선생님들의 견해를 좀 더 구체적으로 풀이해 보는 순서를 마련하겠습니다. 각자 그만한 타당성이 있거든요. 나는 이렇게 풀더라도 다른 사람은 또 전혀 엉뚱한 이야기를 할 수 있습니다. 정말 이렇게 다양하게 풀이를 할 수 있는 사주도 아마 흔하지는 않을 성싶어요. 아니, 자신의 사주는 더욱 어렵다고요? 하긴 그렇기도 하겠군요. 그래서 낭월이도 지금 무당도 못하는 것 (무당은 제 굿을 못한다면서요?) 을 하겠다고 덤비고 있는 겁니다.

사주가 신약하다

이유는 3월의 기토가 일단은 신상해 보이지만, 진월의 진토가 년지의 유금과 진유합금 되고, 시간에 계유가 있어서 또 土기운을 깎아내린다. 그리고 갑은 또 월간에서 기토를 극한다. 그러니 신약한 기토는 천상 인성인 火를 용하고 火土운을 좋아하고 金水운은 나쁘다.

〔증명과 이견〕

• 신약하니까 초운에 水木운(계묘, 임인대운) 시절에 가난과 궁핍으로 고생이 많았을 것이다(사실 그래요).

• 인성의 도움을 바라지만, 부모는 자신을 돌볼 겨를도 없는데(신약한 정화가 유금에 올라 있고 월을 못 얻었으므로) 어떻게 자식에게 베풀 수가 있으리요. 그러니 부모 덕이 없어서 초년 고생이 심하다(이것도 사실입니다).

• 직업이 승려로서 절대자에게 귀의한 것은 현실의 부모에게 의지할 것이 없는 고로 정신계의 부모, 즉 부처님께 귀의하고 의지하는 것이다(결론은 사실이고요).

• 중 노릇을 하는데, 여자는 병과 같은 것이다. 그런데 결혼을 한 것은 팔자에 재성이 기신이기 때문이다. 만약에 팔자에 재성이 용신이라면 사회에서 사업을 해서 돈을 벌지 어찌 절간에서 목탁이나 두드리고 있겠는가?(정말 할 말 없더군요.)

• 갑목도 병인데 갑목은 자식이다. 자식이 있어서 아마 고뇌가 많을 것이다. 갑목이 일간에 합이 되어 있어서 그렇다. 이것도 또한 이 사주가 신약하다는 것을 증명하는 것이 아니고 뭐겠는가.

자, 이 정도의 견해가 나오니까 마구 혼동이 되는 겁니다. 조목조목 하시는 말씀이 어디 틀린 데가 있어야지요. 이거 정말 혼란스럽더군요.

왜냐면 낭월이 사부님께는 신왕하다는 이야기를 들었기 때문에 그렇게 알고 있었는데, 이거 갑자기 뚱딴지같은 소리가 현실에 꼭꼭 들어맞게 설명을 하시니 전혀 반박할 겨를이 없더군요.

아무리 그래도 그냥 완전히 KO패를 당할 수는 없다는 생각이 마구 머리를 두들겨대더군요. 그래서 어디에 반격을 할 실마리가 없을까 하고 헛점을 노리기 시작했지요. 역시 매를 맞으니까 독기가 생기더군요.

우선 반격 제1탄. 가까이서 치고 빠져라.

"말씀 잘 들었습니다. 정말 색다르지만 탁월한 안목이 참 궁리를 많이 했다는 생각이 드는군요. 자세하게 봐주신 것에 대해서 깊은 감사를 드립니다. 그런데 한 가지 의문이 풀리지 않는군요. 그 의문을 마저 풀어주셨으면 매우 고맙겠습니다"로 시작한 포문은 서서히 열리고 있었지요.

• 말씀대로라면 올해(당시가 기사년)와 작년(무진년)은 상당히 좋은 운세에 속하는군요. 즉 축토대운이니까 토기가 도와주고, 무진 기사년도 火土로서 그야말로 용신과 호흡을 함께 하니까요(최대한 정중하게).

• 그런데 작년에 끼니를 잇지 못해서 남의 식당에서 누룽지 긁어온 것을 끓여서 먹고 살았네요(당시에 절을 떠나 있었음). 겨우 일당잡부로 먹고 살다가 하도 힘이 들어서 고물장수를 했습니다. 물론 고생은 말할 수 없었지요. 이는 올해가 되어서도 전혀 나아질 기미가 없군요.

• 만약에 말씀대로(여기서는 좀 단호하게) 火土가 용신이라면 이 설명을 어떻게 해야 하나요? 딱히 길이 보이지 않는군요. 설명 부탁드립니다(다시 정중하게).

이렇게 가장 가까이에 있는 상황을 꺼내놓고 반격전을 꾀했습니다. 분명히 신약하다고 장담했기 때문에 낭월이도 냉정하게 반격을 할 수기 있었지요. 만약에

"신약해 보이는데 어떻게 생각하느냐"고만 물었더라도 그렇게 말하지는 않았을 겁니다. 대포 한 방을 쏘아놓고는 얼른 빠져서 동태를 살폈지요. 20년간 수원에서 사주 감정을 했다는 자부심이 있으니 섣부른 항복은 하시지

않으리라 생각하면서요.

"……."

느낌상으로는 30분 정도 지났습니다. 아마 실제는 한 10분쯤 되었을 겁니다. 아무 말씀이 없이 들여다보고만 있는 겁니다. 그 광경을 보고서 속으로 쾌재를 불렀지요. '그것 봐요. 함부로 까부니까 아기들에게 물리시지요.' 죽일 적에는 확실하게 죽이라고 배웠거든요. 살생을 절대로 하지 말되 부득이 살생을 할 적에는 확실하게 죽여서 영혼을 편안하게 해야 한다는 말을 어디서 읽었어요. 그래서 내친 김에 확인 사살을 했습니다.

• 火土가 용신이라면 병진, 정사, 무오년에 봉사가 되는 눈병(초자체혼탁)으로 3년간 고생이 극심했는데, 이 좋은 세운에 그러한 혹독한 시련을 받은 것은 또 무슨 연고일까요?

"글쎄요……."

스스로 패배를 인정하고 있다는 느낌이 들더군요. 이런 때는 도망가는 게 상수라고 생각했지요. 사실 그분도 무슨 죄를 지어서 일진 사나운 날에 이런 더러운 사주(!)를 만나서 시험을 받고 있으니 한편은 측은하기도 하고요. 더 있으려니까 좀 민망하기도 하더군요. 마침 대기 중인 손님도 계셨는데 제가 가고 난 다음에라도 그 손님에게 뭐라고 변명을 할 구멍은 마련해 드려야겠다는 아녀자의 인정이 생기더라구요. 그래서 슬며시 일어났습니다.

20년이 아니라 200년을 상담에 임해도 그렇게 장담을 해서는 될 일이 아니라는 생각이 바로 그 자리에서 나오면서 들게 되었습니다. 그 후로 낭월이는 절대로 장담을 하지 않습니다. 우선은 이렇게 보이지만 실제로 어떤가 물어서 확인이 된 후에 비로소 확정합니다.

그러고 보면 그날의 공부는 참으로 유익했던 셈이지요. 지금도 상담에 임하는 사람들 중에 장담을 하는 스타일이 있습니다. 정 핀트가 맞지 않으면 그냥 양보를 하면 편할 텐데 나중에는 억지를 쓰기도 합니다. "넌 사주가 틀렸다." "넌 잘못 살고 있는 거다." "팔자에 맞게 살아라. 이 팔자는 이것이 정답이다" 정말 가관이지요. 하하.

강호는 넓다

사주가 신강하다

월을 얻었다. 일도 얻었고, 세력은 얻지는 못했으나 일단 약하다고는 못하겠다. 신강하다. 강하면 극하거나 설하는 것을 용해야 하는데, 정관이 가까이 있으니 갑목을 용신으로 삼는다. 그래서 水木운은 좋고 火土운은 나쁘다.

대구에서 들었던 이야기입니다. 역시 어느 분의 추천을 받아서 한번 찾아갔지요. 일단 신강하다는 것은 같은데, 선생님은 갑목을 용신으로 보는 것이 좀 다르더군요.

• 정관이 용신이기 때문에 뭔가 남 앞에서 이끌고 가는 형태의 직업을 좋아한다. 그래서 중이 되어서 중생을 인도하고 이끌게 된 것이다.(이때는 다시 원상복귀했었음)
• 金이 병이기 때문에 金은 식신인데, 항상 선택의 기로에서 갈등을 많이 한다. 식신은 궁리에 해당하니까, 무엇을 하면 좋을까 하고 이것저것 많이 집적거린다. 그렇지만 결국은 한 가지만 선택하는 것이 바람직하다. 그림을 그리거나 글을 쓰는 것에 매력을 느낄 수도 있지만, 결국 갈등만 초래

하고 아무런 결실이 없다. 金이 기신이기 때문이다.(원래가 한 가지 일에 3개월 짜리인데 여기서 해답을)

• 어려서 계수대운은 잘 지냈다가 묘목대운으로 바뀌자 묘유충이 생겨서 떠돌게 된다.(창원서 안면도로 이사)

• 임수대운은 그럭저럭 지내다가 인목운이 되자, 입산수도를 하게 된다. 왜냐면 용신이 뿌리를 얻었기 때문에 비로소 자신의 일이 눈에 보이는 것이다.(17세에 입산했으니 할 말 없음)

• 신금(辛金)대운은 흉하다. 그래서 방황을 하게 된다. 물론 자신의 재능(신금이 식신이므로) 을 써보고 싶어서이다. 이런 때에는 절간을 나와서 세상에서 뭔가 일을 해보려고 궁리를 하기도 한다. 물론 결과는 흉한 암시를 갖게 된다.

• 재성인 계수는 약한 정관인 갑목을 생조해주므로 부인의 덕이 많겠다. 그러나 초반에는 유금이 木을 극하는 형태이기 때문에 고생이 많겠다. 외로운 정관이 초반에 水를 만나지 못하니까 (원국을 이야기하는 듯) 외로워서 갈등이 많겠으나, 결혼을 하고 나면 차차 안정이 되는 형상이다.(말은 되는구만)

이러한 정도의 설명이 추가되었습니다. 기본적인 신강에는 동의를 한다고 하더라도 갑목을 용신으로 보는 데에는 또한 동의할 기분이 아니었지요. 역시 반격의 틈을 노렸습니다. 우리 벗님들도 자신의 사주에 어느 정도 감이 잡히시걸랑 한번 돌아다녀보세요. 정말 다양한 이야기를 들어보실 수 있습니다.

사주를 풀이하는 선생들이 서로 다른 용신을 잡아놓았음에도 막상 풀이하는 내용을 들어보면 인정 할 수 밖에 없는 경우가 많습니다. 참 신기하지요? 그래서 자신이 확고한 신념이 없이는 절대로 돌아다니면서 남의 이야기를 듣지 말라고 권합니다. 만약에 이러한 이야기를 줏대(?) 없이 듣다 보면 자신의 사주를 잘못 이해할 가능성이 큽니다.

그나저나 우리 벗님이라면 어떻게 반격을 하실 건가요? 사실 반격은 공격이 아니라, 자신의 견해를 피력하는 것이라고 생각합니다. 상대가 그 말에 수긍을 할 수 있도록 설명을 하는 것은 설득력과 표현력을 기르는 공부가 되지요. 그리고 상대방이 감정이 상하지 않게 설명을 하는 것이 중요합니다.

• 초운이 계묘대운인데 책에서 보니까, 첫 대운이 용신운이면 부잣집이나 벼슬아치 집에서 출생한 사람이라고 나와 있던데요. 지금 선생님 말씀대로 갑목이 용신이라면 분명이 부잣집 자식이 되어야 하는데 사실은 그렇지 못했거든요. 어째서 그랬을까요?

• 정관이 용신이라면 직업도 정관에 속한 것을 택해야 하는데, 그러기 위해서는 관리가 되어야 할 겁니다. 그런데 관리하고는 거리가 먼 중이 되었으니 이것은 어떻게 이해를 해야 할까요? 정관을 용해놓고서 관리가 되지 못한다면 육친법이 잘못되었거나 용신에 문제가 있을 수도 있습니다.

• 정관은 사실 토월에 나서 갑기합토(甲己合土)가 되어서 용신으로 사용하기가 불가능하다고 생각했거든요. 기반된 용신을 구태여 사용할 필요가 있을까 싶군요.

• 오히려 정관이 병이 되어서 항상 체면 때문에 손해를 보고 있다고 생각하는 걸요. 마구잡이로 돈을 벌수도 있는데, 차마 체면 때문에 그렇게 하지 못하고 고생을 면하지 못하는 것을 보면 말이지요.

• 앞으로 경자대운이 있는데, 갑목이 용신일 경우에 예상되는 것은 어떤

것인가요?

    이렇게 부드럽게 반격을 했습니다. 적어도 간판을 달아놓고 직업적으로 사주를 보시는 프로는 뭐가 달라도 다릅니다. 나름대로 비법이 있기도 한데 그러한 것을 얻어 들으려면 구태여 싸울 필요가 없지요. 싸움은 정말 백해무익이거든요.

    갑목이 용신이기 때문에, 결국은 경자대운은 흉한 암시가 있겠다는 답만 얻은 채 나왔습니다. 역시 여기서도 갑목이 용신이라는 새로운 이야기를 듣고 저도 몇 일간 사주를 궁리해보았습니다. 그리고 결론은 '역시 아니다'로 마무리되었습니다.

    이렇게 누군가가 일러줘서 궁리를 하면 유익합니다. 그러니까 항상 귀를 열어 놓는 겁니다. 정말 일리가 있다면 수확도 상당하지요. 물론 자기만의 중심이 있어야 겠습니다만, 이 책을 마칠 때쯤이라면 여러 이야기를 듣는다고 해도 혼동이 되지 않을 겁니다.

이건 또 무신 씨나락 까먹는 소리?

그러고 보면 낭월이도 좀 질긴 면이 있기는 있는가 보군요. 그 정도 했으면 이제 그만 두고 책이나 읽어서 내공이나 쌓을 만도 한데, 아직도 포기하지 못하고 집요하게 찾아다니고 있으니 말입니다. 하하.

여기에 간단하게 몇 가지 예문을 올립니다만, 실제로는 더욱 많은 이야기를 듣게 됩니다. 그중에서도 신살에 연관된 이야기라든지, 뭔가 거론할 가치가 없다고 생각되는 것들은 자연히 잊혀지더군요. 그리고 실제와는 좀 다르지만 이치에 합당하다고 생각되는 이야기는 잊혀지지 않습니다. 그러한 것들을 지금 다루려고 하는데, 이는 논란이 많습니다.

사주가 화기격으로 土가 용신이다

진월 토왕지절에 기미일주가 되었으니, 가색격을 이뤘다. 그런데 화토격(化土格)이 되고 보니 土기운이 왕금인 쌍유에 설기되어서 土기운이 부실하다. 고로 金을 극하고 土를 생하는 년간의 정화를 용신으로 삼는다. 그래서 火土운은 길하고 金水운은 나쁘다. 木운은 한신에 속한다.

순서가 바뀐 것 같다고요? 예, 일부러 그랬습니다. 원래 주인공은 맨 나중에 등장하는 것이잖아요. 질문을 할 적에야 눈을 헷갈리게 할 요량으로 중간에 끼워뒀지만 말입니다. 이제 정답은 거의 나온 셈인데. 그러기 위해서는 바로 이놈의 시비를 가리고 넘어가야만 꺼림칙하지 않습니다.

- 이 사주는 화기격(化氣格)으로 화토격(化土格) 즉 가색격(稼穡格)에 속한다. 가색격의 조건인 갑기합이 있고, 갑목도 토왕절에 나서 무력하므로 土를 따라서 종한다. 그러므로 土가 용신이다.
- 초운(계묘, 임인)에 고생을 많이 한 것은 토용신을 극하고 해코지한 때문이다. (봐요. 말이 되잖아요?) 이어서 오는 운은 金水운인데, 대동소이하다.(죽으란 말이군)
- 인성의 작용이 매우 중요한데 별로 도움이 되지 못한 것은 용신이 너무 약해서 그렇다. 그러니까 부모 덕이 없는 것이다.

뭐 대강 이런 정도의 이야기가 나왔습니다. 우리 벗님들의 견해는 어떠세요? 이렇게 일간이 기토일 경우에 한해서 갑기합은 어떤 의미가 있을까요? 갑일간이 화토(化土)를 했다면 다른 것으로 변했기 때문에 상황이 많이 달라진다고 보겠지만, 나의 오행이 되는 경우에는 뭐가 달라지는 건지 아리송하지 않으세요?

십간이 합화(合化)를 할 경우에 자신의 오행으로 변하는 것이 두 개가 있습니다. 경금과 기토지요. 나머지는 모두 다른 오행으로 변합니다. 그래서 경금과 기토는 좀 별나군요. 이런 경우에 있어서의 합화된 土는 기본적인 기토와 뭐가 다를까요?

이런 의문을 가져보지 않으셨나요? 제 생각에 이 변화는 없는 것과 마찬가지입니다. 그냥 갑목을 土로 간주하는 정도에서 말이지요. 사실 土는 다 같은 土일 뿐, 달리 또 하나의 방을 차려야 할 필요가 없을 것 같거든요.

이러한 전제로 이분의 설명을 본다면 단순히 신약해서 火土를 용신으로 삼았다는 것과 비슷한 형태를 갖습니다. 그러니까 火土가 희용신(喜用神)이라는 결론은 똑같은 거지요. 그러면 이에 대한 반박은 맨 처음에 했으니까 또 이야기하지 않아도 되겠지요?

문제는 화토격일 경우에는 외격에 속하고 그냥 신약용인격(身弱用印格)에 속한다면 정격에 속한다는 차이가 있군요. 이 차이는 크게 달라지지 않습니다. 어쨌든 일평생 운이 없다는 것은 분명하군요. 하긴 그래서 중이 되었다고 한다면 말은 되겠지만…… 하하.

웬만한 사주는 정격으로 보라는 말이 있는데, 아마도 가장 골탕을 적게 먹는 지름길일 겁니다. 그렇지만 어디 그런가요? 공부가 조금 익어가면 뭔가 기존 이론을 뒤집어보고 싶은 충동이 생기게 마련이지요. 아니 그보다도 어느 순간에는 모든 팔자가 웬만하면 외격으로 보인답니다. 이 과정을 누구나 겪고 넘어가야지요.

낭월이도 처음에는 정격 85%라는 말에 솔깃해서 그야말로 무작정 정격으로 신강신약으로만 봤습니다만, 약간의 주관 내지는 안목이 자라니까 틀림없이 외격병(外格病)이 발생하더군요.

외격병을 발생시킨 장본인은 바로 『적천수』였습니다. 『적천수』를 읽다 보면 틀림없이 이 병에 걸리게 되어 있거든요. 여기서 벗어나기 위해서는 상당한 연구가 필요합니다. 그래서 『적천수』를 졸업하면 안목이 저~만큼 높아져 있는 것을 발견하게 되지요.

아마 이 선생님도 한참 외격병에 걸려 있었던 모양입니다. 그렇지 않고서야 뭐하러 이런 팔자를 화토격이라고 판단했겠어요? 그래서 낭월이도 이해는 되었지만 속으로만 '선생도 그 터널을 벗어나려면 한참 고생하시것수~' 하고 말았지요 뭐.

우리 벗님들은 아직 외격병에 걸리지 않으셨겠지요? 너무 겁을 내지 말고요. 한번 자기 소신대로 보세요. 외격으로 보이기 시작하면 서서히 힘이 붙는 시기임을 명심하시고요. 계속 임상을 하시면 됩니다. 포기하지 않는다면 언젠가 그 터널은 끝이 있게 마련이거든요.

그리고 나면 비로소 한자리에서 건배를 할 수 있을 겁니다.

아니? 벌써 외격 터널을 졸업하셨다구요? 그렇다면 잔을 높이 들어야지요. "건배~!"

결론은 식신생재격

하나의 사주를 궁리하는 데도 다양한 견해가 있기 마련입니다. 이것이 최종 결론입니다. 가장 기본적이고 가장 원칙적인 공식을 대입해서 얻은 결론이 역시 정답에 가깝다는 이야기지요.

사주가 신강이나 용신은 금수이다

월일을 얻었으니 신강하다. 그리고 진월은 이제 장차 남방인 여름의 계절로 전환되는 시기다. 그래서 상당히 강하다고 본다. 그래서 용신은 극설(剋洩)을 찾는데, 극인 갑목은 기토와 합이 되어서 사용이 불가능하다. 土로 변하기 때문이다. 그래서 시의 水를 용신으로 하고 水가 약하므로 유금 식신을 희신으로 삼는다. 金水운은 좋으나 木火土운은 나쁘다.

이것이 결론입니다. 식신생재격(食神生財格)이군요.

낭월이는 이 결론을 얻기 위해서 상당히 많은 여행을 한 셈이군요. 물론 그 와중에서 배운 것도 상당히 많습니다. 어디선가는 육효를 기가 막히게 설명하는 분을 만난 적도 있었고요. 정말 대단하더군요. 전생을 말한다는 바람에 심령과학자라고 하시는 안동민 선생님을 찾아가서 낭월이의 전생 이야기를 들어보기도 했고요. 비싼 회비를 내고 일본의 초능력자인 이시이

(石井普雄) 선생의 그룹에서 염력을 배운 적도 있었지요.

또 치료에 중점을 두는 혈인술을 사용하시는 대전의 한정웅 선생님도 만났고, 땅의 기운을 감지한다는 땅 도사이신 역시 대전의 김경보 선생님도 뵌 적이 있었습니다.

당진의 합덕에서는 학자를 하시다가 낙향해서 점이나 쳐주면서 원고를 정리하시는 노선생(낭월이는 합덕도사라 부름)님도 만나서 점술의 오묘함을 느끼기도 했지요.

아산의 어느 암자에서는 노년에도 줄기차게 명리학을 궁리하고 실험하시는 멋쟁이 스님도 만나서 하룻밤을 새운 적도 있지요. 지금은 다른 몸으로 바뀌셨는지도 모르겠군요.

또 직접 만나 뵙지는 못했지만, 사부님의 사부님, 즉 부산에 계신 사조님께서는 사주를 보고 배우자의 나이를 찍어내는데 이것이 또 사람을 환장하게 한다는군요. 그래서 정말 궁합을 볼 필요가 있을까 하는 생각이 듭니다. 이미 그렇게 만나도록 되어 있었기에 이 선생님은 사주를 보고서 짚어낼 수 있는 것 아니겠냐는 말이지요. 이럭저럭 만났던 (좋은)인연들이 한둘이 아니군요. 그중에는 지금도 교류를 하고 지내는 분들도 있지요. 이거 여담이 길어졌군요. 다시 전열을 가다듬어서 진행합니다.

식신생재란 무엇일까요?

이 사주의 형상을 식신생새라고 합니다. 식신생제라고 하는 말에서 풍기는 뉘앙스는 어떤가요? 아무래도 우선은 육친의 형상을 잘 이해해야 다음 이야기가 쉬울 듯 하군요.

육친으로서의 식신이란 무슨 특성이 있을지 한번 궁리해보도록 할까요?

식신의 특성

역시 사람은 자신과 관계가 있는 것에 매력을 느끼나 봅니다. 낭월이도 예외가 아니어서 일단 식신이 용신이 되다 보니까 식신이란 것이 어떤 것일까 하고 많은 궁리를 하게 되더군요. 그래서 얻은 결론이 이것입니다. 어디 우리 벗님이 생각하시던 식신과 어떤 면에서 같고 다른지 함께 생각해 보도록 하겠습니다.

우선 식신이란 유식하게 문자로 쓰면, 설기청영(洩氣菁英)입니다. 즉 수기(秀氣)를 설기한다는 말인가 봅니다. 원래 이 말은 갑목이 병화를 용할 경우에 인용해야 제격입니다만, 여기에서 수기란 일간인 土기운을 말하는 것입니다. 土기운을 金이 설한다는 말이지요. 그럼 식신이란 말은 자신의 오행을 설하는 성분인 동시에 지능을 발휘하는 성분이기도 합니다.

사실 식신과 관련한 직업분포를 살펴보면 연구직에 종사하는 분들이 많을 겁니다. 좀 더 구체적으로 식신과 다른 육친과의 차이점을 한번 생각해 봅시다.

식신과 상관의 차이점

가장 유사하겠군요. 내가 生해주는 오행이면서 음양이 다른 것만 차이가 나니 말입니다. 그런 만큼 식신과 상관은 다른 육친에 비해 무척 유사합니다. 물론 좁혀서 생각해보면 둘 사이에는 차이점도 있겠지요.

식신은 내면성이고, 상관은 외향성이라는 말로 대신할 수 있겠군요. 그러니까 둘 다 똑같이 자신의 능력을 표현하는 성분인 것 같습니다. 그런데 같은 표현을 하더라도 식신은 식신다운 표현, 즉 내면적인 것을 궁리하고

참구(參究)하는 것이 특성입니다.

반면에 상관은 외향적인 표현이 됩니다. 그러니까 식신이 자신과 승부를 한다면 상관은 남과 승부를 겨룹니다. 만약에 두 학생이 있는데, 갑은 식신 스타일이고 을은 상관 스타일이라고 한다면, 갑은 자신과의 투쟁으로 자신을 표현하는 경우니까, 예술에 관심을 갖습니다.

반면에 상관은 내놓고 남과 겨루는 것을 좋아합니다. 변호사라든지 스포츠 또는 언론계에 매력을 느끼게 됩니다. 이 점이 식신과 상관의 유사하면서도 다른 점이라고 하겠군요.

식신과 인성의 차이점

이쯤 오면 뭔가 드는 생각이 있을 겁니다. 낭월이 전에 종합을 이야기하면서 약간 줄여서 말씀드렸지요? 이렇게 실전에서 하나하나 집고가려고 했기 때문입니다. 실전에서 배워야 기억에 오래 남을 겁니다.

식신은 인성을 참 거북해합니다. 인성은 복고풍이고 식신은 신세대이니 당연한 걸까요? 어쨌든 둘은 숙명처럼 만났습니다. 인성은 언제나 말씀을 하지요.

"주제넘게 나서지 말고 어른 말이나 잘 들어!"

이게 인성이 생각하는 인생입니다. 그러면 식신은

"예, 잘 알았습니다. 그렇게 해야지요."

하고 고분고분 말을 잘 들으면 좋겠지만,

"에구 무슨 말씀이실까? 공자님도 나보다 시험점수를 높게 받지 못할 텐데?"

하고 전혀 이해를 하지 못합니다. 이른바 세대 차이가 나는 거지요. 세대 차이도 진리라는 것에 밑줄을 긋습니다.

그러니 둘은 항상 아웅다웅합니다. 식신의 세대는 재물(재성)이 중요하다고 생각하거든요. 그깟 도덕이니 전통이니 하는 것은 모두 무능한 인간들이 변명을 하느라고 만들어낸 푸념이라고 생각합니다. 그렇지만 그 이치는 틀림없으므로 정면으로 대항하지는 못하지요. 사실 오행으로 봐도 인극식(印剋食)하기 때문에 대항하는 방법이 없기도 하지만 아마도 이는 자연의 법칙이 아닐까 생각합니다.

식신과 관살의 차이점

이번에는 식신과 관살의 관계를 살펴봅니다. 관살이야 항상 하늘처럼 무서운 존재입니다만 식신이 볼 적에는 한 주먹거리에 불과하지요. 둘 사이에도 서로 앙숙이 되겠지요? 이른바 식극관(食剋官) 하는 이치가 있으니 말입니다.

식신은 관살을 보고 항상 느낍니다.

"정말 저 녀석은 고지식해서 맘에 안 들어."

이렇게 생각을 하지요. 그럼 관살은

"에구 죄송합니다. 용서하세요."

그런가요? 아니지요. 관살이 볼 때 식신은 정말 종잡을 수 없는, 골치 아픈 상관일 뿐입니다. 항상 불만이 많지요. 상관은 항상 명령이 바뀝니다. 사실 젊은 세대는 유행에 항상 민감하지요. 새로 산 옷을 몇 번 입고도 이내 싫증을 내버립니다. 그러니 항상 원리원칙대로 수행하기를 좋아하는 관살이 볼 적에는 식신이 맘에 들 리가 없지요.

식신은 관살보고 더듬거린다고 야단을 하고, 관살은 관살대로 주인 녀석 비위는 정말 맞추기 힘들다며 투덜대니…… 이거 집안의 모양이 영 보기 사납군요. 즉 식신은 관살을 맘에 들어 하지 않게 되고, 관살은 식신을 싫어하게 되는 견원지간(犬猿之間)이 되었더라는 이야깁니다. 하하.

식신과 재성의 차이점

식신과 재성은 그중에서 궁합이 가장 좋은 인연이군요. 재성은 식신을 가장 좋아합니다. 왜냐면 재성은 물질을 모아두는 것에 매력을 느끼는데, 식신은 물질을 모을 수 있는 소스, 즉 아이디어를 제공하기 때문이지요.

또 식신도 재성을 좋아합니다. 식신은 아이디어는 넘치지만 이것을 이용해서 뭔가 축적하고 모으는 재주는 별로 신통치 못하거든요. 그 단점을 재성이 알아서 채워주니 서로 궁합이 잘 맞을 수밖에요. 하하.

세상의 이치는 이렇게 서로의 필요에 의해서 만나고, 좋아하고 또 협력하게 되어 있나 봅니다. 그리고 가장 요긴한 이유가 또 한 가지 있는데요. 그것은 바로 식신이 가장 무서워하는 인성을 재성이 막아주기 때문입니다.

재성은 뭔가 물질로 이득이 되지 않거나, 쓸데없는 공론은 아예 사절이거든요. 그래서 돈벌이를 구상해주는 식신이 어려움에 처한다면 기꺼이 해결사가 됩니다. 재성은 인정이 없습니다. 어떻게 보면 참 무정하지요. 그러한 구조적 특성 때문에 식신과 재성은 궁합이 잘 맞게끔 되어 있습니다.

식신과 비겁의 차이점

마지막으로 비겁과 식신의 차이점을 한번 생각해봅니다. 비겁은 주체성입니다. 자존심과 고집을 포함하지요. 항상 자신에게 잔소리를 하는 관성이 맘에 들지 않습니다.

스스로 능히 잘 꾸려 가는데 관성이 나서서 대추 놔라 밤 놔라 하고 간섭을 하면 정말 싫어지지요. 항상 새로운 감각으로 기발한 궁리를 해서 관살을 골탕 먹이는 식신이 맘에 들지 안 들지는 벗님이 생각해도 능히 알 수 있겠군요.

비겁은 항상 재물을 좋아합니다. 좋아하는 정도가 아니라 재성이 없이는 살 수 없지요. 재성은 육신(肉身)을 포함하니까요. 그래서 재성을 보호해야 하지만 비견이나 겁재의 고집으로 인해서 아극재(我剋財)를 하는 관계로 재성을 힘들게 할 가능성이 많습니다. 그러다보니까 재성을 生하고 비겁을 설기할 식신을 절대적으로 필요로 하게 됩니다.

이상과 같이 식신과 다른 육친과의 인과관계를 살펴봤습니다만, 이것이 전부는 아닙니다. 다른 관점에서는 또 달리 보이겠지요. 다만 식신이라는 눈으로 바라본 육친의 대강입니다. 여기서 대강이라는 말은 정편으로 나누지는 않았기에 드리는 말씀이고요.

그렇다면 이제 또 다른 육친과 육친이 만났을 때는 어떠한 감정을 가질 것인가에 대한 궁리 하실 차례군요.

용신의 품질검사

식신생재는 설명을 드렸습니다. 다음으로는 이 사주에서 식신생재라는 형상이 어느 정도나 되겠는가, 즉 격의 높낮이를 한번 살펴보겠습니다.

가장 최우선으로 살펴봐야 할 것은 천간의 용신이 월령에 뿌리를 내렸느냐 하는 것입니다. 보자…… 진월에는 을계무가 있지요? 그중에서 천간의 용신인 계수가 뿌리를 내릴 곳이라고는 계수밖에 더 있겠어요? 계수는 을 9, 계3, 무18 중에서 3에 해당하니까 정말 눈곱만큼 월을 얻었군요. 보통 월지에서 얻는 비율로 본다면 부족하지만 그래도 얻지 못한 것보다는 나은 셈이지요. 다만 좀 약하게 얻었습니다.

이렇게 약한 계수지만 그래도 뿌리가 있다는 것을 유념하고 다음으로 넘어갑니다. 이제 다른 곳에는 뿌리를 얻을 만한 곳이 있는지 살펴보겠습니다. 우선 계유라고 하는 간지에서 지지에 엄청 좋은 뿌리를 얻었군요. 이것은 자랑할 만한 경사로군요.

인성이 지지에서 천간을 生해주는 형상은 마치 옹달샘에서 아래에 물구멍이 있어서 맑은 물이 퐁퐁퐁 솟구쳐 나오는 형상입니다. 매우 좋은 징조로군요. 참고로 일지에서 직통으로 生해주는 간지는 뭐가 있을까요? 한번 생각해봅시다.

일지가 인성으로 生해주는 경우

갑자, 을해. 병인. 정묘, 무오, 기사

경진, 경술, 신축, 신미, 임신. 계유

이상의 열두 가지입니다.

이 열두 가지의 특성은 60개 간지 중에서 특수한 상황이라고 하겠군요. 그러니까 나머지들도 모두 자신만의 특수한 상황이 있게 마련입니다.

이렇게 각각의 간지를 궁리하다 보면, 상당히 많은 것을 알게 됩니다. 각각의 간지가 서로 자신만의 특수한 상황을 그리고 있거든요. 낭월이의 사주에 있는 간지를 각기 한번 살펴봅니다.

우선 년지가 정유로군요. 옛날에는 정유를 일러서 촛불이라고 했습니다. 유금은 촛대고, 정화는 촛불이니, 그야말로 형상이 촛불을 닮았군요. 그래서 촛불이라고 하더군요.

예전에 어느 무당 할머니가 사주를 봐준다기에 그러라고 했더니, 몇 살이냐고 묻는 겁니다. 그래서 정유생이라고 답을 했걸랑요. 그랬더니 하는 말씀이

"정유생이면 촛불이라…… 정성을 많이 들여야 할 팔자로구먼. 중이 잘 되었구랴."

이러는 겁니다. 그래서 속으로 그랬지요.

'아니 그럼 정유생(57년생)들은 모두 절에 가서 중이 되면 좋겠구나. 원~ 말도 되지 않는 점을 치는구만. 쳇.'

근데 사실은 세월이 지나고 나서 생각을 해보니까, 그 말씀이 전혀 엉터리가 아니라는 생각이 들었습니다.

우리가 아는 점술 중에는 파자점이란 것이 있습니다. 이것은 글자를 분해(分解)해서 풀이하는 방법입니다. 같은 글자라도 누가 묻느냐에 따라서 해석이 달라지는 신기한 점술이지요. 같은 간지를 두고서도 달리 해석하는 것을 보면서 그런 생각도 해봅니다. 예를 들면, 같은 정유생이라고 하더라도 낭월이에게 말한 것과 달리

"정유생이면 촛불이구만. 자네 조상이 공을 많이 들여서 태어났구만, 그러니까 돈도 많이 벌고 각시도 잘 만나서 잘 살게 될 거야."

이렇게 다른 해석을 했을 가능성이 있다는 겁니다. 만약에 이때 낭월이 토를 달고 나서서 이렇게 말을 했다고 합시다.

"아니, 이 엉터리 할무니야? 그래 내게는 정유생인디 중이 잘 되었다고 해놓고, 그 녀석에게는 돈도 많이 벌고 잘 살겠다고 말을 하다니 어떻게 똑같은 사주를 갖고 엉터리로 말을 할 수가 있단 말이야? 순 돌파리 같은 할머니라구."

이렇게 거품을 물고 따졌다면 할머니는 뭐라고 하실까요?

다음으로 월지는 갑진입니다. 갑진하면 특별히 떠오르는 것이 있습니다. 바로 백호살이라는 영역에 있던 간지입니다. 아주 기분 나쁜 간지에 속하는군요. 어쨌거나 이 경우에 갑목은 진토의 습기있는 토양에 뿌리를 내리고 있는 갑목이니 木의 입장에서는 좋다고 하겠군요.

천간에서 지지를 극하는 것은 좋은 징조라고 했습니다. 이치에 맞다는 거지요. 상극하(上剋下) 하는 것은 자연의 법칙이라고 하는 말이 있으니까요. 사실 갑자의 갑목보다는 갑진의 갑목이 더욱 편안해 보입니다. 진토는 습기를 갖고 있는 土이기 때문인가 봅니다.

다음은 기미로군요. 기미란 것은 위도 아래도 土로군요. 그야말로 깡토입니다. 온통 흙덩어리뿐이니 뭐 달리 볼 것도 없군요. 다만 기토 중에서는

가장 강한 土라는 말을 하겠습니다. 미토의 특성상 木生火, 火生土해서 천간을 生해주는 형상을 띠고 있으니 상당히 굳은 土라고 하겠습니다.

이렇게 각자의 간지를 살펴봅니다. 일간만 중요하다면서 뭐 다른 것까지 살펴보냐고 생각하실 분은 없으실는지 모르겠네요. 그러한 분은 이렇게 이해를 하세요. 지금은 년주나 월주지만, 이것은 또 다른 사주에서는 일주가 될 것이라고요.

결론은 계수가 시지에 유금을 얻었기 때문에 약하지 않다는 말입니다. 그래서 용신으로 삼기에 하자가 없다는 것이지요. 다음으로 중요한 희신으로는 유금을 임명해야 할까 봅니다. 유금은 계수가 가장 두려워하는 土를 설해서 생조해주는 이중의 역할을 하고 있습니다.

그렇다면 품질은 무난한 셈인가요? 아무래도 유금이 월지를 장악한 것보다는 약하지요. 그래도 중간 정도는 된다고 봅니다. 만약에 계수를 용할 상황에서 유금이 월지에 박혀 있었다면 아마도 상격이라고 했을 겁니다. 이 경우에 격이 떨어지는 것은 계수가 월에 너무 박하게 뿌리를 얻었기 때문이지요. 오로지 시지의 유금에게 모든 것을 의지하고 있다 보니 결국 계수와 월의 사이는 별로라고 봐야겠군요. 월은 그야말로 기신이로군요. 이런 격을 가용신(假用神)이라고 합니다.

즉 월에 없는 용신을 다른 곳에서 정했다는 말이지요. 그럼 진용신은 뭐겠어요? 그야 월에 용신이 있는 경우에 진용신이라고 하면 되겠습니다. 진가(眞假)의 저울질은 어떨까요? 그야 당연히 진용신이 한 단계 위지요. 가용신은 시달림이 많다고 봅니다.

아마도 낭월이 그렇게 월지가 중요하다는 이야기를 한 것에 대해서 이정도면 감이 잡히실는지 모르겠군요. 정말 월지는 명리학에 있어서 일간과 더불어 매우 중요한 위치를 차지하고 있습니다. 공부를 하면 할수록 월지의 상황에 매우 민감하게 신경이 쓰입니다. 당령을 했느냐 하지 않았느냐 하는 문제는 상당히 많은 함수를 갖고 있지요. 이 경우에는 당령을 했을까요? 당령이 뭔지 또 질문을 하신다면 그 설명을 드려야겠지요?

당령이란 현재의 실세를 말합니다. 같은 월지의 지장간이지만 초기에는 을목이 당령이고(약 9일간) 말기에는 무토가 당령입니다(약 18일간). 그 중간에는 계수가 당령을 하지요(약 3일간). 그러니까 청명이 들고서부터 약 12일 정도가 되면 무토가 당령을 하게 되는군요. 이제 아시겠지요? 이것이 바로 당령입니다.

이 사주는 대운수가 4로군요. 4(대운수)×3(나누기 3하니까) 하면 날짜가 나오게 됩니다. 즉 12일이 정답이로군요. 이 사주는 12일 만에 태어났다고 봅니다. 그러면 계수와 무토가 세대교체를 하는 와중에 태어났다고 봐야겠군요. 물론 무토가 강하지요. 교체를 할 무렵에 걸린 사주는 대개가 새로운 임명자가 힘을 많이 갖고 있다고 판단하시면 타당합니다. 항상 떠오르는 태양은 그 힘이 강한 법이거든요.

여기서 주의해야 할 점이 하나 있습니다. 뭔고 하니, 위와 같은 공식으로 계산을 했다고 해서, 모든 사주가 이와 같이 된다고 생각하면 곤란합니다. 즉 음남이나 양녀는 이렇게 되겠습니다만, 반대로 양남이나 음녀는 또 이와는 다르게 생각을 해야합니다. 자세한 것은 대운을 이야기한 곳에서 분명하게 해두시기 바랍니다.

이 사주의 용신은 운이 도와주면 자신의 앞기림은 거우 할 만하다는 결론을 맺습니다. 이 정도에서 품질에 대한 검사를 줄이겠습니다. 이어지는 명리종합에서는 궁리했던 여러 문제들을 응용해서 대입시켜 보겠습니다.

우유부단한 성격

용신을 찾기 위해서는 이처럼 여러 가지를 생각해야 합니다. 뭔가 실마리를 드려보려고 수선을 피웠지만…… 아무리 간단하게 말씀드려도 쉽게 풀리는 문제는 아닙니다.

아무튼 이 정도 했으니까 격국의 형상에 대한 상황은 이해가 되었다고 생각합니다. 그럼 다음 단계로 넘어갑니다.

이른바 육친의 대입이지요. 그중에서 제일 먼저 성격에 대한 연구를 해 봅시다. 이 사람의 성격은 어떤 특성을 갖게 될까. 이는 조심스럽지만, 항상 흥미를 유발시킵니다.

우선 기미의 성격은 어떨까요? 한마디로 정의 한다는 것이 조심스럽긴 하지만 우선 기토의 특성은 있겠지요? 기토는 정인의 성품이 있습니다. 물렁하고 결단력이 없네요. 맺고 끊음이 없다고 물에 물을 탄 것과 같다고 합니다. 포용력은 어느 정도 있겠군요. 그래서 항상 뒷전으로 밀리지요. 정면에 나서서 이리저리 콩인지 팥인지 분류를 하는 것 보다는, 뒷전에서 관망하고 살피고 하는 그런 행동을 취하게 됩니다.

그렇지만 속은 어떨까요? 여기서 속이라고 하는 것은 미토의 장간을 말합니다. 미토 속에는 정을기가 들어 있군요. 정화는 편인에 해당하고, 을목은 편관에 해당하며 기토는 비견에 해당합니다.

그럼 장(藏)되어 있는 육친의 특성을 살펴봅니다.

편인 : 고독이 그 본색입니다. 편인의 성격을 띠는 사람은 고독을 좋아한다네요. 고독의 성분으로 인해서 혼자 생각하고 명상하고 때로는 회의에 젖기도 합니다. 정인과 대치되는 부분도 있지요. 즉 정인은 대가를 바라지 않는 희생이라고 한다면 편인은 자신이 베푸는 희생에 대해서 대가가 있어야 한다고 생각합니다. 그런데 여기서는 기본이 정인(기토일간)이므로 편인의 특성이 많이 감소된다고 봅니다.

편관 : 편관의 특성이라면 우선 억압입니다. 억압 중에서도 강제적인 억압이로군요. 그럼 상대적으로 정관은 합리적인 억압이 되겠고요. 독선적인 면도 있습니다. 자신에게 엄한 사람은 남에게도 엄한 모양이지요? 어쨌든 이 편관으로 인해서 내성적인 성격이 되는 데 많은 영향을 받지 않았나 생각해봅니다. 어느 정도의 인내심을 갖는 것도 편관입니다. 즉 책임감을 나타내는 거지요. 편관이 많은 사람은 대부분 밤을 새워서라도 자신의 일을 마무리합니다.

비견 : 비견은 한마디로 주체성이라고 하겠습니다. 주체성으로 인해 고집이 기생하지요. 비견이 일지에 있는 사람은 자신의 주장을 쉽사리 굽히지 않습니다. 뭔가 도저히 굽히지 않으면 안 될 상황이 생기기 전까지는 견해를 고집하지요.

이러한 일지의 특성이 가미된다면 이 기미일주라는 특성은 외유내강이라고 하겠군요. 그래서 보기보다는 고집이 세다는 말을 듣기도 합니다. 이또한 팔자소관이라고 해야겠군요.
기미일주의 소유자는 겉으로는 부드럽고 속으로는 냉정하다는 말도 할 수 있겠군요. 편인이나 편관 또는 비견은 다정한 것과는 거리가 멀거든요. 이런 성격의 특성을 기본으로 합니다.

그럼 같은 일지 비견인 기축일주는 어떨까요? 기미일주도 아시다시피 일지에 비견이 있는 기토니 비슷할 거라고 생각할 수 있겠군요. 우선 축토를 해부해봐야 알겠습니다. 축 중에는 계신기(癸辛己)가 있군요. 육친별로 어떻게 해당되는가 보지요.

기축일주 : 계수=편재, 신금=식신, 기토=비견

기미일축 : 정화=편인, 을목=편관, 기토=비견

상당히 색깔이 다릅니다. 겉으로 봐서는 비슷하지만 이렇게 속을 들여다보면 형상이 사뭇 다릅니다. 이것이 바로 지장간(支藏干)을 공부해야 하는 이유지요. 정말 지장간을 공부하지 않고는 도저히 알 수가 없는 소식이로군요.

만약에 이러한 방법으로 육십 간지를 모두 성격 분해한다면 성격의 구조를 이해하는 데 상당히 가까워질 것입니다. 대만에서는 벌써 이러한 시도를 한 분이 계시는데요. 나중에 낭월이 좀 더 연구를 해서 기회가 온다면 공개할 생각입니다. 물론 국내에도 이를 약간 연구한 책이 있지만, 아직은 깊은 단계가 아니기 때문에 소개하지는 않겠습니다.

어쨌든 이 작업을 하기는 해야 합니다. 혹 낭월이 뭔가 확고한 정리가 이뤄진다면 필히 지면을 통해서 공개할 것을 약속드립니다. 물론 벗님들께서도 항상 깨어 있는 눈으로 살펴보시기 바랍니다. 뭔가 기가 막힌 힌트를 얻으신다면 반드시 공개를 해주세요. 학문은 공유할 적에 그 가치가 높아지는 것이니까요.

각설하고요. 다음은 일간과 합이 된 글자가 있나 봅니다. 사실 합이란 끌린다는 뜻이 있거든요. 그래서 일지를 보고는 다음으로 일간과 합되어 있는 것이 있는지 봅니다. 갑기합이 있군요. 그렇다면 갑기합의 특성이 성격에 들어 있는 것입니다. 갑기합은 중정지합(中正之合)이라고 했습니다. 그렇다면 중정심, 즉 치우치지 않은 성격이 있겠군요. 사실 가능하면 중립적인 입장에서 사물을 관찰하려고 많은 애를 쓰는 것도 바로 이 갑기의 합으로 인한 소산인지도 모르겠군요.

여기서 매우 중요한 사실을 발견하게 됩니다. 바로 합이라는 것이 용신과 합이냐 기신과 합이냐 하는 문제입니다. 용신과의 합이라면 당연히 관심과 현실이 서로 일치하니까 아무 상관이 없습니다만, 이 사주에서처럼 용신은 편재인데 일간은 정관과 합이 되어 있다면 매우 좋지 않은 징조로 봅니다. 용신은 사회성이라고 했는데 서로 위배되는 마음을 갖고 있다면 당연히 좋을 리가 없지요.

가령 형상으로는 장사를 해서 돈을 벌어야 하는 팔자인데 정관이 합되어 있어 체면 때문에 시장에서 "골라골라"를 하지 못한다면 어떻게 되겠어요? 무능한 인간이라는 소리를 들을 수밖에 없습니다.

정관의 성분이 바로 남의 눈을 의식하는 겁니다. 남이야 어떻게 되든 돈만 벌면 된다는 생각을 해야 장사를 합니다. 근데 거짓말도 못하고 꼬장꼬장하게 사온 값의 20퍼센트만 정직하게 받아서는 부자가 되긴 글렀지요. 사람을 봐가면서 때로는 100퍼센트도 붙이고, 때로는 본전 (믿을 수 없는 말이기는 하지만…… 하하) 에라도 팔아야 합니다. 이것이 바로 장사를 잘하는 거지요. 그런데 정관이 있는 사람은 이렇게 못합니다.

사실 낭월이도 팔자 구조로 봐서는 식신생재니까 장사를 하라고 말을 하게 됩니다. 흔히 우리는 직업을 묻는 사람에게 그렇게 답을 해주잖아요?

재성이 용신인데 장사를 하라고 하지 뭘 하라고 하겠어요? 이것이 일상적인 직업에 대한 이야기지요.

이처럼 정관이 일간과 합이 되어 있는 사람에게 체면이 밥 먹여주느냐고 목소리를 높여 봐도 전혀 도움이 되질 않습니다. 팔자심리(八字心理)를 알고 나면 정말 그렇게 말할 수가 없지요.

또 낭월이 이야기 좀 하겠습니다. 이렇게 미주알고주알 이야기를 하는 것은 결코 자랑하려고 하는 게 아닙니다. 읽어보시면 알겠지만, 정말 자랑을 할 만한 것은 아무 것도 없네요. 그저 명리를 연구하면서 느낀 그대로를 말씀드리는 겁니다.

처자식을 데리고 절에서 살 수 없다는 신념 (이게 바로 정관성분인가 봅니다) 으로 인해서 이곳저곳을 헤매고 있을 와중입니다. 머리는 장발에 평범한 삶을 갈구했지요.

기사년에 상당히 경제적으로 어려움을 겪었습니다. 그래서 궁리하고 궁리한 끝에 수원 부근의 부곡이라는 곳으로 이사를 했고, 시내를 돌아다니다가 벽보를 읽게 되었습니다. 사람을 모집한다는 내용이었는데, 장소가 한국민속촌이라서 취직을 했습니다.

부곡에서 지하철을 타고 수원에 나와서 다시 민속촌으로 가는 버스를 타고 왕복하는데 약 1,500원 정도의 경비가 들었습니다. 일당은 9천원이더군요. 그러니까 원가를 제하고는 순이익이 7천원 정도 되는 겁니다. 그래서 두어 달 다녀보다가는 집어치우고 다른 궁리를 하게 되었습니다. 이른바 좌판을 벌리자는 거지요.

실력이야 거짓말을 하지 않을 정도는 되니까 어디 유원지에 가서 자리를 잡아야겠다고 생각하고는 서류가방을 하나 샀습니다. "배운 게 도둑질"이라고 천상 사주쟁이나 하는 것이 가장 부가가치가 높겠다는 판단을 내린 것이지요. 가냘픈 선비가 세상에서 할 수 있는 일이라고는 별로 많지 않더군요.

아침을 먹고는 각시에게 "돈 많이 벌어오구마" 하고는 보무도 당당하게 수원의 원천유원지로 향했습니다. 그래도 지하도나 길가에서 매연을 마시면서 앉아 있을 엄두는 나지 않더군요. 가면서 계속 궁리를 했지요.

'보자…… 한 사람 보는 데 2천원만 받자. 뭐 많이만 준다면 10만원인들 못 받을까마는, 길거리에서 보는데 누가 많이 주랴. 그냥 가지 않으면 다행이지. 그렇게만 해도 열 명만 보면 2만원이 아닌가. 그럼 100명을 보면 20만원이 되고, 한 사람 보는 데 약 30분을 잡는다고 할 때 열 시간 사업을 한다면 20명은 보겠구나. 그러면 하루 4만원은 벌 수 있겠다. 그 정도면 먹고 살겠구만…….'

민속촌에 가는 것보다는 훨씬 나을 것이다. 진작에 이런 궁리를 했어야 하는데 역시 난 머리가 나빠…… 어쩌고 하면서 원천유원지로 가서 우선 한 바퀴 쓰윽 둘러봤지요. 어디에서, 누가, 어떤 장사를 하고 있는지, 동업자는 없는지 혹 이런 유원지에는 자릿세를 요구하는 깡패도 있다는데 그런 사람은 없는지…….

이리저리 궁리를 하다 보니까 정말 생각할 것이 한두 가지가 아니더군요. 아무튼 좌판을 벌이려고 야외용 돗자리를 펼친 다음, 가방을 싸악 열었는데…… 막상 사주 본다는 목록을 적은 (그것도 저녁 내내 궁리를 해서 적었는데) 종이를 펼칠 엄두가 나질 않는 겁니다.

아침에 집을 나오면서 각오를 다질 겸 각시에게 큰 소리 꽝꽝 치고 나왔는데 막상 결정적일 때 꼬랑지가 내려가더군요. 그래서 다시 책을 집어넣고 자리를 떴습니다. 하하. 결국 이것이 바로 정관과 합된 기토가 아닌가 하는 생각을 하면서 거리를 헤매고 다니다가 해가 빠져서야 집으로 기어들어갔지요. 집에 기어 들어가 보신 경험이 있으신지요? 그러한 경험도 인생에서 전혀 무익하지만은 않으리라고 생각되는군요. 몸이야 당당하게 걸어 들어갔지만, 마음은 이미 기어들어갔습니다. 각시는 저녁밥을 차려놓고 심란하게 앉아 있더군요.

"연지야, 내 왔다."

기어들어가는 목소리를 한껏 부풀려서 목청을 올렸습니다. 그러자 각시는 나오면서 안색을 살피더군요. 그래서 또 연극을 했지요.

"원천유원지에 가보니까 안 있나, 사주보는 사람이 억수로 많더래이~ 그래서 앉을 수가 없더라 아이가. 에이 정말 꼭 한번 해보려고 했는데 더러워서…… 투덜투덜……."

이 말을 듣고 있던 각시는 빙그레 웃으면서 밥이나 먹으라고 하더군요. 아마 '안 그래도 다 안다 이 녀석아. 니 주제에 무신 좌판을 벌여?' 하는 듯이 낭월이의 속마음을 읽었을 겁니다.

그렇지만 정말 착한 각시는 내색도 하지 않고 모른 척했겠지요. 하하.

정말 가장 힘들던 시절이 아니었나 싶군요. 또 실업자가 되어서 그 북통만한 방에서 시간을 보내는 수밖에 더 없었지요. 이 무렵에 늙으신 어머니께서 얼마나 심려가 되셨으면 식모 노릇까지 해서 누룽지를 얻어 오셨습니다. 저는 그것을 일주일 정도 삶아서 먹었습니다. 정말 지지리도 못난 놈이지요?(이것도 무슨 자랑이라고… 흐흐~)

낭월이 이렇게 너절하게 궁상을 떠는 이유는요. 바로 용신이 극을 받으니까 정말 세상에서 할 일이 없더라는 경험을 나누기 위해서 입니다. 각시 자랑을 하는 것도 아니고요. 더더구나 낭월이 무슨 고결한 사람이라는 광고는 더더욱 아니지요. 이러한 생생한 경험을 들려드림으로써 용신과 사회성의 함수관계를 파악하실 때 참고하셨으면 좋겠습니다.

즉 우유부단한 성격의 소유자입니다. 합이 많으면 강인함이 없다고 하는데 아마 그런 모양입니다. 이 사주는 천간에 갑기합, 지지에는 진유합, 이렇게 합이 버티고 있군요. 이러한 것들이 성격 형성에 영향을 미치겠군요.

『적천수』에 따르면 "합유의불의 합다불위기(合有宜不宜 合多不爲奇)"라고 했는데, 아마도 합이 많으면 좋을 리가 없다는 뜻으로 해석이 되는군요. 즉 합은 정(情)이라는 말입니다. 사람이 합이 많으면 정이 많다고 합니다. 반대로 합이 없으면 정이 없다는 말도 되겠군요.

또 합 대신에 충이 많다면 포악한 사람이 될라나요? 기본 이론상으로는 그렇게 되는군요. 그런데 포악하다는 말보다는 한(恨)이 많은 사람일 듯해요. 충이 많은 사람은 오나가나 부대끼니까 뭔가 한이 많을 것 같지 않으세요? 아마도 그럴 거라는 생각이 듭니다.

직업은 궁리하는 일

이제 직업을 살펴봐야겠군요. 직업은 용신과 직결됩니다. 따라서 용신의 형상에 따라서 직업을 궁리하게 되겠지요.

그런데 사주를 감정하다 보면 종종 자신의 선호도는 팔자 형상에 의해서 결정한다는 점을 많이 느끼게 되더군요. 그래서 용신과는 관계없이 팔자의 형상에 따라서 자신의 직업을 선택한다고 해야 옳은 답이 나올 것입니다.

그렇지 않다면 용신은 불변인데 직업은 어째서 수시로 변할까요? 이러한 답을 구하다 보니까 틀림없이 그 사람이 선호하는 직업은 팔자의 형상을 따르더라는 것입니다. 우리 벗님들도 이러한 것에 초점을 맞추시고 관찰을 해보시기 바랍니다.

이 경우에는 어떠한 형상을 갖고 있을까요? 일단 우리가 생각할 수 있는 한도까지만 궁리 해보겠습니다.

기토일간 = 거친 직종은 어울리지 않는다.
기미일주 = 자신의 고집이 통하는 직종을 선호한다.
갑기합토 = 정관합이 있으니 고정된 틀이 있는 것이 좋다.
유금식신 = 식신은 궁구하는 성분이다.
계수편재 = 편재는 공간개념과 심상을 구체화시켜서 나타내는 것에 매
　　　　　　력을 느낀다.

년간편인 = 가끔은 혼자 고독을 느끼는 것도 좋다.

진유합금 = 특별히 떠오르는 것이 없군요.

대강 이 정도로 해서 사주의 분위기를 살펴봅니다. 그렇게 해서 얻은 답은 어떻게 나올까요?

조용하면서 주관대로 살고, 일종의 고정된 법칙이 있는 것이 좋고, 궁리를 하는 것이어야 하고, 뭔가 눈에 보이지 않는 것을 구체화시키는 것이면 더욱 좋고, 가끔은 혼자인 것이 즐겁고, 뭔가 그러한 형상이로군요.

이러한 자료를 바탕으로 직업에 대입시켜봅니다. 초장의 운은 버렸기 때문에 가방끈이 짧습니다. 행정직과 교육계에 종사하기는 애초에 글렀군요.

장사를 하려면 계산이 빨라야 합니다. 이러한 것에는 정재가 있으면 제격이지요. 그런데 정재가 없으니 가망이 없군요. 다음은 직장에 몸을 담는 것이 어떨까 생각해봅니다. 직장은 시키는 대로만 하면 되니까요. 근데 이 사주는 "자신의 주관대로"라고 하는 비견 성분이 강합니다. 그러므로 평생 남의 지시만 따르는 것에는 매력을 못 느끼겠군요.

육체노동은 어떨까요? 나가고 싶으면 나가고 쉬고 싶으면 쉬는 일 말입니다. 천성적으로 육체노동에 적응하지 못하는 것은 그 가운데에서는 궁리를 할 재료가 없기 때문입니다. 공간적인 개념을 구체화시키는 일은 없고, 항상 물질에서 물질로 마무리하는 작업에 이내 싫증을 내고 말 테니까요.

천상 자유업이로군요. 자유업이라고 하면 참 가능성이 많군요. 우선 궁리를 하는 것 중에서 자유업에 종사할 수 있는 직종을 찾아보니 그렇게 많지가 않습니다. 달리 말하면 프리랜서라고 하던가요? 직업이 뭐냐고 물으면 그렇게 멋지게 말하는 경우가 많더군요. 알고 봤더니 자유업이라고요. 하하.

이제 본론에 초점을 맞춰봅니다. 중 노릇은 적성에 맞는지를 한번 생각해보지요. 종교인이라는 것은 어느 정도 권위가 있습니다. 그러면 정관이 합된 성분에 부합이 되는군요. 그리고 어느 정도 추상성이 있어야 매력을 느낍니다. 그러고 보면 헌신과 봉사가 주된 가르침인 기독교는 아니로군요. 물론 이것은 낭월이 아는 한도 내에서의 견해입니다. 실제로 기독교에서도 추상적인 개념이 있을는지도 모르니까요.

불교에는 선(禪)이라고 하는 기가 막힌 추상성이 있습니다. 이것은 언제나 온몸의 세포를 되살아나게 하거든요.

"이것도 아니다 저것도 아니다." 그럼 뭐냐?? 하~~

이 말을 듣고 처음에는 숨이 막히는 줄 알았습니다. '이렇게 멋진 말이 있다니…… 정말 한바탕 물고 늘어질 만한 가치가 충분해'라는 생각이 들었지요. 그렇지만 역시 제 눈에 안경이겠지요. 이 이야기를 읽으시는 분들 중에는 사상누각이라고 하실 분도 계실 겁니다. 그래서 만사는 제 눈에 비친대로 본다는 거겠지요.

그럼 왜 하필 불교냐? 명상을 한다고 해도 얼마든지 많고, 또 다른 데서도 그러한 것을 찾을 수가 있을 텐데 말입니다. 그 점에서는 용신에 대한 말씀을 드리고 싶군요.

용신이 金水 쪽이면 불교에 매력을 느낀다고 합니다. 아참! 여기에서 오행에 따른 종교를 한번 나열해볼까요? 우선 낭월이 알고 있는 종교들에 한해서 한번 정리를 해보겠습니다.

木의 종교 = 인(仁)의 성분으로 공자님의 유교(儒敎)가 대표적

火의 종교 = 예(禮)의 성분으로 봉사와 헌신을 주제로 하는 기독교가 대표적

土의 종교 = 신(信)의 성분으로 토속적 민속신앙

金의 종교 = 의(義)에 해당하며 생사의 문제에 관한 불교가 대표적

水의 종교 = 지(智)의 성분으로 정신수련을 하여 지혜를 기르는 것이 목
적이므로 선도(仙道)가 대표적

대략 이렇게 나눠봅니다. 간단하게 말씀을 드렸습니다만, 좀 더 구체적으로 불교에 대해서만 생각해보겠습니다.

오행으로 金은 서쪽을 나타냅니다. 근데 불교에서는 죽고 나서 가고 싶은 곳의 우선순위가 서쪽입니다. 즉 서쪽에 있는 극락세계(極樂世界)라고 하는 곳이지요. 그런데 왜 하필이면 서쪽이 있는 것일까요? 드넓은 우주에 동서남북이 어디 있겠어요? 아마도 이것은 상징성일 겁니다. 정말 이상하게도 말이 되는군요.

불교와 도교는 분위기가 잘 통하는 편입니다. 도교라고 해서 어떨지 모르겠습니다만, 주술적인 면에서도 불교의 경전에 나타나 있는 것과 닮은 곳이 있고요. 스스로를 개발해서 완전한 인격체가 되도록 목적을 삼는 것도 닮았군요. 그리고 오행으로 金水는 서로 잘 통합니다.

반대로 木火와는 잘 통하지 않는군요. 유교나 기독교와는 의견 상충이 왕왕 있습니다. 이러한 것을 오행가의 눈으로 바라보는 것입니다. 낭월이 오행가의 눈으로 바라다봐야지, 만약에 불도의 눈으로 바라다본다면 필시 한바탕 시끄러워질 겁니다. 서로 자신의 신앙이 우세히다고 하는 말이 전개된다면 정말 시끄럽게 되니까요. 하하.

이러한 연유로 해서 불교는 金기운이라고 말을 합니다. 이렇게 말씀 드리면 갑자기 고민이 생기신 분도 계실는지 모르겠군요. "난 金이 용신이지만 기독교인인디…… 우짜지?" 하고 말이지요. 그러나 전혀 걱정하지 마세

요. 이 이야기는 제가 스스로의 사주를 궁리하면서 느낀 것이고요. 또 벗님은 자신의 구조가 있을 겁니다. 사실 종교는 아주 오랜 옛날부터 어떤 인연이 있었을 걸로 생각합니다. 그러니 아무리 팔자가 전생의 거울이라고 하더라도 완전히 전생 그 자체는 아니니까요, 너무 마음에 두지 마시기 바랍니다.

이렇게 해서 낭월이는 중 노릇을 하는 것이 팔자와 흡사하다고 하는 생각을 해봅니다. 그러면서도 오리지날이 못 되고 가리지날(?)이 된 것은 이미 전에 말씀을 드렸듯이 교리에서는 결혼을 하지 말라고 했는데 팔자에 각시가 있으니 할 수 없이 돌팔이 땡초가 되고 만 것이지요. 만약에 시상(時上)에 일점 편재만 없었더라면 아마 오리지날 청정 수도승이 되었을지도 모르겠네요. 그랬더라면 종교인으로서는 한 단계 높은 지위에 올라가겠지요. 이것도 팔자인가 봅니다.

그래서 카운셀러의 자리를 지키고 깊은 산속에서 학을 벗 삼아 솔잎을 먹고 물을 마시며 신선처럼 사는, 멋진 수도승이 되는 것은 먼 훗날의 꿈으로나 간직하고 있습니다. 하하.

구경오세요, 십간 양품점

이번에는 열 가지의 육친 성분들이 장사를 하는 방법에 대해서 궁리를 해보겠습니다. 비록 낭월의 사주를 이야기지만 그 목적은 명리학을 보다 깊이 이해하고자 하는 것에 있습니다. 기본적인 출발은 육친의 암시에 따라서 해석을 합니다.

그렇지만 어디 세상을 사는 것이 그렇게 간단한가요? 항상 뜻대로 되는 것보다는 뜻대로 되지 않는 것이 더욱 많지요. 관료의 팔자이면서도 막노동으로 연명을 하기도 하고, 학자의 사주이면서도 때로는 장사를 해야 하는 경우도 있습니다. 언제나 직업은 유동적이지요. 그러나 부모, 형제 또는 처자는 수시로 변할 수 없습니다. 언제나 고정되어 있지요. 반면 직업은 상황에 따라서 언제라도 바뀔 수 있습니다. 이 점이 다른 육친과 다른 점이로군요.

이제 그 각각의 육친, 혹은 십성(十星)들이 어떻게 장사를 하는지 살펴봅시다. 아마 똑같은 장사를 하더라도 그 판매 방식은 다르겠지요? 혹 감이 잡히시는 벗님은 미리 대상이라도 궁리를 해보세요. 그런 다음 낭월이의 이야기와 어떤 차이가 있는지 대조를 해보시는 것도 좋겠군요.

이 요령은 육친의 기본 성격을 이해하는 연장선상이라고 이해하시면 좋겠습니다. 그러니까 각각의 성격으로 장사에 임하는 겁니다.

"육친들이 옷 장사를 시작했습니다."

이렇게 한번 간판을 달아봅니다. 뭔가 공통적인 제목으로 각각의 육친들이 하는 짓거리를 봐야 공감이 되지 않겠어요? 그들이 장사를 시작했습니다. 과연 누가 제일 잘 팔까요?

정인(正印) 양품점

항상 실용적인 면을 생각합니다. 겨울이라면 보온을 생각할 것이고, 여름이라면 통풍을 먼저 생각하겠지요. 이유는 간단합니다. 어머니와 같은 성분이기 때문이지요. 도매시장에 가서 옷을 고를 적에도 기능적인 면에 치중합니다.

처음에는 유행에 뒤처지지만, 하나 둘씩 단골이 생겨나게 됩니다. 정인 양품점에서 옷을 사면 포근하고 편안하다는 것을 사람들이 점차 알게 된 것이지요.

편인(偏印) 양품점

정인과 편인은 비슷합니다. 그러니까 장사를 하는 스타일도 비슷하겠군요. 그래도 뭔가 차이가 있을 겁니다. 편인은 특성이 "베풀면서 대가를 바란다"입니다. 음식으로 따진다면, 정인은 그냥 즐겁게 먹으면 되지만 편인은 이렇게 생각합니다.

'오이는 미용에 좋으니까 먹어야지.'

'상추는 소화에 좋으니까 먹어야지.'

먹는 것도 약처럼 생각하는군요. 이처럼 즐겁게 먹고 노는 것보다 건강을 생각합니다. 그야말로 즐거워서 먹는 것이 아니라 몸을 생각해서 먹는다고 해야겠군요.

이러한 스타일은 장사를 하는 곳에서도 어김없이 드러납니다. 편인이 장사를 하는 곳에는 항상 약 광고가 부착되어 있기 마련입니다. "몸에 좋은 세라믹 내의", "정력에 좋은 남성용 팬티" 등등 주로 이런 식입니다. 그러니까 보온을 한다든지 혹은 시원하게 한다는 차원이 아니라 몸에 어떻게 이로운가 하는 약리적인 분석이 따릅니다.

이러한 특성으로 인해서 요즘 그런 의상이 많습니다. 전자파를 흡수하는 의상이라든지. 뭐 참 여러 가지로군요. 편인은 이런 제품을 진열하기 좋아하는 특성이 있습니다.

비견(比肩) 양품점

비견은 돈벌이를 하는 데 상당히 서툽니다. 주욱~ 늘어놓고는 그냥 둡니다. 소가 지나가다 들여다보건, 개가 지나가다 들여다보건, 그냥 무심하게 앉아 있습니다. 손님이 골라서 사겠다고 하면 그제서야 부시시 일어나서 값을 말하고 싸주지요. 손님이 깎자고 하면 이렇게 말합니다.

"보소 아지매요, 나는 애초에 받을 것만 말합니더. 뭐 미리 많이 불러 놓고 깎아주는 짓거리는 낯간지러워서 하지 않소. 살랑교 말랑교?"

그래서 처음에는 별로 손님이 없지만 항상 변함이 없는 주인의 얼굴이 보기 좋아서 나중에는 단골도 생긴다고 합니다.

겁재(却財) 양품점

겁재…… 겁재가 장사를 해요?

참 잘하겠군요. 겁재는 원래 그 이름이 무슨 뜻인지 생각을 해보면 압니다. 겁재, 즉 재물을 빼앗는다는 뜻입니다. 이런 사람이 장사를 하면 어떻게 될까요?

겁재는 어떻게 보면 재물의 특성을 가장 잘 모르는 사람이라고도 할 수 있겠군요. 장사를 하는 요령도 좀 서툽니다. 그러다가도 자존심은 강해서 흥정을 하느라고 이랬다저랬다 하는 수다쟁이 아줌마를 보면 속이 배배 꼬이지요.

겁재는 비견처럼 노골적으로 이야기하지 않습니다. 그렇지만 얼굴은 마음의 창이라고 했는데, 말하지 않는다고 해서 드러나지 않겠어요? 이런 얼굴로 무슨 장사를 해요. 전혀 적성에 맞지 않습니다. 이런 분들은 일찌감치 장사할 생각은 그만두시는 게 유익할지도 모릅니다.

식신(食神) 양품점

식신이 하는 가게는 어떨까요? 비교적 장사도 적성에 맞다고 봅니다. 우선 심미안(審美眼)이 높습니다. 즉 안목이 있다는 거지요. 그래서 여간 까다로운 손님이라도 비위를 맞춰냅니다. 상당히 수준 높은 상품을 고르는 요령을 선천적으로 타고났거든요. 그렇기 때문에 항상 단골손님이 끊이지 않습니다. 한마디로 "꾸준하다"고 할 수 있겠습니다.

상관(傷官) 양품점

언제나 최첨단 상품을 구입하여, 경쟁적으로 장사를 합니다. 옆 가게는 어떤 상품이 들어왔는지 재빠르게 감을 잡고 있습니다. 언제나 유행에 민감합니다. 그래서 변덕이 많은 수다쟁이 아줌마들이 북적거립니다. 항상 새로운 정보를 들을 수가 있기 때문이지요. 어제 파리의 패션가에는 무슨 스타일이 등장했는지 휘언~ 합니다. 구태여 잡지를 뒤적일 필요가 없지요. 이처럼 자신만의 감각으로 장사를 하는 타고난 수완가입니다.

편재(偏財) 양품점

편재는 의상의 특징, 색감과 질감 심지어 조명까지 고려해서 전시하기 때문에 손님들을 쉽게 현혹시킵니다. 그리고 또 한 가지, 때로는 정말 싸다 싶게 팔기도 합니다. 편재라는 특성 중에는 물질을 아끼지 않는다는 것도 포함되거든요. 그러다 보니까 때로는 물건이 한물 갔다 싶으면 그냥 공짜로 나눠줍니다. 바겐세일이라는 판매형식은 아마도 상관과 편재의 합작이 아닌가 합니다.

편재라면 능히 원가 이하로 물건을 팔 가능성이 있거든요. 거기에다 상관의 앞선 감각이 가세를 한다면 정말 한판의 "떠리미잔치"가 벌어지겠군요. 편재는 장사 그 자체를 즐기고 있다고 할만도 합니다.

정재(正財) 양품점

정말 재(財)다운 재가 정재겠군요. 정재는 재물과 물질을 내 몸처럼 생각하는 사람입니다. 정재는 남들이 문을 열기 전에 문을 열고, 남들이 모두 문을 닫은 다음에도 문을 열고 손님을 기다리는 사람이겠군요. 정말 열심입니다. 사실 남의 주머니 속에서 돈을 빼내려면 이런 집념이 없으면 어렵습니다.

항상 긴장을 하고 장사에 인생의 모든 것을 걸고 있습니다. 언제나 혼신의 힘을 기울이지요. 이렇게 집중하는 사람에게는 주변의 경쟁자도 하나둘 지쳐서 나가떨어지게 마련입니다.

이렇게 천부적인 수완을 타고난 사람입니다. 정재에게는 덤비지 않는 것이 좋습니다. 특히 겁재나 비견 따위는 아예 일찌감치 손들고 항복을 하시는 게 유익합니다. 돈의 원리에 관한 한 정재를 당할 사람은 없습니다.

편관(偏官) 양품점

편관이라…… 장사를 잘할까요?

편관이 무슨 장사를 해요. 삐딱하게 서서 "넌 이거 사가야 한다"고 한다면 누가 들어올 마음이 생기기나 하겠어요? 항상 손님에게 명령하는 어투로 이야기합니다. 뭐 이런 스타일이니……하하.

편관이 하는 가게는 종종 먼지가 쌓입니다. 또한 10년 전에나 유행했음 직한 상품들이 그냥 버젓이 진열되어 있지요. 따라서 새로운 감각을 중요하게 여기는 패션업에는 참으로 어울리지 않습니다. 웬만하면 그냥 놀고 있는 것이 도와주는 거라고 각시가 말립니다. 그렇지만 책임감 하나는 똑

소리 나는 것이 편관이거든요. 그러니 죽으면 죽었지 여편네가 벌어다주는 돈으로는 도저히 목구멍에 풀칠을 못하는 겁니다.

그래서 장부의 체면을 걸고 장사 하러 나왔는데 이것도 마음대로 되지 않는군요. 손님들이 한번 와서 휘익~ 둘러보고는 그냥 나갑니다. 그냥 가는 놈을 잡고 흥정이라도 해봐야 하는 줄은 알지만 이놈에 자존심 때문에 그럴 수가 있어야지요.

어쩌다가 늙수그레한 아주머니가 물건을 들고 깎자고 하니까, 또 부화가 납니다.

"집어치우고 딴 데로 가보소. 나는 장사 안 할라요!"

이런 식이니 누가 물건을 사가겠냐는 겁니다. 그래서 편관이 흉운을 만나면 참으로 할 일이 마땅치가 않습니다. 왕년에 중령계급장 달고 일사불란하게 움직이던 부하들을 바라보면서 보람을 느끼던 시절만 그리워질 뿐이지요.

그래도 기본 일당은 오릅니다. 인성에 영향을 받는 고객들은 가끔 들려주거든요. 왠지 먼지가 쌓이고 오래된 분위기가, 추억속의 구멍가게와 같아서 어쩌다 한 번씩 들려보기 때문입니다.

인성의 영향을 받는 고객도 20퍼센트는 되니까, 먹을 양식은 모아주는 셈입니다. 천상 그 정도에 만족하는 수밖에 없지요. 그러니까 직업의 적성은 있다고 하는 거 아니겠어요? 중 노릇을 아무나 하는 게 아니듯이 장사도 아무나 한다고 되는 게 아닙니다. 오직 그 지리에는 그 일이 어울리는 사람이 있게 마련이지요.

정관(正官) 양품점

정관도 장사를 못하기는 편관이나 다를 바 없습니다. 대동소이하지요. 그래도 장사를 할 마음은 있으니 편관보다는 약간 나은 편입니다. 손님이 와서 물건을 고르면 이렇게 말합니다.

"이 물건은 면이 80퍼센트에 폴리에스테르가 20퍼센트로 가공된 여름용 외출옷입니다. 1994년 12월 13일에 대구에서 만들었고, 이 가게에는 1995년 6월 4일에 들어왔습니다. 1만 8천원에 들여왔는데, 저는 2만원을 받으려고 합니다."

이 정도로 이야기를 하면 혹 경망한 손님들은 그러지요.

"아니, 누가 물었수? 누가 물어봤냐고?"

하지만 이런 곳에도 단골은 있게 마련입니다. 바로 인성의 구조를 갖고 있는 손님들이지요. 언제 봐도 성실한 주인을 보면 마음 편하기 때문입니다. 인성들에게 식상이나 재성이 하는 가게는 너무 정신이 없습니다. 여기에 오면 편안한데, 걔네들 가게로 가보면 물건이 삼빡하고 하는 말이 그럴싸~ 해서, 사오기는 사와도 왠지 속은 듯한 기분이 들거든요. 그래서 정관은 인성들이 좋아하는 스타일입니다.

우리 벗님은 어떤 스타일로 장사를 하시겠습니까? 혹은 고객이 되신다면 어떤 가게에서 물건을 사게 될 것 같은가요? 이렇게 모든 일을 열 가지 종류로 나눠서 분석해보면 참 다양한 스타일이 있다는 것을 알게 됩니다.

지금 낭월이 열 가지의 육친 성분을 예로 들어서 말씀드렸습니다. 물론이 특성은 또 몇 번인가 전환이 되겠지요. 일지에 이런 육친이 있을 경우와 일간과 합되어 있는 이러한 육친이 있을 경우, 또는 용신이 이와 같은 육신이 될 경우에 따라서 약간의 차이가 있겠습니다만 아마도 육친들의 장사하는 스타일은 이 범주에 있을 겁니다. 가장 강한 것은 일간의 성분입니다.

전에 말씀드린 적이 있습니다. 즉 경금을 비견으로 보고 그 나머지 아홉 개의 천간을 돌려서 육친 식으로 이름을 적어보자는 겁니다. 이로 미루어 생각해 본다면 어떤 일간이 장사를 가장 잘할 것인지를 알 수가 있겠군요. 아무래도 水木 쪽이 좀 우수하겠지요? 그리고 火土 쪽은 매상이 별로일 듯합니다. 그러니까 만약에 판매망에 종사할 아가씨를 구한다면 어떤 사주를 갖고 있는 아가씨가 돈을 많이 벌어줄 것인지는 알 만하지요? 이것이 바로 적재적소(適材適所)라고 하는 것입니다. 언젠가 누가 묻더군요.

"사주를 배우면 어떤 점이 좋습니까?"

"자신이 설 자리를 알게 되겠지요."

이렇게 답변을 한 기억이 나는군요. 그렇게 자신의 적성을 알게 됩니다. 아울러서 상대방도 어디에 서 있는 것이 서로에게 가장 좋을지도 알게 되지요. 따라서 낭월이는 "전 국민의 명리화"라는 묘한 말을 하는 겁니다. 적재적소에 그 사람이 임하게 되면 결국은 나라의 국력이 막강해집니다. 편관이 장사를 못해서 식구들이 끼니를 라면으로 때우게 하지만, 이런 사람을 국방부에 집어넣으면 국가의 방패가 되어 온 국민이 편안하게 잠을 잘 수가 있지요.

혹 이런 염려가 되실지도 모르겠군요. 사람들이 모두 명리를 알게 되면 이기적인 사회가 되지 않을까 하고 말이지요. 즉 모두를 다 알고 있으니 손해가 날 일은 하지 않을 테니까요.

하지만 이런 염려는 전혀 하실 필요가 없습니다. 직원으로 뽑을 때 그 일에 어울리는 사람을 뽑을 정도의 안목이 있는 사회라면 말이지요. 마찬가지로 군인을 뽑을 때도 그곳에 어울리는 사람을 뽑게 될 테니까 말입니다.

사실 이 정도만 되어도 국가적인 시행착오를 줄일 수 있을 거라는 것이 혼자만의 생각은 아닐 것입니다.

부모무덕 처자유덕

육친을 공부한 지가 한참 되었는데, 대강이나마 기억을 하고 계신지 모르겠군요. 이 사주를 안주 삼아서 좀 더 자세하게 분석해보겠습니다. 항상 강조하지만, 이것을 바탕으로 자신의 팔자에 대입시켜보기 바랍니다.

아버지 인연 : 연월에 편재성이 없다. 고로 무덕하다.

어머니 인연 : 연간에 편인이 있는데 기신이다. 고로 무덕하다.

형제의 인연 : 재성이 용신인 경우에 기신이다. 고로 형제 덕도 없다. 다만 식신이 통관시켜주는 의미는 있으므로 흉작용은 아니다. 만약에 천간에 비견, 겁재가 있었다면 또 문제가 달라질 것이다.

각시의 인연 : 편재가 용신이니 덕이 있다고 본다.

자식의 인연 : 시에 희용신이 있으므로 에비보다는 나을 것이다. 그러나 관살이 용신이 아니므로 크게 기대 할 것은 없다.

대강 이 정도로 살펴봅니다. 그러고 보면 부모나 형제의 덕은 애초에 없는 팔자로군요. 그런 팔자를 일러서 "자수성가"할 팔자라고 합니다. 이른바 고생덩어리지요. 그래도 "자수패가"보다는 훨씬 좋은 편이군요. 어쨌든 대강 살펴본 육친을 좀 더 구체적으로 파고들어가 봅니다.

아버지의 인연

연월에 재성(정확히는 편재)이 있으면 그를 일러서 부성(父星)이라고 합니다. 즉 아버지라는 말이군요. 그럼 연월에 부성이 있나 살펴보세요. 없군요. 아니 전혀 없는 것은 아닙니다. 월지의 진중에 분명히 계수편재가 들어있네요. 이 글자를 아버지로 보고 궁리를 좀 해봅니다.

우선 주변상황에 대입을 시켜볼 때 계수는 무척 약합니다. 진월의 말기로 접어드는 시기인데다 그나마 진유합으로 인해 자물쇠가 채워진 형상이기도 하군요. 월간의 갑목은 계수에 뿌리를 내리고 흡수하는군요. 연간의 정화는 물론 갑목에게 水를 더욱 많이 흡수해다가 자신을 生해달라고 보채는군요. 더욱이 행여나 연지의 유금이 월지의 계수를 生해줄까봐 극을 하고 있습니다. 이러한 형상을 볼 때, 이 사주의 아버지는 고난(苦難)이 많을 암시가 있다고 해석을 할 수 있습니다. 뭔가 뜻대로 되는 일보다는 되지 않는 일이 더 많은 운명이군요. 항상 목이 마르겠습니다. 실제로 부친께서는 일생을 농사일을 하면서 보냈습니다. 소시적에 일본 유학의 기회가 있었다고도 합니다만, 모친의 만류로 포기하고 말았다고 하더군요. 여기서 인성이 진토를 묶어서 자유롭지 못하게 한 작용을 생각하게 합니다.

그럼, 그 어머니는 왜 자식의 앞날을 막았을까요? 유금 입장에서 천간에 있는 정화는 참으로 마음에 쓰입니다. 그 정화를 다스려줄 녀석은 자식인 계수뿐인데 그 녀석이 멀리 가려고 하니까 도저히 용납할 수가 없었던 거지요.

그러니 인성을 떠나서는 달리 생존 방법이 없었을 거라는 궁리는 타당성이 있지요. 물론 그 어머니께서 팔자공부를 하셨더라면 자신이 자식의 앞길을 가로막는 것이라고 판단을 하셨을 거고 그랬다면 부친의 운명도 달라졌을 가능성이 있었겠군요. 그렇지만 참 억지로 되지 않는 것이 운명인가 봅니다.

이러한 연유로 부친은 평생 그때 기회를 놓친 것에 대한 미련이 있으시더군요. 이로 미뤄보건대, 타인이 (자식이라도) 하려고 하는 것을 억지로 막는 것은 죄업을 만드는 일 같습니다. 그래서 요즘은 누구든지 상담을 의뢰할 때 자식의 앞길에 대해서 너무 지나친 간섭은 옳지 못하다는 것을 꼭 이야기합니다.

어머니의 인연

어머니는 연간의 정화입니다. 앉은 자리를 보면 재지(財地)로군요. 그래선지 몰라도 일평생 재물의 부족함을 한탄하시다가 돌아가셨습니다. 전반부에는 어느 금융가의 아내가 되어서 재물에 대한 고통을 모르고 사셨던 모양인데, 이 남자는 자식을 못 낳는 사람이었다는군요. 결국 이혼을 했고 혼자 살다가 느지막이 농사꾼 남편을 만났답니다. 그래서 나이 서른여섯에 이 못난 낭월이를 얻으신 셈이지요. 정말 어지간히도 늦게 초산을 하신 셈이군요.

이것은 여담입니다만, 전에 어느 학자를 만났더니 어머니가 둘이시냐고 묻는 겁니다. 어째 그러시는가 했더니 인성이 둘이라는 거지요. 즉 연간의 정화랑 일지의 정화를 말하는 거였더군요.

이어 아버지도 둘이냐고 묻는 겁니다. 어떻게 아버지가 둘이 될 수가 있어요? 그런 것을 모를 분이 아니건만 그렇게 말을 하는 것은 어머니의 남편이 둘이냐는 뜻이더군요. 그래서 모두가 그렇다고 대답했습니다. 물론 아버지가 둘이냐고 물었던 것은 당연히 월지 계수와 시간 계수를 두고서 하는 말이겠군요.

어머니도 재혼을 하셨고, 아버님도 재혼을 하셨으니 아니라고 할 수 없었습니다. 그렇다고 답을 했지요. 이것이 모든 사람에게 적용이 될지는 모릅니다만, 일단 낭월이에게는 정확하게 맞는 이야기입니다.

또 내친 김에 한 가지 더 있지요. 바로 겁재가 있으니 이복형제가 있느냐는 겁니다. 역시 그렇다고 했지요. 사실 아버님의 전 부인에게 남매가 있었거든요. 그 형님은 지금 고향을 지키고 계시고 낭월이랑도 잘 지내고 있습니다만, 겁재가 이복형제를 나타낸다는 고전적 육친론도 마냥 무시할 것은 아니더군요.

편재 위에 있어서인지는 몰라도 모친은 장사도 잘 하셨어요. 닥치는 대로 했는데, 편인이란 저의 명식에 영향이 있어서인지 몰라도 먹긴 먹는데 약처럼 먹는다는 정인과의 차이점을 생각하게 하는 약장수를 하셨거든요. (어허~ 이거 다 나온다)

이른바 돌팔이 약장수 할머니였지요. 당시에는 시골에 약방이 없어선지 몰라도 정말 장사가 잘됐던 모양입니다. 그래서 그나마 굶는 것을 면했습니다. 무슨 약이었냐고요? 그것까지는 말하지 않을 참입니다. 그냥 고통받는 사람에게 유익한 약이었습니다. 덕분에 저는 어려서 "약장사집 아들"이라는 명예롭지 못한 별명이 따라다녔지요. 참 듣기 싫었지요. 어쨌거나 그렇게 고생하시다가 낭월이 자리를 잡을 만하니까 돌아가시더군요. 아쉬운 마음이 컸지만, 그것이 운명인가 봅니다. 아직 살아계셨더라면 많이 좋아하셨을 텐데······.

각시의 인연

마지막으로 이것을 해부해보겠습니다. 배우자 인연은 매우 중요합니다. 각시를 보기 위해서는 검증을 해야 할 것이 있습니다. 간단하게 정리를 해보겠습니다.

처성(妻星)이 용신인가?
처궁(妻宮)이 용신인가?

가장 중요한 것은 두 가지 상황을 분석하는 일입니다. 크게 나눠서 처성이 희용기구한 중에서 어디에 해당하는가를 알아야겠군요. 그러기 위해서는 용신, 기신을 먼저 알아야 합니다. 이렇게 해서 원국의 판단이 결정되면 다음으로 희용기구한에 따라서 덕이 있을지 없을지 확인하게 됩니다. 이제 이 사주에 대한 상황을 대략 이해했다고 볼 적에, 처에 대한 것도 궁리를 해서 알아볼 수 있습니다.

처의 품질은 일지를 보아야 합니다. 일지는 처의 궁입니다. 그래서 처는 어떻게 생겼을까에 대한 답을 찾을 때는 여기를 파봅니다. 기미일주니까 일간이나 일지나 같은 상황이군요. 그렇다면 이 사람의 각시는 얼추 비슷할 거라는 판단이 나옵니다. 가정환경이나 교육수준 정도가 아마도 비슷하지 않겠냐는 생각을 해봅니다.

가장 중요한 것은 희용기구한 중에서 어디에 속하는가입니다. 이 경우에는 金水가 용신이라는 판단을 했으니까, 천상 기신이군요. 그러니까 각시는 나를 기준해서 나보다 못하다는 판단을 하게 됩니다. 항상 기준은 자기 자신입니다.

자신을 기준해서 희신이나 용신에 해당하면 자신보다 격이 높다고 보면 되겠군요. 이런 경우도 왕왕 있습니다. 가령 모 여대 앞에서 풀빵장수를 하던 노동자가 그 학교 출신의 낭자를 부인으로 맞이하는 경우입니다.

그 원리는 이렇게 되어 있습니다. 그러니까 자신보다 못한 각시를 데리고 사는 것도 팔자요, 자신과는 어울리지 않는 잘난 사람을 데리고 사는 것도 팔자라는 이야기입니다. 만약 이 말이 거부감이 생긴다면 그냥 그렇게 될 암시가 있다고만 말하겠습니다. 사실 모든 사람이 다 이와 같다고는 말씀을 드릴 수는 없습니다. 일단 낭월이 어디선가 읽어봤고 또 스스로 대입해본 결과 흡사하더라는 말입니다.

이제 이것이 정설로 확인이 될지는 벗님들이 또 임상하고 연구한 다음에 결정 내릴 일이군요. 낭월이는 이 정도까지만 안내하겠습니다. 더 이상은 아직 궁리할 것이 남아 있기 때문입니다. 근데 여기서 한 가지 주의를 요합니다.

이러한 이론을 제기하신 하건충이란 분은 낭월이와 반대되는 견해, 즉 일지는 협조력이고 재성은 품질이라는 말씀을 하셨지요.

그래서 처음에는 그대로 임상을 했으나, 오히려 반대가 되는 경우를 보게 되더군요. 낭월이를 놓고 봐도 그렇고요. 일단 의견을 올립니다. 혹 벗님들께서 자신의 팔자와 임상을 해보시고 하건충 선생님의 이야기가 더욱 타당하다면 언제든지 수정을 해주시기 바랍니다.

낭월이 이렇게 토를 다는 것은 이유가 있습니다. 일지에 용신인 사람은 처덕이 무지 많거든요. 실제로 이와 같은 경우를 보면, 품질만이 아니라 협조력도 포함한다는 말씀을 드려야 할 것 같아서입니다. 그렇게 될 경우에 위에 말씀드린 일지가 처의 품질이라고 했지만, 실은 그렇게 칼로 무를 자르듯이 나눠서 볼 것이 아니라 함께 잘 엮어서 봐야 하는 어떤 공식이 있을는지도 모릅니다. 궁(宮)에 대한 이야기와 성(星)에 대한 이야기는 아직 실험단계라는 말씀을 드리는 것으로 대답을 회피해야 할까 봅니다.

여기에 대한 자세한 이야기는 다음 기회에 좀 더 깊이 파볼 생각입니다. 그때 가서 하건충 선생님도 만나서 토론을 하고 낭월이도 더욱 많은 임상을 거친 후에 그 결과를 공개할 예정입니다. 죄송하지만 함께 연구하시기 바랍니다.

처의 협조력은 용신에 좌우됩니다. 이 사주에서는 처가 용신이군요. 그러면 처의 협조력이 좋다고 말을 하게 됩니다. 사실 낭월이에게 있어서 처의 협조력은 대단하거든요. 그래서 품질은 떨어지지만 협조력은 좋다는 말을 하게 됩니다.

기본은 재성이 중요하다는 말씀을 드립니다. 재성이 각시를 대변한다는 이야기는 이미 오랜 세월을 지켜온 학설입니다. 우선 재성의 동태를 잘 살피는 게 중요하군요. 궁에 따른 상황은 아직 실험단계임을 밝힙니다. 이 사주에 재성이 용신이라는 상황을 더욱 중시하자는 말씀입니다. 근데 각시가 일지에다가 뿌리를 내렸으면 좋을 것 같다는 생각이 드는군요. 일지가 각시의 집이라고 한다면 일지에 통근을 함으로써 상당히 좋을 것만 같은데, 여기서는 전혀 뿌리를 내리지 못하고 월지에만 겨우 약간의 미근(微根)을 두고 있군요. 다만 시지에 통근을 제대로 했기 때문에 다행이라고 해야겠습니다.

재성 이야기를 하니까, 여성분들은 손을 놓고 구경민 히고 게신가요? 전혀 그러실 필요 없습니다. 여기서 일지가 각시의 궁이라고 하걸랑 여성 벗님들은 월지를 남편 궁이라고 생각하시고 읽으시면 되고요. 재성을 각시라고 하걸랑 여성 벗님들은 또 관살을 남편 성이라고 바꿔서 읽으시면 됩니다. 전혀 하자 없이 서로 통하는 이야기거든요.

이 사주에서 편재가 만약에 년월에 있었다면 아버님 덕이 있었다고 할수 있을 겁니다. 다만 시간에 있으므로 이 편재는 아버지가 아니라 각시라는 판단을 하게 됩니다.

낭월이는 각시의 협조력에 만족하고 있습니다. 즉 재성이 용신이기 때문일 거라고 결론을 내렸지요. 하긴 아직 세상을 반 정도밖에 살지 못했으니 뭐라고 단정하기는 좀 이른 감도 있군요. 결론은 나중에 관뚜껑을 덮을 적에 내려야 할 테니까요. 하하.

이 정도로 배우자에 대한 이야기를 마무리할까 합니다. 또 더욱 많은 연구를 거친 다음에 더욱 가치 있고 멋진 이야기를 올리겠습니다.

빌어먹는 것이나 면할는지…

재물에 대한 이야기는 누구나 관심을 갖겠군요. 돈이 없으면 단 며칠도 살기가 어렵습니다. 하루 이틀이야 버티겠지만, 시일이 경과하면 할수록 점점 살아가는 꼴이 말이 아닙니다. 재물은 필요불가결이로군요. 그러니 어찌 재물을 소홀히 하겠어요? 사람들의 관심은 대부분 재물에 있습니다. 그럼, 낭월이 사주는 재물이 어느 정도나 될까요? 정말 빌어먹는 것이나 면할는지 궁금하군요. 어디 한 번 동태를 살펴봅시다.

재성은 그대로 재물이지요. 그런데 여자 입장에서는 다소 불쾌할 수 있습니다. 여자에게 있을 때는 그냥 재물을 나타내는데 요상하게도 남자에게 이야기 할 적에는 여자랑 재물을 함께 사용하니 여성을 재물로 취급하는 모양입니다.

물론 이것은 낭월이 만든 것이 아니고요. 이미 봉건시대부터 있어온 방법이니 어쩌겠어요? 이 문제를 해결하기 위해서 뭔가 획기적인 학설을 만들어, 사주학에서도 그야말로 명실상부한 남녀평등을 이룩하려고 궁리를 했습니다만, 유감스럽게도 아직은 묘수가 보이질 않는군요. 그렇지만 언젠가 좋은 묘책이 나오리라고 생각합니다.

어쨌든 이 사주에서 재물은 시간의 계수로군요. 그러니 재물에 대한 것을 물으려면 계수를 잡아 족쳐야 합니다.

"얌마~! 너 이실직고햐. 맞고 불래, 그냥 불래?"

이렇게 다그치면 계수의 상황이 드러납니다. 우선 월령에 재성의 뿌리가 미약하니 도리 없이 가난한 환경이로군요. 물론 이 말에는 재성이 용신이라는 것이 전제되어 있습니다. 즉 용신이 월령을 장악하지 못하고 있다는 뜻입니다.

이러한 인연으로 해서 초년 고생을 많이 했겠다는 판단을 합니다. 그 원인이 재물이 없어서 라고 할 수 있겠군요. 재성이 용신일 경우에는 기신운에 돈이 없어서 고생이겠지요.

이제 비로소 운에 대한 것을 참고해야겠군요. 왜냐면 용신이 힘을 얻느냐 마느냐는 전적으로 운에 달렸으니 말입니다. 재성에 대한 경우로 예를 들었습니다만, 만약에 관성이 용신이라면 용신운을 봐야 지위가 높을지 낮을지를 파악할 수 있겠군요. 매사가 이런 식입니다. 지금은 재물을 보니까 재물의 동향에 대해서 관찰합니다.

초운은 계묘, 임인대운이군요. 木운입니다. 희용신의 운이 아니로군요. 신축(辛丑)운이 이어지는군요. 신금(辛金)은 식신운으로 계수를 생조해주는 형상입니다만 이어서 축토가 들어오니까 결국은 별 도움이 되지 못하는 운인가 봅니다. 그래도 신금대운 중에 공부가 상당히 많이 진전이 있었습니다. 이 또한 운세의 영향도 있었을 거라는 생각이 드는군요.

이어서 경자대운인가요? 경자라면 천지가 모두 희용신에 해당하는군요. 그래선지 몰라도 겨우 경자대운이 들어와서야 남에게 아쉬운 소리를 하는 것을 면했습니다. 한마디로 먹고 사는 데는 크게 구애를 받지 않았지요. 이 말은 앞에서 용신에 대해 연구할 때 갑목을 용신이라고 했던 말이 잘못되었다는 것을 확인하는 것이기도 하군요.

올해는 자수의 대운중에 진입하고 있군요. 아마도 약간의 재물을 얻게 될지도 모른다는 생각을 해봅니다. 이런 식으로 따져 나가면 됩니다. 재물에 대한 상황판단을 해보는 요령입니다.

올해(을해년)의 운세는 어떻게 보면 좋을까요? 우선 희용신에 해당하는가를 봅니다. 음…… 을목은 별로군요. 상반부에는 바쁘기만 하고 별로 소득이 없을 거라는 판단입니다. 하반부에는 정재로군요. 그렇다면 다소 안정이 될 거라는 생각을 할 수 있겠군요. 종합하면 올해의 운세는 "선곤후평(先困後平)", 즉 먼저는 곤하고 나중은 편안하다는 정도로 설명을 하지요. 그렇다면 아마도 올해는 약간의 재미가 있으려나 봅니다.

뭐, 설령 그렇게 되지 않는다고 하더라도 그렇게 되려니 하고 믿어보지요. 희망은 항상 사람을 긍정적으로 만드니까요.

일단 재물에 대한 설명을 드리는 항목이라서 이렇게 말씀을 드립니다만, 용신운에 해당하니까 뭔가 목적한 일이 성취될 암시도 있다고 봅니다. 그 목적한 일이 뭔가 하는 것은 개인적인 일이니까 말씀드릴 필요가 없겠지만 현재까지는 매우 순조롭게 진행되고 있습니다. 그것도 순전히 남의 돈을 빌어서 하는 일이거든요. 이것을 보면서 생각합니다.

'흠, 운이 좋으니까 돈을 빌려주는 사람도 다 있구나.'

사실 예전에 그렇게 어려울 때는 단돈 50만원을 빌리려고 천릿길을 갔더니 16만원을 주면서 그게 다라고 하더군요. 정말 그때는 절망적이었지요. 그런데 올해는 수천만 원을 빌려서 일을 벌이고 있거든요. 이것을 보면서 무슨 생각을 하겠어요?

'역시 팔자의 운은 무서운 것이구나' 하는 생각을 하지 않을 수가 없군요. 우리 벗님들도 열심히 공부하셔서 정말 인간에게 주어진 운명의 이치를 제대로 깨달아보시기 바랍니다.

이것이 완전하고 큰 도(道)는 아닐지라도 적어도 이 정도만이라도 스스로 깨닫는다면 훨씬 나은 삶을 살게 될 것입니다. 미래에 대해서 불안한 마음을 갖고 사는 것보다는 안 되면 어째서 안 되는 것인지를 알게 되니 얼마나 마음이 편하겠어요? 정말 세상에서 가장 복이 많은 사람은 아무리 생각을 해봐도 다른 게 아닐 듯합니다. 그것은 바로

"마음이 편한 사람입니다."

항상 마음이 편안하시길 바라면서 이 항목을 줄이겠습니다.

어휴~ 낭월이의 이야기를 하다 보니까 너무 길게 늘어졌군요. 정말 무척이나 지루하셨을 겁니다. 그렇지만 이해해주세요. 혹시 설명이 부족해서 이해가 되지 않는 벗님이 계시다면 죄송하게 될 것 같아서 주절주절 지껄였습니다. 그렇지만 이것도 이제 다 되었네요. 남의 사주야 프라이버시도 있고, 아무래도 너무 깊은 이야기를 하기는 무리겠지요? 이제는 핵심을 위주로 설명 드리겠습니다.

2장

귀신도
알아준
좋은 팔자

일생을 외롭게 사는 인생

최태순(女命)

時	日	月	年
丙	壬	丙	壬
午	戌	午	申

58	48	38	28	18	8
庚	辛	壬	癸	甲	乙
子	丑	寅	卯	辰	巳

격국

또 다른 사주를 구경해보겠습니다. 낭월이 잘 알고 있는 사람입니다. 이 사주는 일간이 임수로군요. 임수는 바다라고도 하고 강이라고도 한다고 했습니다. 그래서 스케일이 크다고도 했습니다만 이 경우에는 어떨까요? 오월(午月), 한참 더운 계절이군요. 열기가 펄펄 나고, 천지사방에는 火기운이 넘실댑니다. 이렇게 더운 계절에 태어난 임수로군요.

그러다 보니 긴급히 해야 할 일이 있습니다. 우선 수원지를 찾아야 한다는 절체절명의 상황이 발생했군요. 급하게 水를 찾아야 합니다. 두리번두리번 급하게 둘러봤더니 년주가 다행히도 임신(壬申)이군요. 임수는 비견으로 열기를 식혀주고 신금(申金)은 임수의 수원이 되고 있군요. 다행입니다. 사주에 사화일토(四火一土)인데, 일토인 술은 이미 土가 아니군요. 그럼 뭔가요? 그렇군요. 불길로 화한지 오래되었군요. 오히려 오화(午火)라고 봐야겠습니다.

재성이 기신이로군요. 재성이 기신이라면 얼른 생각나는 것이 바로 건강에 문제가 없겠느냐는 겁니다. 건강은 바로 재성이거든요. 건강에 문제가 있다고 보는 것이 타당하겠군요. 그리고 火기운이 치성하는 것은 심장에 병이 있다고도 볼 수 있겠고, 상대적으로 木기운이 허하니까 신경계도 문제가 있을 수 있다고 봅니다.

우선 이 정도 되면 첫 느낌이 탁하다는 겁니다. 가장 중요한 용신이 월지를 놓쳤군요. 놓친 것은 고사하고 월지가 용신인 金水에게는 완전히 절지가 되는군요. 이렇게 용신이 전혀 월을 얻지 못하면 격이 아래로 떨어집니다. 느낌으로 한번 보시지요. 木이 마르고 金은 터지고 水는 증발되고⋯⋯ 그러한 느낌이 드시나요?

적어도 격국에 대한 설명치고는 매우 불량하군요. 그러한 느낌이 드는 형상입니다.

부모의 인연

년에 용신이 있군요. 그러면 부모덕이 있다고 해도 될까요? 사실 기본은 그렇습니다. 더욱 자세히 살펴봅니다.

신금은 정인으로 어머니에 해당하는군요. 어머니는 월령의 오화에게 두들겨 맞고 있습니다. 그리고 오화와 병화(西火)는 재성으로 아버지에 해당하는군요. 이렇게 부성과 모성을 비교해보면 이 집안에서의 가권(家權)은 누가 쥐고 있었을지 짐작이 되는군요. 즉 재성의 세력이 강한 걸로 봐서 아버님의 권위가 대단했을 거라는 생각입니다.

그 재성이 기신이라는 것은 말하나 마나고요. 그러다 보니 어머니는 나에게 잘하고 싶어도 아버님이 무서워서 할 수 없었다고 봐야겠군요. 결국 부모덕은 없다고 말씀을 드려야겠군요.

남편의 인연

여자에게 가장 중요한 것은 뭐니뭐니해도 남편에 대한 것이지요? 아무래도 "여자 팔자는 뒤웅박 팔자"라는데, 이러한 말이 생긴 것을 본다면 실로 남편은 중요하고도 중요합니다.

남편성은 일지의 술토로군요. 그리고 남편의 자리는 월지이니 오화가 박혀 있군요. 그럼 어떤가 봅시다. 술토인 남편성, 즉 편관은 참으로 무정하군요. 재성에 합이 되어서 온통 마음이 그곳으로 가 있다고 봐야겠군요. 약한 임수를 보호하기는커녕 오히려 말려 죽이려고 환장을 했습니다.

게다가 남편의 자리인 월지는 한술 더 떠서 아예 발을 붙이지 못하게 하고 있습니다. 이런 경우에 남편에 대한 것을 묻는다면 정말 감정을 해주는 입장에서는 뭐라고 말을 해야 할지 많은 갈등이 생깁니다.

좋다고 하려니 거짓말이 되고, 나쁘다고 하려니 듣는 사람의 마음이 아플 거라는 염려에서지요. 그렇지만 거짓말 할 수는 없습니다. 천상 입맛을 다시기만 해서는 답이 나오질 않으니…….

"흠. 사주가 참 좋군요. 오월의 물이라, 모든 사람들이 반기는 그러한 시기에 물로 태어났습니다. 때를 잘 만났다고 하지요. 만약에 겨울에 태어났더라면 겨울에 차가운 물로 뭘 하겠어요. 여름에 태어나야 뭔가 할 일이 생기는 겁니다."

여기까지는 그래도 좋지요. 이 정도로 이야기를 하는 것은 듣는 사람도 즐겁고 말하는 사람도 약간은 낯이 간지럽지만, 그래도 중생을 사랑한다는 차원에서 그냥 예쁘게 봐줄만 합니다. 문제는 그 다음이지요. 어떠세요, 이런 경우에 우리 벗님은 어떻게 멋진 말을 해주시렵니까? 아마도 실제상황에 부딪친다면 대개는 갈등을 하실 겁니다.

"이 사주는 태어나기는 잘 태어났는데, 남편이 불덩어리로군요. 즉 더운 여름에 가뭄이 한창입니다. 가물면 논도, 저수지도, 강물도 말라서 강바닥이 드러나게 됩니다. 이 사주가 바로 그런 형국이라 남편에 해당하는 土가 자꾸 약한 水를 흡수하려고 하는군요. 원래 남편은 水를 보호하려고 하는 좋은 작용을 하는데 안타깝게도 水가 너무 약하다 보니, 土가 水를 먹는 게 불만이군요. 보통은 남자의 인연이 약하다고 합니다."

이러한 경우에는 남편을 만나되 水기운을 많이 갖고 태어난 남자를 만나라고 합니다. 아마 남편의 마음에서도, 이렇게 불감증인 아내가 별로 맘에 들지 않아서 혼자 있는 게 더 좋겠다고 하지나 않을지 모르겠군요. 오히려 없는 것이 도와준다는 말이 있잖아요? 바로 그런 상황입니다.

적어도 이 정도로 이야기를 할 수 밖에 없습니다. 그나마 거짓말을 하지 않고 최대한 좋게 말한 셈이군요. 하긴 사부님은 이러한 상황의 남편을 둔 여자를 보면 으레 하시는 말씀이 "상궁팔자"였습니다.

즉 상궁이 하도 남편이 그리워서 인연을 맺기는 했지만, 상궁의 팔자다 보니 남편도 역시 그림의 떡이더라. 아무 소용이 없더라. 뭐 그런 이야긴가 봅니다.

결론은 남편 덕이 없다는 것이로군요. 남편이 있어도 없는 거나 마찬가지고요. 이렇게 오술합의 형상을 갖고는 남편 노릇하기가 참 어렵지요.

자식의 인연

"남편 덕 없는 년이 자식 복은 있을 소냐"라는 자조적인 속담이 있습니다. 놀랍게도 이 속담은 아직까지도 유효하더군요. 왜 그럴까요? 명리학자라면 이러한 속담의 연유에 대해서 한번 깊이 생각을 해봐야 하지 않을까요? 적어도 남편 또는 자식에 대한 이야기가 포함되어 있으니 말입니다.

이 사주에도 해당되는지 봅니다. 여기서 자식은 식신과 상관이로군요. 여기서는 木이 해당하겠습니다. 그럼 木의 작용을 한번 보지요. 木은 여름이니 水를 목마르게 찾겠습니다. 결국은 약한 水를 더욱 못살게 할 가망성이 많군요. 정말 놀랍습니다.

이렇게 절묘하게도 "남편 덕이 없는 년이 자식 복도 없다"는 속담을 되풀이하게 되고 마는 팔자로군요. 다행히도 팔자에는 木이 없군요. 그럼 자식도 없겠지요. 자식을 원하지도 않겠습니다. 천지사방에 자기 한 몸 추스르기도 힘겨운데 무슨 자식까지 돌볼 겨를이 있겠어요. 차라리 없는 것이 더 좋지요. 대부분 여자는 자식을 원하지만 이런 경우에는 여자도 아닐 수 있습니다.

운명을 연구하는 사람은 뭐든지 한마디로 장담을 하지 않습니다. 길고 긴 인생살이에는 정말 온갖 변수가 기다리고 있습니다.

재물의 인연

이거 뭐 정말 어지간히 재미가 없군요. 하나같이 희망적인 것은 보이지 않고 모두 암울한 암시 뿐입니다. 그렇지만 어쩌겠어요. 전생에 지은 업보가 이렇게밖에 되지를 않으니 도리 없는 일이군요.

그래도 혹시 재물의 인연이라도 좋은지 살펴보자고 희망을 줍니다. 그리고는 열심히 재성을 찾아서 희신인지 기신인지 궁리를 해야겠지요.

그렇지만 이미 재성이 병이라고 하는 결론을 내린 지 오래되었습니다. 아무리 좋게 봐주려고 해도 참 도움이 되지 않는군요. 겨우 비견의 도움으로 재성이 덤벼드는 것을 방지하는 정도이니 그나마 약한 형제들이 제일 나은 셈입니다.

이 정도라면 재물에 대한 이야기도 할 필요가 없을 것 같군요. 그렇다고 재물을 봐준다고 하면서 아무 말도 하지 않으면 곤란하니까 이 정도의 말로 얼버무립니다.

"이렇게 큰 재물창고를 갖고 태어나다니 정말 복이 많습니다. 그렇지만 지금은 재물창고를 채울 운이 아니로군요. 정말 운만 온다면 멋지게 돈을 써보겠는데, 아직은 운이 아니로군요. 조금만 기다려보세요."

그러면 또 속아볼까? 하면서 맘속에 희망을 갖겠지요. 그래서 생긴 속담이 바로 이거 아닙니까?

"혹시나 하고 속아서 살아봤더니 역시나…… 더군."

건강과 질병

건강이야 뭐 보나마나겠군요. 『적천수』에 따르면 "오행이 화목하면 일생에 병이 없고, 오행이 일그러지면 일생에 병자루라네"라는 구절이 있습니다만, 이 경우에도 그야말로 혈기가 어지럽군요.

그런데 특이한 것은 일생을 귀신과 더불어 살았다는 점입니다. 그렇다고 무당을 하고 신을 풀어서 먹고 산 것이 아니라, 그냥 귀신이 붙어서 함께 살았던 것입니다. 이런 경우는 참 흔치 않거든요. 그래서 모델로 삼았습니다. 차라리 신을 받아서 벌어먹었다든지 아니면 그냥 이기고 열심히 살았다면 별 다를 것이 없는데 말입니다.

'어째서 그런 현상이 생겼을까'에 집중해서 궁리해봤습니다. 그래서 얻어낸 결론이 이것이군요.

이 사주에서는 일간의 마음이 온통 일지로 가 있습니다. 일지에는 술중에 정화가 있어서 암합을 하고 있습니다. 암합을 하는 현상이 바로 일간의 마음을 묶어두는 작용을 한 것입니다. 즉 용신을 돌보지 않고 기신을 따르는 것입니다.

항상 귀신과 이야기를 나누면서 살았습니다. 아니 본인이 하는 말이 그렇고요. 실제로는 항상 혼자 뭔가를 중얼거리면서 지내더군요.

"으응~ 그려…… 아니지…… 그러니까…… 그래 그래."

항상 이런 식입니다. 이것 참 귀신이 참말로 붙어 있는 건지, 정말로 정신이 왔다갔다하는 건지…… 종잡을 수가 없더군요. 정말 보는 사람만 딱한 겁니다.

일설에 의하면 "여자 팔자에 오화(午火)가 많으면 무당 팔자"라는 말이 있습니다. 바로 이 경우로군요. 접신(接神)될 가망성을 갖고 있습니다. 그런데 문제는 암합을 이루면서 스스로 얽어매기 때문에 벗어나려고 하지 않는 겁니다. 얼른 벗어나서 신금(申金)을 찾아야 하는데, 마음을 정화에게 빼앗기고 있으니 뭐가 되겠어요.

이렇게 본인의 마음이 다른 곳으로 가 있으니, 형제들이 정신을 차리고 열심히 살아야 한다고 잔소리를 합니다. 그렇지만 말이 귀에 들어오지 않습니다.

가족들은 이 분을 정신병원에 수용시키기도 했습니다. 그렇지만 본인이 의사가 없으니 포기를 하는 수밖에요. 여기서 형제들이 마음을 쓰는 것은 바로 년간의 임수가 희신이기 때문입니다. 그렇게 희신이 말을 하려고 해도 본인이 받아들일 준비가 없으면 전혀 도움이 되질 못하는 모양입니다. 그러고 보면 정말 일주가 용신을 응시하고 있는지 아니면 기신을 응시하고 있는지 확인하는 것은 매우 중요한 일인가 봅니다.

아울러서 남편과 사이가 좋을 리가 없다는 것도 생각해보겠습니다. 일지는 그 사람에게 있어서 하체에 속하기도 합니다. 그래서 지지에 습기가 있으면 성적인 욕구가 적당히 아름답게 구성되어 있지요. 습기란 水기운이고, 水기운이란 바로 성욕에도 직결되니까요.

이러한 연고로 남녀 간에 지지에 습기가 너무 없으면 불감증에 걸리기 쉽습니다. 주역 식으로는 수화기제(水火旣濟)가 이뤄져야 아름답다고 합니다만 이런 경우에는 기제가 아니라 미제인 셈이군요. 미제라니까 혹 "U.S.A"를 생각하시는 벗님은 없으신가 모르겠군요. 하하.

미제(未濟)는 바로 영원한 불균형을 말합니다. 서로 사인이 맞지를 않지요. 그래서 水와 火는 서로 잘 만나서 기제(旣濟)의 공을 이뤄야만 상생의 법칙으로 생명을 영원히 이어간다고 했습니다. 너무 어려운 이야기를 했나요? 이해를 돕기 위해서 오랜만에 괘상을 하나 그려보겠습니다.

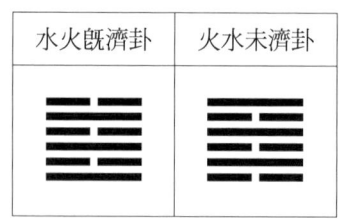

| 水火旣濟卦 | 火水未濟卦 |

어떠세요? 두 괘가 비슷하지요? 그렇게 보이는 분은 아직 관찰력이 부족하신 분이로군요. 이 괘는 상당히 다릅니다. 즉 기제괘는 위가 水이고 아래가 火로군요. 그리고 미제괘는 반대로 위가 火이고 아래가 水입니다.

그러니까 水와 火가 서로 위치가 반대로 되어 있군요. 이렇게 단순히 위치가 약간 달라졌을 뿐인데도 한 괘는 "잘 이뤄졌다. 매우 길하다"고 읽고, 또 한 괘는 "전혀 이뤄지지 않고 있다. 아직도 멀었다"고 읽습니다. 어째서 그런지 생각 좀 해보시지요.

이 기제는 위에 있는 水와 아래에 있는 火가 서로 만나는 형상입니다. 즉 水는 아래로 흐르는 본성에 의해서 자연히 아래로 향합니다. 그리고 火는 그 본성이 위로 향하는 것이니 서로 만나게 될 것은 뻔하지요. 그렇게 水와 火가 서로 끌어안고 뽀뽀를 하면 자연히 2세가 생기겠지요.

그럼 미제(未濟)를 한번 볼까요? 위가 火로군요. 그럼 火는 자꾸 위로만 올라갑니다. 水가 있어야 火를 눌러주는데 전혀 걸리는 게 없군요. 그러니 아가의 손을 떠난 수소풍선처럼 자꾸만 위로 날아갑니다. 또 한편 아래에 있던 水는 스스로의 본성에 의해서 계속 아래로만 흘러갑니다. 그러다 보니 둘은 영원히 만날 기약이 없군요. 정말 뭔 일이 생기기는 애초에 글렀습니다. 국수는 무신 국수요. 이미 물 건너 간 걸요. 하하.

이런 연고로 사주가 너무 메마르기만 한 것을 보면 기제의 형상이 없는 것으로 봅니다. 이런 팔자는 자식을 잉태하기도 어렵고 잉태를 해도 출산하기가 어렵다고 봅니다. 아니 생리조차 매우 불순할 암시가 있습니다. 여자의 팔자는 윤택(潤澤)할 것을 요구합니다. 이렇게 메말라버리면 자궁도 제대로 발육이 되질 않습니다. 그리고 당연하지만 남편의 사랑을 받기도 글렀지요. 이른바 소박데기 팔자입니다. 결혼한 첫날밤에 쫓겨날 일이 뭐 있겠어요. 그 소식이 아마도 이 소식인가 합니다. 참 딱하군요.

이 사주의 주인공은 그렇게 나쁜 암시만 갖고 살다가 그렇게 쓸쓸하게 돌아가셨습니다. 결국은 스스로의 운명을 아무도 고쳐주지 못하고 자식도 없이 남편도 없이…… 일찍이 결혼생활을 잠시 하다 이혼하고는 그렇게 귀신이랑 더불어 일생을 보냈습니다.

아마도 용신이 너무나 무력하다 보니 그냥 내면으로 침잠해서 귀신과 살았는지도 모르겠군요. 어쨌거나 참으로 불행했던 팔자였습니다. 낭월이 이런 팔자를 보여드리는 것은 또 한 가지의 뜻이 있습니다. 딴 것이 아니고요. 혹 우리 벗님들이 자신의 팔자를 보시고서 뭔가 매우 불만을 갖고 계시지나 않을까 하는 생각이 들었거든요. 그렇다면 이러한 팔자를 보시면서 마음을 고치시라는 겁니다. 이렇게 세상에 희망이 없는 팔자도 있는데 아무렴 이보다야 나을 겁니다. 뭘 갖고 장담을 하느냐고요?

그야 당연하지요. 만약에 벗님의 팔자가 이 정도에 불과하다면 이 책은 읽지 않았을 거니까요. 하하.

전쟁하는 분위기

김옥선(女命, 가명)

時	日	月	年
壬	癸	甲	丙
戌	酉	午	申

60	50	40	30	29	10
戊	己	庚	辛	壬	癸
子	丑	寅	卯	辰	巳

격국

가명이라고 했습니다. 실명을 적었다가 혹 누가 보고서 불쾌하게 여길지
도 몰라서지요. 그렇지만 이야기는 있는 그대로입니다.

우선 계수일간이로군요. 오월(午月)의 계수를 살펴봅니다. 뭐 임수나 계
수나 대동소이하겠습니다만, 오월에 태어났다면 필시 인성이 필요할 것이
라는 점은 공통적이군요.

이 사주는 월이 갑오로군요. 갑오라면 木生火의 의미가 있는 것으로 봐

서 불길이 상당히 강한 것으로 봅니다. 월을 얻지 못했으니 이제 일을 살펴 봅니다. 계유일주, 아무래도 상당한 뿌리가 되겠군요. 다음으로 세력을 살 펴봅니다. 이금일수(二金一水)니 아무래도 과반수는 되지 않는군요.

월을 얻지 못한 여건의 불리함을 생각하면 상당히 신약하다고 판단을 하 겠습니다. 신약한 계수가 의지할 것이라고는 일지의 유금이로군요. 항상 말씀드립니다만, 용신인 유금도 월에 뿌리를 얻지 못한 것은 마찬가지군 요. 그래서 용신이 고독한 형상을 띠는군요.

혹, 벗님들 중에는 이런 사주를 신강하다고 판단하시는 분은 없을지 모 르겠군요. 이렇게 간단한 기본공식을 대입시키면 신약하다는 판단이 나오 는데 종종 이렇게 신약한 사주를 보고서 신강하다고 떼를 쓰는 벗님들이 계시더군요. 어째서일까요? 참 아리송하지만 각자의 생각이 다르기 때문 입니다. 이 사주를 신강하다고 보는 견해를 들어보지요.

"우선 계수가 월을 얻지는 못했습니다. 그렇지만 일지에서 계수가 직접 생조해주기 때문에 아주 좋은 뿌리를 얻었습니다. 얼핏 보면 신약해 보이 지만 자세히 보면 서방의 금국(金局)을 이뤘습니다. 지지가 신유술(申酉戌) 로 금국이 되어 있거든요. 그리고 임수가 또 火기운을 제거해 주니까 이 사 주는 신왕한 것입니다. 년간의 병화가 신금을 극한다고 하지만 병신(丙申) 이라는 간지의 특성상 병화가 金에 올라앉아서 어떻게 극을 하겠어요? 힘 이 없는걸요.

술토는 금국이 되어 있기 때문에 火의 작전에 말려들지 않고 있으니 천 상 木火의 세력은 일목이화(一木二火)로 상대적으로 金水가 강합니다."

이 정도 의견이 나옴직도 하군요. 얼핏 들어보면 상당히 일리가 있습니다. 우선 서방금국이라는 말은 여기서는 해당이 없어 보이는군요. 만약에 신유술 중에서 하나라도 월령을 차지하고 있다면 가능한 이야기입니다만, 이렇게 중심을 적에게 넘겨준 상태에서의 금국은 정말 사상누각(砂上樓閣)에 불과하군요.

항상 월령 월령, 월지 월지 하는 이유를 잘 음미하시기 바랍니다. 이렇게 해서 금국이 아닐까 하는 의문은 무효화시킵니다. 이어서 火와 金이 대립하고 있는 형상을 잘 봐주시기 바랍니다. 이금이화(二金二火)로 서로 비등하군요. 만약에 월지(또 월지로군)를 金측 군단이 장악했다면 그런 대로 대립이 되겠습니다만, 이미 강대한 적국에서(기본적으로 봐서 화극금하니 일단 금측이 밀린다) 金의 입장은 불리하기만 합니다. 게다가 火 쪽은 갑목의 원조가 있습니다만 金 쪽에서는 시간의 임수가 별 힘이 되어주지를 못하는군요. 이런 저울질을 해본 결과 이 사주는 약하다는 결론이 나옵니다.

남편의 인연

우선 남편의 인연을 살펴보겠습니다. 만약에 신강하다는 판단을 했다면 이 사주의 용신은 木火가 될 것입니다. 원래 신강하면 월령을 장악한 오행으로 용신을 삼는 것이 가장 길하거든요. 무엇보다도 강하니까요.

그렇게 될 경우에 남편은 매우 좋겠습니다. 일단 木이 生해주고 있고, 월에 용신이 있으니까 말이지요. 그렇지만 이 남편은 바람이나 피워서 속을 썩이는 그런 남편이었거든요. 결국은 남편이 속을 썩이는 것이 병이 되어서 나이 서른을 겨우 넘기고는 세상을 하직하고 말았습니다.

이렇게 격국이 혼탁하면 수명도 장담할 수가 없겠군요. 金과 火가 서로 대립을 하고 있는 분위기…… 이런 분위기가 느껴진다면 격국의 청탁에 대한 감도가 상당히 좋아지겠군요.

32세인 정묘년은 대운으로 따져서 신묘(辛卯)운이로군요. 그중에서도 나눈다면 신금(辛金)에 해당하겠습니다. 그렇지만 동방의 신금은 무력하군요. 신축만 되어도 좋겠습니다만 이렇게 木 위에 있는 金을 일러서 절각(截脚)운이라고 합니다. 여기서 개두절각이라는 특이한 공부를 하고 가는 시간을 마련하겠습니다.

개두절각(蓋頭截脚)이란 무엇일까요?

이 말은 대운을 이야기할 때 사용합니다. 개두란 머리에 싫은 것이 있다는 뜻이고, 절각이란 다리가 잘렸다는 뜻인데 좀 멋있게 표현하려고 문자화했군요. 우선 이 여자의 사주에서 신묘대운일 경우에 말이지요.

木火가 용신이라면 개두라고 하고, 金水가 용신이면 절각이라고 합니다. 그러니까 개두와 절각은 상황에 따라서 달라진다는 말씀을 드려야겠군요. 고정된 것이 아닙니다. 내 편이 개두되었다 혹은 절각되었다는 말을 하는 것이니까요.

그럼 운세를 말할 때 어떤 용어들을 쓸 수 있는지 한번 생각해보겠습니다. 지금 이야기한 개두와 절각을 물론 포함해서요. 이 사주에서 金水가 용신이라는 전제를 하고 예문을 보여드립니다.

개두 = 병신(丙申), 정유, 무자, 기해 등이 대운일 경우
절각 = 경인, 신묘, 임술, 계미 등의 대운일 경우
통운 = 경신, 신유, 임자, 계해 등의 대운일 경우
흉운 = 병인, 정묘. 갑오, 을사… 등의 대운일 경우

대략 이렇게 나눠볼 수 있습니다. 어떠세요? 감이 잡히시지요? 이 정도 설명이라면 개두절각 정도는 이해가 되셨을 겁니다. 대운의 설명을 하면서 천간을 5년, 지지를 5년으로 나눠서 대입하는 것은 무리가 있을 것으로 보입니다. 이렇게 되면 개두(蓋頭)나 절각(截脚)이라고 하는 말은 의미가 없기 때문입니다.

그래서 기본은 나누지 말라는 말씀을 드리고 싶군요. 그냥 묶어서 10년 운으로 보시기 권합니다. 세부적으로는 나눠서 봐야 하겠습니다만, 그래도 지지의 상황과 천간의 상황을 고려해서 봐야 한다는 생각입니다.

운은 지지를 중시하라는 말씀도 있거든요. 그러고 보면 지지의 운을 중점적으로 보고 아울러 천간의 상황도 참작하는 것이 좋겠군요. 이렇게 볼 때 개두보다 나쁜 것이 절각이로군요. 즉 운의 지지가 협조를 못 한다는 뜻이니 지지가 나쁘다는 말이지요.

이러한 연고로 사주의 주인공은 신묘대운에 심장의 병을 얻어서 사망했습니다. 그 와중에도 남편은 계속 바람을 피우고 있었고요. 정말 속에서 열불이 났겠지요? 자기는 병이 들어서 죽을 둥 살 둥 하고 있는데 고락을 함께 해야 할 남편은 다른 여자와 오토바이를 타고 돌아다니면서 즐기고 있을 것을 생각하면 말입니다. 이 마음의 고통이 자라서, 심장에 병이 들었다고 한다면 말이 되는군요. 심장은 정화거든요.

그런데다가 마침 세운(歲運)은 정묘년. 이번에는 흉운에 해당하는군요. 이렇게 대운은 절각되고 세운은 흉운이라니 뭔가 좋지 않은 암시가 있는 것이 사실입니다. 묘월이라면 더욱 그렇겠지요.

사실 이 여자가 병원에서 죽었다는 말을 들었을 때 묵은 사주 첩을 뒤적였습니다. 당시만 해도 한참 임상에 정신이 없을 때였거든요. 그리고는 고개를 끄덕였지요. 정말 인명은 재천이로구나. 아니 인명은 사주팔자 속에 있는 것이었구나…….

　나이는 낭월이보다 한 살 위로군요. 병신생이니까요. 그렇지만 이제 세월이 많이 흘렀습니다. 지금쯤은 또 어디에선가 무엇이 되었겠지요. 혹 전생에 받은 마음의 고통을 잊지 않았다면 또 어디에선가 남자를 골탕 먹이려고 궁리를 하면서 초등학교에 2학년쯤 되어서 다니고 있겠습니다. 하하.

　이렇게 팔자도 중요하지만, 운세도 중요합니다. 그래서 오주(五柱)를 봐야 한다는 말을 자주 합니다. 이 말은 사주에다가 또 하나의 기둥, 즉 대운의 간지를 포함해서 봐야 한다는 뜻일 겁니다. 만약에 사주의 주인공도 운세가 서북으로 흘러가기만 했다면 그런대로 한바탕 멋진 꿈을 펼쳐보았을 겁니다. 정말 인간의 성패는 운세에 달렸습니다. 팔자 공부를 하는 커다란 이유 중에 하나도 바로 운세를 알자는 것이지요. 운세는 인생의 계획에 지대한 영향을 미치거든요.

운명개선법

　사주의 주인공은 팔자대로 살다가 가슴에 한을 품고 죽었습니다. 그럼 그냥 팔자대로 두고 말 것인가 하는 의문이 생깁니다. 과연 죽지 않고 살아날 수 있는 방법은 없었겠는가 하는 의문이 없다면 학자의 자질이 의심스럽다고 해야겠군요. 그럼 이 사주가 오래도록 천수를 누리는 방법은 무엇일까요? 방법이 전혀 없는 걸까요?

　여러 가지 답이 있을 수 있겠군요. 그런데 무엇보다 이런 팔자는 수도(修道)를 하는 것이 가장 효과적이라는 생각이 듭니다. 도를 닦으면 스스로 마음을 다스리게 되니 그깟 남자가 바람을 피우는 것으로 인해서 스스로 가슴에 병을 심지는 않았을 것 같군요.

이미 金水가 희용신이라는 판단을 했다면 차라리 일찌감치 비구니가 되었거나, 수녀가 되는 길도 나쁘지 않았을 거라고 봅니다. 적어도 이렇게 청춘귀혼이 되지는 않았을 것 같군요. 또한 상당히 높은 영혼들의 보호를 받았을 것이고요. 그렇다면 이 정도의 흉운을 맞이해서 어느 정도 고통은 겪겠지만 죽음에까지 이르지는 않았을 겁니다.

고통 받는 중생들에게 그 경험을 나눠주고 행복해질 수 있는 실마리를 전해주는 사람들…… 정말 천사가 어디 따로 있겠어요? 낭월이는 그래서 항상 자신을 돌아다보고 높은 곳에 대한 두려움을 알고 자신을 살피는 사람들을 존경합니다.

약간의 공부가 되었다고 해서 우쭐대면서 스스로 잘났다고 하는 사람보다는, 뜻대로 되지 않은 결과를 받아들이면서 더욱 정진하는 수행자들에게 경의를 표합니다. 어서 깊은 소식을 고통 받는 이들에게 마음의 등불을 밝혀 주십사 하고 말이지요.

제가 알고 있는 유명한 명리학 도사 한 분은, 한참 흉운일 때 절간에서 도를 닦으셨다더군요. 당시에는 하도 답답해서 그냥 도망가다시피 간 것이었습니다만, 결국 그 인연으로 사주라는 도구로 사람들에게 희망을 주고 계시니 바로 보살이 아닐까 합니다.

명리학 공부는 잘만 갈고 연마하면 멋지고 예리한 칼날이 될 수도 있지만 흉기로 변할 수도 있습니다. 아무쪼록 제대로 배워서 멋지게 활용하여 죽을 사람을 살리는 활인검(活人劍)으로 삼으시기 바랍니다.

이런 일을 벗님들이 해주신다면 사회는 좀 더 밝아질 것이고, 그렇게 된다면 낭월(朗月)이라는 호가 눈곱만큼이라도 이름값을 했다고 스스로 위안을 삼을랍니다.

정신병에 시달리는 사람

황인섭 (男命)

時	日	月	年
乙	癸	庚	丙
卯	亥	寅	申

53	43	33	23	13	3
丙	乙	甲	癸	壬	辛
申	未	午	亥	辰	卯

격국

이번에는 남자를 살펴봅니다. 공주에서 한참 『적천수』를 공부할 때 만난 사주로군요. 제가 머물고 있던 절의 할머니가 의뢰를 했습니다. 그 절은 무당절이었는데, 늘그막에 맡길 사람을 찾던 도중에 저랑 인연이 되었지요. 아마 왕년에는 잘 맞춘다는 소리도 들으셨던 것 같으나, 나이가 자꾸 들어가니까 영감이 줄어드는 모양이더군요.

아무튼 어느 날, 할머니가 사람의 생년월일을 이야기하면서 사주 좀 따져보라는 겁니다. 무당의 장점은 과거를 잘 맞춘다는 것이고, 단점은 미래를 멀리 내다볼 수가 없다는 것입니다. 또 덧붙이는 말씀이 걸작이더군요.

"이 사람은 자꾸 수양아들로 삼아달라고 애원을 하는데, 난 선생님이 자꾸 인연이 없다고 하시니 참 난처하구만……."

이러한 이야기를 듣고서 사주를 살펴본 저는 고개를 끄덕거렸습니다. 왜냐구요? 도무지 희망이 없는 겁니다. 그러니까, 아마도 할머니 몸에 붙어 있는 귀신도 그것을 미리 알아보고서 이 아이는 돌봐줘봐야 결국은 팔자가 나빠서 고생만 하게 생겼고 자기의 공덕이라고 하는 말을 듣기는 어렵다고 봐서 애초에 인연이 없는 것으로 얼버무린 것이 아닌가 싶기도 합니다.

만약에 이 사람이 전생에 무지하게 많은 죄를 지어서 그 신이 아무리 좋게 생각해봐도 도저히 구제의 가망성이 없다고 판단했을 수도 있으니까요. 그렇다면 귀신만 나무랄 일도 아니로군요. 부처님 말씀에도 인연이 없는 중생은 제도할 수 없다고 한 것을 보면 말이지요. 그렇지만 부처님은 가르쳐줘도 듣지 않는 사람을 두고서 하신 말씀이라는데, 여기에 적용을 시켜도 좋을지 모르겠군요. 하하.

어쨌든 낭월이는 본 대로 이야기 했습니다. 그랬더니 할머니 말씀이

"그려…… 어쩐지 여엉~ 내키질 않는 거여. 역시 우리 선생님은 용하시거든……."

하면서 감탄을 하더군요. 달면 삼키고 쓰면 뱉는다는 말이 떠오르더군요. 그러니까 무당이 굿을 하면 떼돈을 번다고 하걸랑 우리 벗님은 그 말을 역산(逆算)해서 이렇게 풀이하세요.

'옳지, 뭔가 희망이 보이는구나. 그러니까 당신이 하라고 하지 만약에 절망적이라면 그렇게 장담할 턱이 없으니까.'

이 정도만 무당의 속을 알고 살아도 크게 마음 상할 일은 없겠군요. 어떠

세요? 낭월이의 처방이. 하하.

이거 객담이 길어졌군요. 그럼 격국을 한번 들여다보겠습니다. 인월의 계수로군요. 역시『적천수』에도 계수는 지극히 약하다는 말을 했던데, 자꾸 계수가 나오는군요. 그렇다고 해서 계수에 해당하는 벗님들 불쾌하게 여기질랑 마세요. 계수도 계수 나름이니까요.

어쨌거나 이 계수는 인월에 生해서 월을 못 얻었군요. 그리고 일지는 해수이니 얻었고, 세력은 이금(二金)에 일수(一水)니 얻지 못했군요. 그래서 신약한 상황이 전개되나 봅니다. 일단 용신은 인겁(印劫)으로 정하겠습니다. 목세(木勢)가 어지간히 왕한 걸로 보고 金을 용신으로 하고 싶군요. 그럼 상황을 살펴봅니다.

월간의 경금을 먼저 살펴봐야겠지요? 우선 제일 먼저 봐야 할 것은 용신이 월을 얻었는가 하는 점이라고 누누이 강조했습니다. 그래서 월을 살펴보니 이런! 완전히 절각이로군요. 절각은 운에서나 써먹지 여기까지 들고 나오느냐고요? 뭐 그럴 수도 있지요. 어차피 우리의 명리학은 귀걸이도 되고 코걸이도 되는걸요.

일단 용신이 외롭군요. 어디에 뿌리를 둘 것인가 방황하게 되지요. 그러다 보니까 년지에 신금이 기다리고 있군요. 그렇다면 여기에 지긋이 뻗어봅니다. 그랬더니 이게 뭔가요? 옆에는 병화가 노리고 있고, 아래는 인목이 가세하고 있으니 정말 지척이 천리라는 말이 실감나는 순간이로군요.

이런 경우에는 걱이 낮다고 말을 해야지요. 인성이 이 모양이니 조상도 부모도 무슨 힘이 되겠어요. 정말 마음만 괴로운 어머니가 동분서주하면서 아들을 구해보려고 안달복달하지만, 구원의 손길은 없군요.

일지에 있는 겁재라도 의지해볼 요량으로 상황을 살펴봅니다. 사실 년간의 병화는 매우 맘에 들지 않는군요. 병화가 무서워서 벌벌 떨 만한 것은 일지의 해수라고 믿어보고 싶은 것이지요. "SOS 해수 나와라 오바~"

그렇지만 해수는 이미 마음이 다른 곳으로 가버린 지 오래로군요. 인해 합도 대단한데 또 해묘합까지…… 이런 정도로 겹겹이 묶어버리는 데야 정말 어떻게 해볼 도리가 없군요. 이렇게 왕성해진 木의 세력으로 인신충을 확실하게 밀어줘버리니 도리 없이 金의 뿌리는 송두리째 뽑혀버리는 수밖에요.

이것이 바로 흉한 모양인가 봅니다. 더욱이 운세가 갑오(甲午)대운을 맞이했습니다. 자, 어떻게 해야 이 사람이 살아나겠습니까? 정말 우리 벗님은 묘수가 있을까요? 절간으로 보내버릴까요? 그렇지만 절에서도 살기 힘들어 보입니다. 왜냐면 탐재괴인격(貪財壞印格)을 이루고 있으니 이렇게 깨진 인성으로 어떻게 절간의 규율을 지킬 것이며, 식상은 무지하게 왕하니 남의 말에 귀를 기울이려고 할 것 같지도 않군요.

이런 경우는 "나는 용신을 의지하고 싶은데 용신이 나를 도와줄 형편이 아니다"라고 봐야겠군요. 용신이 나를 도와주고 싶은데, 내 마음은 다른 곳을 향하고 있는 사주와는 또 다른 형상이군요. 그렇지만 살아가는 데 어려운 점이 많다는 것은 마찬가지일 겁니다. 갑오대운도 그렇고, 을미대운도 그렇고…….

아마도 지금쯤은 이 세상 사람이 아닐지도 모르겠군요. 확인할 길은 없지만, 운세가 이렇게 흘러가니 무사히 넘어갔을까 싶군요. 이것 또한 팔자인가요?

이 사람은 정신질환 증세를 보여서 요양원에서도 상당한 시간을 보냈다고 합니다. 아마 계사대운인가 보군요. 정말 사주가 더럽고 운이 나쁘니까 귀신들까지도 등을 돌리더라는 기가 막힌 사주입니다.

혹 어떤 벗님은 이렇게 말씀을 하시고 싶은지 모르겠군요.

"어째 다른 사람들이 쓴 글을 보니, 유명인사의 사주를 설명하고 좋은 사주도 많이 적었더니만 하나같이 깨진 사주뿐이니 어떻게 된 거요? 좀 좋은 사주는 없수?"

예, 사실 그렇군요. 낭월이는 복이 없어서인지 유명인을 별로 만나보지 못했습니다. 다른 책에는 그렇게 좋은 사주들이 상당히 많기도 하지요. 그렇지만 이렇게 깨지고 뭉그러진 사주를 이야기하는 것도 중요하다는 생각이거든요. 아마 모르긴 해도 주변에서 항상 만나는 사람들의 팔자가 이러할 것입니다. 전직 대통령이나 총리의 사주는 아무나 만날 수가 없습니다만, 이렇게 철저하게 못생긴 사주는 우리 주변 어디에서나 흔히 볼 수 있습니다. 실제상황에서 만날 가능성이 많은 사주를 봐야 실용적이겠지요?

『적천수 징의』를 보면 512여 개의 사주가 있습니다. 정말 어지간히도 공부가 하기 싫었던 게로군요. 하릴없이 책 한 권에 몇 개의 사주가 있는지나 헤아리고 있었으니……. 그중에는 정말 대단한 사주들이 많습니다. 그러다 용신도 안 보이고 기신만 바글바글하는 사주를 보니 뭐라고 말을 해야 할지 모르겠더군요.

그래도 낭월이는 항상 이러한 사주를 놓고 궁리를 잘합니다. 또 말이 나왔으니 말이지만, 멋지고 잘생긴 사주는 뭐 볼 것이 있나요? 모든 것이 순탄하고 편안한 사주야 그대로 완성품이니 달리 평가할 건덕지가 없어요. 하하.

또한 사주를 감정하는 것이 운명을 상담하고 조언을 해주는 것이라면, 돈 많고 복 많은 사람에게 아부를 하는 것보다는 좌절과 허무를 맛보는 사람에게 진정한 조언을 해주는 것이 더욱 의미가 있을 겁니다.

우리 벗님은 우선 깨진 사주를 보고 그에 대한 해답을 찾는 궁리를 많이 하시는 것이 좋을 것 같군요. 남을 떠나서 자신의 사주를 봐도 그렇습니다.

뭔가 풀리지 않고 엉킨 것은 항상 해석을 하는데 장애가 되지요. 그래도 이렇게 엉망인 사주들을 보면서 궁리를 하다 보면 어떤 답이 나올 수 있다는 생각이 드는군요.

귀신도 알아준 좋은 팔자

심상헌(男命. 가명)

時	日	月	年
甲	癸	辛	戊
寅	丑	酉	戌

52	42	32	22	12	2
丁	丙	乙	甲	癸	壬
卯	寅	丑	子	亥	戌

격국

이 사주는 좀 어떤가요? 하도 못난 사주만 보여줘서 혹시 우리 벗님들 눈이 나빠질까 봐 다른 사주도 적어봅니다. 이 사주도 사실은 무당 할머니 절에서 입수한 것입니다. 무당 할머니 말씀이 "인연이 많아서 자기에게 열심히 다니면 크게 될 수 있다"고 하는 사람이었거든요. 앞의 사주와 아주 절묘한 대조를 이루고 있었습니다.

한번 살펴볼까요? 사주가 얼마나 좋으면 귀신들도 알아보고 붙잡고 놓아주지를 않았는지 참 궁금한 일입니다.

우선 계수로군요. 실은 계수도 얼마든지 좋은 사주가 있을 수 있다는 것을 보여드리는 차원에서, 이 사주를 고르기도 했습니다. 계수가 팔월(八月)의 금왕지절(金旺之節)에 출생했군요. 그래서 월을 얻었군요. 참 좋은 징조입니다. 어쨌든 팔자를 타고났으면 월을 얻고 볼 일인가 합니다. 그런데 일도 못 얻고 세력도 얻지 못했군요. 그래서 신약하다는 판단을 합니다.

신약하면 월을 용신해야지요? 그렇게 되니 용신의 뿌리가 무지무지 좋군요. 월지 자체가 용신의 활동무대니 말입니다. 더욱이 월간에는 월지의 본기인 신금까지 출현하여 정말 격이 깨끗하군요. 그래서 약한 계수가 土의 극을 받는 것을 가로막고 있습니다. 그러니 년주인 무술은 전혀 계수를 극하지 못하고 그냥 월에 있는 신유를 생조해주고 있군요.

그리고 월의 신유금은 일을 生해주고요. 일의 계수는 시의 갑인을 生해주고 있습니다. 갑인을 生해주는 것이 있기 때문에 사람이 답답하지 않습니다. 만약에 받아들이기만 하고 내놓을 줄을 모른다면(식상이 없다면) 격은 다시 아래로 내려갑니다. 기운은 항상 유통되어야 하거든요. 이런 경우에는 수기(秀氣)가 유통된다고 봅니다. 그래서 정체되지 않지요. 또 일지에 축토가 있어서 계수를 극하는 것이 약간 꺼림칙하다고 생각했는데, 이번에는 유축이 합을 이뤄서 土가 金으로 변했군요. 더욱이 충도 없습니다. 일단은 충이 있으면 속이 시끄럽지요. 그런데 전혀 충돌이 없군요. 나쁜 것은 막아주고(년주를 월주가 막아주고, 일지의 축토가 金으로 변하니), 좋은 것은 도와주는(金을 극하는 火는 전혀 노출되지 않고 있음) 형상이니 이런 것을 일러서 좋은 팔자라고 합니다.

다른 말로는 년주상생(聯珠相生)이라고 한다던가요. 매우 특이한 구조를 갖고 있습니다. 물론 좋은 의미에서지요. 구슬을 꿴 듯이 서로서로 생조해주고 있다는 뜻입니다.

농가에서 출생해서 별로 좋은 여건이라고 할 수는 없었겠지만(임술대운의 술토 작용일 듯) 학교를 대전에서 다니고 서서히 빛을 발해서 갑자대운 중에 교수가 되었습니다. 28세라던가요. 이렇게 일찌감치 자신의 길을 알고 찾아가는 것이 팔자가 좋은 사람들인가 보군요. 낭월이도 서른이 넘어서야 길을 찾게 된 것을 생각해보면 서른 전에 자신의 일을 찾는다는 것은 참 행운이라고 해야 할 것 같습니다. 물론 전생에 좋은 일을 많이 했을 거라는 생각도 함께 하면서요.

각시의 인연

이 경우에는 좀 어려울까요? 혹, 재성이 나타나지 않았는데 어떻게 결혼을 하겠냐고 따질지도 모른다는 생각이 드는군요. 그러한 벗님을 위해서 항목을 증설했습니다. 하하.

이렇게 재성이 나타나지 않은 경우에 용신이 보호받으면 격이 청(淸)하다고 합니다. 가령 어떤 교수가 재성이 튀어나왔으면 뇌물을 먹고 쫓겨나는 사태가 생길지도 모릅니다. 학문과 재물은 이렇게 궁합이 맞지 않습니다. 인성과 재성은 언제나 목소리가 다릅니다. 둘은 어울릴 수가 없지요. 그렇게 되면 격이 탁하다고 합니다.

가끔 소식을 접합니다만, 학교에서 학생들이 재단과 마찰이 있는 경우가 왕왕 있더군요. 대개 가장 첨예한 대립은 등록금의 행방을 대라는 요구지요. 학생은 내라는 돈을 내고 공부만 하면 된다는 것은 재단 측 답변이고요. 그래서 서로 아웅다웅하고 다투는 모양입디다만, 낭월이 느끼는 것은 이렇습니다.

그래…… 재단은 돈을 모아야지 그리고 학생은 재물에 초연해야지. 재단이 돈을 모으는 것도, 교육을 위해서 돈을 써달라는 학생들의 주장도 타당합니다. 그렇다면 의견을 조정할 방법은 없을지도 모르겠군요.

재단은 양질의 교육을 위해서 돈을 사용해야 합니다. 그렇지 않고, 정치권과 연결되어 있거나, 축재를 해보려는 욕심이 있으면 어디에선가 문제가 발생합니다.

학생들의 주장은 그런 짓을 하지 말라는 것이겠지요. 그렇지만 이미 돈맛을 알아버린 재단은 이미 눈과 귀를 닫아버렸습니다. 그래서 학생들과 옥신각신하는 볼썽사나운 꼴이 벌어집니다. 진정 학생들을 위한다면 학생들의 요구를 많이 참고해야 합니다. 물론 무리한 요구도 있을 수 있습니다. 이를 가려서 판단해야겠지요. 학생들은 사회의 복잡다단한 구조에 대해서 경험할 기회가 부족하거든요.

다시 이 사주를 봐주세요. 정말 재물에 마음이 흔들릴 필요가 없습니다. 학자의 사주에는 재물이 보이지 않는 것이 가장 좋습니다. 원래 "재주가 많은 놈치고 공부 잘하는 놈을 보지 못했다"는 도인들 말씀이 있습니다. 이 말은 상당한 설득력을 갖고 있지요.

재주가 한 가지뿐인 사람은 달리 궁리할 것도 없으니까, 한 가지 일만 파고 듭니다. 그래서 결국은 성공하지요. 공부하다 말고 돈을 벌어야겠다는 궁리를 하는 사람은 필시 크게 될 인물은 아닌 모양입니다. 하하.

이러한 경위로 해서 이 사주는 각시의 인연은 나쁘지 않다고 봅니다. 좋다고도 하지 않는 이유는 희용신이 아니기 때문이지요. 다만 나쁘지 않은 것만으로도 괜찮다는 뜻이 있는 겁니다. 각시가 억대의 도박판에 낄 일은 없을 테니까요.

사실은 여기에서의 火의 작용은 약간 필요합니다. 이미 가을이 깊어가기 때문에 분발지기(奮發之氣)가 위축되지요. 너무 분발을 많이 해도 곤란하지만, 너무 위축되는 것은 또한 균형의 차원에서 어울리지 않거든요. 그런데 다행히 인시(寅時)를 얻어서 인중에 병화가 있으니 기운이 오그라드는 것은 면했습니다.

이런 의미에서는 각시 덕도 있다고 봅니다. 어쨌든 중요한 것은 나쁘지 않다는 것이로군요. 여기선 그 정도로 알아두지요. 일지가 편관이니까, 어느 정도 바가지는 예상해야겠어요. 편관은 방종을 가장 경멸하거든요. 이 부인도 남편이 술에 취해서 늦게 들어온다면 그냥 두지 않을 것 같군요. 아침에 북엇국이요? 꿈도 꾸지 말아요. 하하.

늙어서도 죽고 어려서도 죽고

박미영(女命, 가명)

時	日	月	年
丙	辛	庚	丙
申	卯	寅	寅

					4
					己 丑

격국

태어난 이상 언젠가는 떠나겠지요. 이것은 도를 통했든 그냥 무지랭이로 살든 누구에게나 적용되는 이치입니다. 죽음은 정말 피할 수 없는 운명이군요. 그래도 기왕에 태어났으니 한 백 년은 살고 가야 하지 않겠어요? 그런데 어쩐 일인지 (혹은 120년도 산다지만) 대개는 70년, 80년 정도 살고 나면 모두 왔던 길로 되돌아가느라고 부산합니다.

지금 궁리를 해볼 사주는 정말 뭐가 바빴던 모양입니다. 그러길래 태어나서 사랑도 못 해보고 공부도 못 해보고 그렇게 바쁘게 왔다간 것 같군요. 그 영혼이야 다시 무엇으로 변신을 해서 왔겠지만, 우리는 그가 남기고 간 사주를 보면서 어째서 갔을까를 궁리해보자는 것입니다.

우선 일간은 신금(申金)이군요. 신금이 인월(寅月)에 태어난 걸로 봐서 일 단 가장 중요한 월을 얻지 못했다는 것은 분명합니다. 월을 얻지는 못했지만, 일이라도 얻으면 훨씬 좋아지지요. 그래서 일지를 봤더니 이것은 한 술 더 떠서 절각이로군요. 전혀 근거가 없습니다. 인목에는 그래도 무토라도 있다는데 묘목에는 천지 뭐가 있어요? 정말 말라비틀어진 인절미 한 조각 도 없군요.

급히 뿌리를 내릴 곳을 찾습니다. 그리고는 시지에 신금(申金)이 있다는 것을 발견했지요. 부랴부랴 구원 요청을 했습니다. 그랬더니 신금의 겁재 는 한다는 소리가 "나두 연애중이네. 나중에 보세"(묘신의 암합작용) 하는 겁니다. 이럴수가!! 참 황당하지만 어쩌겠어요. 간지에도 마음이 있다면 저 마다 자신의 목적과 관심도 있을테니 일간의 마음만 급하다고 해서 맘대로 되지 않는 셈입니다.

그런데 이 철딱서니 없는 일간은 또 무슨 짓을 벌이는지 보이나요? 바로 병신합(丙辛合)을 하고 있군요. 병신합으로 인해서 그나마 맛이 가버린 신 금(申金)이라도 기다리는 게 아니라 병화와 사랑에 빠져버린 것입니다. 이 런 상황을 두고 혹자는 말하지요.

"정말 정신 나깄군!"

그렇지만 어쩌겠어요. 이것도 아마 운명인 모양입니다. 신약한 신금(申 金)은 아주 강인한 木火의 도전을 받고 도저히 그냥 버틸 수가 없어서 세상 을 떠나버린 모양입니다. 근데 사주가 앞에서 본 황인섭 씨와 비슷하다는 느낌이 들지요? 같은 것은 아니지만 비슷하군요.

초운이 기축대운이로군요. 기축이라면 인성의 운인데, 어째서 살지 못하고 죽었을까요? 아마도 그 인성도 접속이 되지 않으면 힘을 발휘하지 못하나 봅니다. 즉 아기는 정묘년에 발병한 연주창(일명 목암이라고 하는데, 木에 종기가 계속 나면서 악화되는 병)의 악화로 이듬해인 무진년 묘월에 죽었습니다. 정묘년은 아무리 봐도 흉운이군요. 이러한 운에 생긴 병이 다음 해에 무진년의 土기운을 받아보려고 했는데, 아직 봄의 木기운을 넘기기도 전에 극을 받아버린 모양입니다. 달리 약을 써보고 어쩌고 할 겨를도 없었지요. 겨우 세 살인가요? 참으로 바쁘게 왔다가 갔군요.

만약에 이런 사주를 어디서 입수했다면 우리 벗님들은 뭐라고 평을 하실지요?

"이 아이는 이미 세 살 때 죽었구만!"

이렇게 말씀 하실 수는 없겠지요. 물론 낭월이도 알 수 없습니다. 다만 기운이 상당히 탁하구나, 사주가 나쁘구나, 살았다 해도 고생이 많았겠구나 하는 정도겠지요. 만약에 이 사주를 보고 세 살 적에 죽은 아이라는 것을 알아낸다면 필시 귀신의 도움을 받았을 거라고 생각해도 무방합니다.

우리 벗님들 절대로 족집게 흉내를 내려고 하지 마세요. 족집게는 스스로 다른 사연이 있기 마련입니다. 단순히 명리학을 공부해서 그렇게 되기는 어렵습니다. 괜스레 신기한 것을 원하다 보면 정말 떠돌이 악령이 몸에 달라붙게 될지도 모릅니다.

처음에는 참으로 신기하고 도사라는 소리에 마음이 우쭐~ 할지도 모릅니다만, 점점 스스로 귀신에게 시달리는 것을 느끼게 되겠지요. 그때는 이미 상당한 시간이 경과한 후가 될 수도 있습니다. 그리되면 정말 불쌍한 영혼이 되는 겁니다. 영혼을 팔아서 청춘을 샀다는 파우스트처럼 말이지요. 결국은 고뇌만 남게 되지요.

망상은 망상으로 끝나는 것이 아니라 또 다른 망상을 부릅니다. 그래서 끝도 없이 전전하다가는 결국 나락으로 떨어지지요. 이런 사실을 알고 산다면 아마도 하루하루가 정말 새롭고 생기에 넘칠 것입니다.

이를 마지막으로 실전에 대한 장을 마무리할까 합니다. 이런 식으로 100개의 사주를 설명드려도 결국은 낭월이의 안목일 뿐입니다. 언젠가는 벗님의 시각으로 모든 것을 바라봐야 합니다. 그러기 위해서는 서서히 낭월이의 손에서 벗어나야 하지요. 아니, 낭월이 위에서 바라봐야 합니다.

"음… 이제야 이 녀석의 본색을 알겠군. 그 정도의 실력으로 이렇게 나를 갖고 놀았구만. 고얀 녀석 같으니라구! 그래도 전혀 공이 없다고는 못 하겠는걸…… 이 정도까지 끌고 온 정성 하나는 알아줘야겠어…… 후후."

어떠세요? 이 정도로 결론을 내셔야겠지요? 그렇다면 낭월이는 한가하게 오솔길이나 산책하면서 다람쥐가 밤알 발라가는 것이나 구경할 텐데 말입니다.

실전편을 마무리하며

그동안 몇 가지 사주를 가능한 한도 내에서 심층분석을 해봤습니다. 이제는 정리해야 할 시간입니다.

때로는 그럴싸한 말도 있고, 때로는 엉성하게 넘어가는 말도 있었을 겁니다. 어쨌든 이것이 낭월이 생각하고 연구한 명리학의 대강이로군요. 사실은 전부라고 하고 싶습니다만, 그중에는 글로 설명하기 곤란한 것들도 약간은 있었기에 그냥 대강이라고만 하겠습니다.

이렇게 길게 설명했지만 결론은 한 가지입니다. 보다 나은 삶을 살아보자는 겁니다. 아마도 학술적인 내용에서는 이견이 있을지라도 이 대목에서는 그렇지 않을 겁니다. 사실 우리 모두는 행복하게 살고 싶거든요.

그래서 행복을 찾아가는 열쇠를 찾다보니까, 이렇게 명리학이라고 하는 하나의 파트에 정신을 모았던 것이지요. 이제 다시 자신에 대해 살펴보시기 바랍니다. 아마도 이 공부를 하기 전하고 상당한 차이가 있으리라고 생각되는군요. 안목이 달라져 있기 때문입니다. 우리가 좀 더 자신을 알게 되면 그만큼 좀 더 깊게 사물을 보는 눈도 생깁니다. 낭월이는 그렇게 생각하고 살고 있습니다. 공자님 말씀대로

"가까이는 내 몸에서 도를 찾고, 멀리는 사물에서 도를 찾아라"는 말의 뜻을 생각해봅니다. 항상 이렇게 깨어있는 눈으로 모든 것을 관찰하고 음미하는 수행자의 눈이 필요합니다. 다른 말로 한다면, 전생의 업연과 금생

의 새 인연들이 서로 모여서 한바탕 연극을 하는 무대라고나 할까요? 이 연극은 언제나 자신이 주인공입니다. 모든 것을 나의 관점에서 느끼고 생각하니까요.

그러나 너무 많은 욕심은 금물입니다. 학문은 하루아침에 이뤄지는 것이 아닙니다. 오랜 시간을 두고두고 씹고, 깨물고, 음미하며 서서히 자기 것으로 만드는 과정입니다. 이 자료들을 바탕 삼아서 임상하고 실험하고 새 학설을 창조하는 작업은 아직도 많이 남아있습니다. 그 작업을 시작해주시기 바랍니다. 그동안 함께 생각해본 모든 자료들을 이해하고, 나아가 한국 명리학의 발전에도 기여해 주시기 바랍니다.

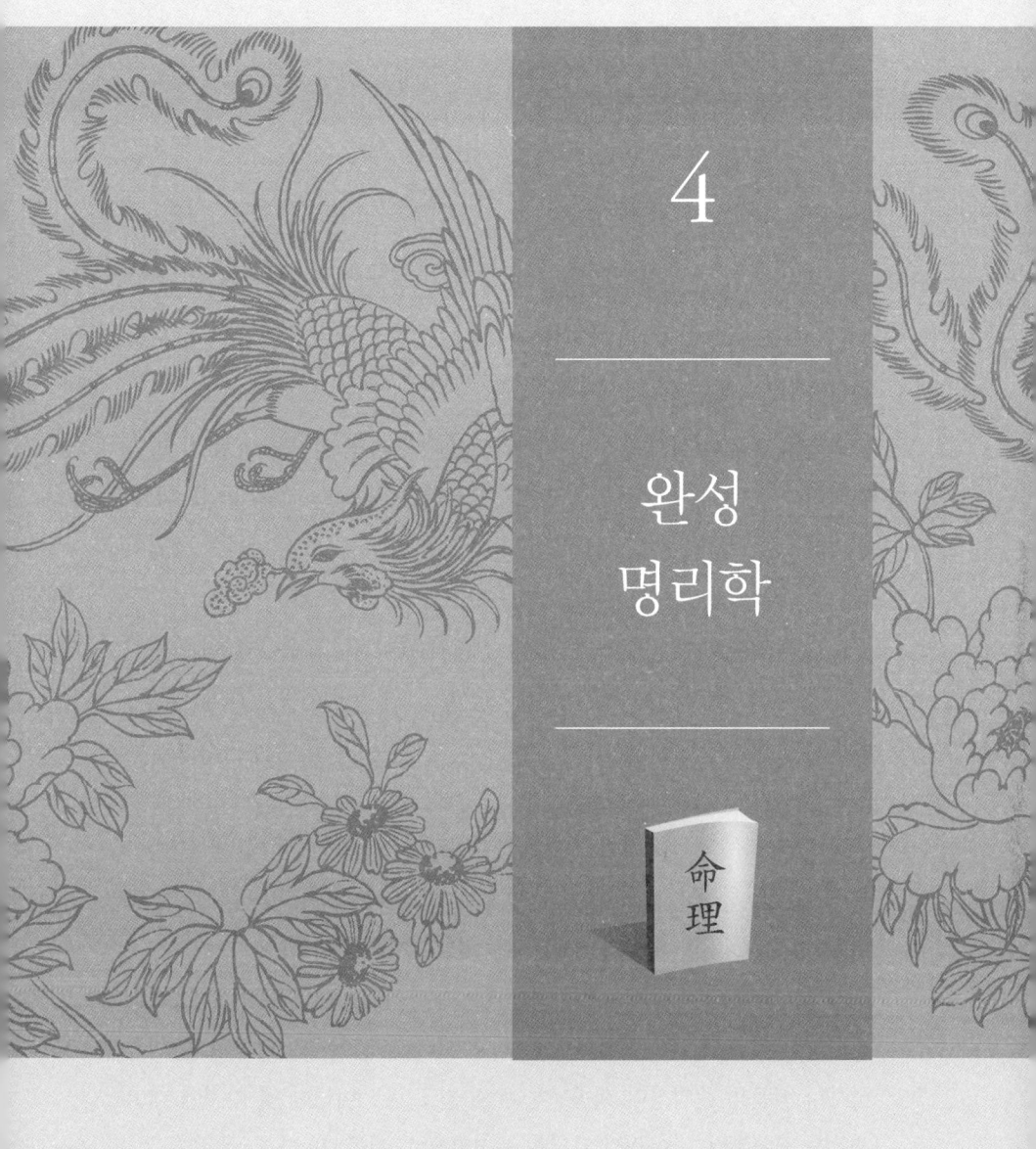

4

완성
명리학

命
理

완성편을 시작하며

이제 명리학 공부는 다한 셈입니다. "완성편"은 낭월이 덤으로 붙인 것입니다. 그 이유는 이렇군요.

만약에 앞에서 설명한 모든 이야기가 완벽하다면 이 장은 필요가 없을 것입니다. 그런데 부분적으로 명리학에서 문제가 되는 것들이 있습니다. 그러한 것을 그냥 덮어둔다면 명리학이 정리되는 데 또 얼마간의 세월이 허비될지도 모른다는 생각이 들었거든요.

우선 육친에 대한 약간의 문제, 즉 편재가 아버지냐 또는 편인이 아버지냐 하는 것도 약간은 논쟁의 여지가 있군요. 그렇지만 이것은 현재 편재가 아버지인 것으로 잠정적인 결정을 봤다고 생각합니다. 그래서 여기서는 다루지 않겠지만, 그래도 약간 찜찜한 맛은 있군요.

또 한 가지는 남반구에서의 사주 문제입니다. 아시다시피 명리학은 북반구인 한국과 중국 그리고 일본 등지에서 주로 사용하는 것입니다. 그렇다면 남반구의 사람들에게 적용시키려면 어떻게 해야 할까요?

인공분만에 대한 것도 명리학자에게는 두통거리군요. 이것이 어느 정도 신빙성이 있을 것인가 말입니다. 전혀 무시하려니, 이치가 타당하고, 인정하자니 학문의 존엄성이 희롱당하는 것 같고…… 이러한 몇 가지에 대한 생각을 적어봅니다. 아직도 완전히 풀리지 않은 것들입니다.

이미 이야기 했지만, 야자시(夜子時)도 뭔가 찜찜한 면이 있군요. 이것에 대한 결론도 필요하리라고 생각합니다. 아울러 앞으로 명리학이 어떤 방향으로 발전해야 할 것인가 생각해봐야겠고요. 이러한 몇 가지 문제점을 잠시 짚어보는 시간을 마련했습니다.

끝으로 책을 추천해 드리고 싶습니다. 어쩌면 이것이 가장 중요합니다. 낭월이도 공부를 마치면서 사부님께 세 권의 책을 소개받지 않았다면 "사주는 운명이나 점치는 술법" 정도로 이해하고 있었을 것입니다. 그만큼 좋은 책을 보는 것은 중요합니다. 몇 가지 낭월이랑 인연이 있었던 책을 간단히 소개해 올립니다.

1장

명리학의
숙제

풀어야 할 숙제, 인공분만

 이제부터 명리학은 과연 어디에서 시작해서 어디까지 여행이 가능한지 한번 생각해봐야겠습니다. 또 학문으로서 어떻게 발전할 것인가도 살펴봐야겠군요.

 참 지긋지긋한 제목을 달았군요. 숙제…… 숙제가 즐거운 학생은 없을 겁니다. 그렇지만 어쩌겠어요. 게으름뱅이를 공부시키는 방법은 숙제라는 도구뿐이거든요. 하하.

 자, 이 숙제를 한번 봐주세요. 몇 가지 명리학이 풀기 어려운 점을 문제로 삼아서 의견을 내봅니다. 근래에 와서 가장 문제가 있어 보이는 것은 인공분만입니다. 이것이 아기의 저항력을 떨어뜨린다거나, 고통을 경험하지 못해서 정서적으로 불안정하다거나 하는 등의 의학적인 견해는 일단 명리학의 영역이 아닌 듯 하여 접어둡니다.

 여기서 문제를 삼고 싶은 것은, 바로 출생시간입니다. 쉽게 말해 사주를 뽑아본 다음에 그 시간에 출산한다면 좋은 팔자대로 살게 될 것인가 하는 문제입니다.

 만약에 출생하는 순간, 허공에 가득한 오행의 기운을 마시고 태어났기 때문에 인간이 팔자의 사슬을 벗어나지 못한다는 이론이 전제 된다면 말이지요. 그렇다면 전생의 업장을 읽는다는 의미는 빛을 잃게 됩니다.

 정말 전생의 업장조차도 이번 生에 출생하면서 좋은 기운을 마시고 태어나면 능히 바꿀 수가 있는 것일까요? 물론 마음 같아서는 전혀 그렇지 않다고 말을 하고 싶습니다. 그렇지만, 사주의 태과(太過)나 불급(不及)의 상황이 정말로 태어날 적에 마시는 대기의 기운으로 결정이 난다면 꼭 아니라고 장담할 수도 없습니다. 앞으로 좀 더 시간을 두고 궁리를 해봐야 할 영역입니다. 그야말로 명리학의 숙제지요.

여기에는 두어 개의 다른 견해가 있습니다. 각각 문제를 제기해보고 어떤 장·단점이 있는지 생각해봅시다.

인공적인 조정도 운명이다

진보적인 입장입니다. 여러 가지 면에서 설득력이 있습니다. 사주는 그 시간이 인공적이든 자연적이든 간에 태어나는 순간에 결정이 됩니다.

이러한 전제가 있는 이상 이 이론은 상당한 설득력을 갖습니다. 그럼 옛날에는 인공분만이 없었을까요? 옛날에도 인공분만이 있었다는 자료가 민담으로나마 전해져오고 있습니다. 그럼 사실인지 여부를 떠나, 조선시대에 있었던 이야기를 만나봅시다.

그날도 부인은 만삭이 된 몸으로 방에서 길쌈을 하고 있었습니다. 그런데 밖에서 웬 할아버지의 목소리가 들렸습니다.

"덕량이는 아직도 태어나시 않았느냐?"

"예. 도사님."

"흐흠…… 그래?"

그리고는 또 시간이 흘렀습니다. 부인은 여전히 길쌈을 하고 있었는데, 또 밖에서 아까의 그 목소리가 들렸습니다.

"아직도 소식이 없느냐?"

"예…… 도사님."

"흠, 안되겠다. 시간이 비껴가는구나. 옷을 풀어라."

그러자 부인은 치마를 벗고 누웠습니다. 할아버지는 밖에서 억새풀을 한 가지 들고 들어오셨습니다.

"시간이 없구나. 더 이상 기다릴 수가 없으니 조금만 고통을 참아라."

"예, 도사님. 염려마시고 시행하옵소서."

할아버지는 만삭이 된 배 위에 억새풀의 잎사귀를 그었습니다. 배가 갈라지면서 아기가 나왔습니다. 그리고 배는 다시 결합이 되었습니다.

"이 아이는 나중에 대장군이 될 것이다. 그렇지만 시간을 어겨서 결국은 누명을 쓰고 죽겠구나. 쯧쯧."

할아버지는 아이에게 온갖 무공을 전수합니다. 훗날 아이는 왕조 3대에 걸쳐 많은 무공을 세우고 벼슬에도 오른 장군이 되었습니다. 그러나 결국은 역적의 누명을 쓰고 죽었지요.

내용인즉 이와 같은 것입니다. 혹 우리 벗님들도 어디선가 들어보신 기억이 있을지도 모르겠군요.

이를 보면 예전에도 아기를 인공적으로 낳았습니다. 물론 사실인지 아닌지는 알 수 없지만 일단 인공분만의 힌트는 된다고 보지요.

이러한 연유로 해서 요즈음도 인공분만을 할 적에 좋은 사주를 뽑아서 한다면 필시 그 아이의 운명은 좋아질 거라는 결론이 나옵니다. 이는 크게 명리학의 이론에 어긋나지도 않습니다. 그래서 가장 유력한 이야기입니다.

다만 그렇게 해서 아무 부작용이 없겠는가 하는 의문점입니다. 과연 부작용이 없을까요? 일단 부작용은 없다고 봅니다. 인공적이든 자연적이든 아이의 운명입니다. 이것은 또 무슨 이론인가 하면, 모든 것은 우연이 없다는 필연론(必然論)입니다.

사실 모든 것은 인간들이 도모하는 듯하지만 그 이면의 깊숙한 곳에는 어떤 절대적인 힘이 관여하고 있다는 생각을 하게 됩니다. 그러니까 아이가 나온 시간도 인간이 결정을 한 듯하지만 실은 이미 그 속에 자연의 용의주도한 원리가 있다는 것입니다.

이에 크게 거부감을 느낄 필요도 없습니다. 왜냐하면 사실은 그렇게 태어났다고 하더라도 팔자에는 높낮이가 있기 때문입니다. 병원 또는 산모의 사정으로 출산시간은 항상 변수가 있습니다. 그러니까 그렇게 시간이 결정되는 것은 이미 그 시간이 아이의 사주라고 할 수 있습니다.

만약에 출생시간을 명리연구가에게 의뢰해서 정했다고 합시다. 이럴 경우에 의사와 의논을 해서 가능하면 그 시간에 출산을 하도록 협조를 구한다고 하더군요. 그런데 병원 사정으로 원했던 시간에 수술을 하지 못하는 경우가 왕왕 있다고 합니다. 이런 결과를 본다면 구태여 시간을 정해서 출산하는 문제에 크게 알레르기 반응을 보일 필요가 없다고 생각합니다.

또 한 가지 변수가 있습니다. 이것은 명리가의 자질 문제에 관한 것입니다. 지금 전국 각지에는 수많은 명리 전문가들이 있습니다. 물론 아기의 출산시간은 주로 이런 철학원에서 잡게 되지요.

의심스러운 것은 과연 그 모든 철학원 선생님들이 일정 수준의 능력을 갖고 있느냐 하는 점입니다. 물론 대나수 선생님들은 상당한 수준을 갖고 계시지만, 그래도 엉터리들이 끼어 있게 마련입니다.

이것은 직접 경험한 일입니다. 언젠가 아기의 이름을 지어달라는 부탁을 받고 아기의 사주를 물었지요. 그랬더니 철학원에서 시간을 보고서 수술해서 낳은 사주를 불러주는 겁니다. 그런데 그렇게 나온 사주라는 게 형편이 없더군요. 이러한 일이 결코 농담이 아니란 것을 알았을 때 정말로 명리학을 연구하는 학자로서 아찔했습니다. 아기의 사주를 여러 가지 방법으로 역산해봤습니다. 어째서 시간을 그렇게 정했을까 하고 말이지요.

아무리 궁리를 해도 답이 나오지 않기에 이번에는 넌센스 퀴즈를 푸는 기분으로 접근을 해봤습니다. 그랬더니 놀랍게도 아기의 사주는 "당사주(唐四柱)"에 맞춰져 있었던 것입니다. 아시다시피 당사주는 이미 천여 년 전에 사용하던 구식 운명감정법이지요. 대개는 신살을 응용해서 답을 찾는 방법입니다만, 지금은 거의 사용하지 않습니다.

아직도 당사주에 근거해서 아기의 출생시간을 정해주는 선생(?)들이 있는 것 또한 현실입니다. 길을 가다가 보면 그림이 울긋불긋한 책을 놓고 운명을 감정한다고 앉아 있는 사람들을 보게 됩니다.

흔히 하는 말로 "그래픽 사주"라고 하나요? 트루칼라 정도면 그림도 참 볼만할 텐데요. 만약에 적중률도 탁월하다면 정말 좋겠습니다만 "혹 맞기도 하고 혹 틀리기도 한다" 정도 입니다. 믿을 수 없다는 거지요. 우리 벗님들은 이미 이 영역을 졸업했습니다. 잠시만 생각해보아도 근거가 애매하다는 느낌을 받으실 겁니다.

이것이 현실입니다. 그러니까 그러한 엉터리 선생을 찾아가서 시간을 받는 것도 그 녀석의 운명이라고 말을 하는 것이 가장 편하겠더군요. 이러한 여러 가지 오차의 변수가 있는 것으로 봐서 그렇게 낳는 아기라고 해서 모두 좋은 팔자가 될 수 없다는 결론을 유도해내는 데 크게 어려움을 느끼지 않을 것입니다. 따라서 아기의 사주를 만들거나 말거나 아기의 출생시간은 운명인 동시에 전생의 업보라고 말하고 싶습니다.

낭월이는 정말 건강이 나빠서 수술을 의뢰하는 경우가 아니라면 절대로 날을 잡아주지 않습니다. 그냥 자연에 맡기라는 거지요. 아무리 출산이 본인의 운명이라고 하더라도 어딘가 찜찜합니다.

그리고 보면 뭐든지 자연스러운 것이 가장 좋은가 봅니다.

인공적인 것은 무효라고 생각하는 입장

이런 주장은 간단하지요. 우선 우연을 인정하는 경우입니다. 정말 그게 우연히 나온 시간이라면 과연 운명학의 그 정밀한 이론이 맞겠느냐는 생각은 나름대로 타당성이 있습니다.

그런 생각으로 인공분만을 반대하는 입장에 서지요. 사실 모든 사람들이 이 견해를 갖고 있다면 가장 좋습니다. 구태여 이러쿵저러쿵할 필요가 없지요. 그야말로 가장 바람직한 방향입니다.

그런데 실용성이 없다는 것이 문제입니다. 이러한 명백한 이유가 있는데도 사람들은 오늘도 인공분만을 하고 있고, 또 내일도 그렇게 할 것입니다. 없어지기는커녕 더욱 늘어나는 추세입니다.

심지어는 성적인 매력이 없어진대나 어쩐대나 하면서 멀쩡한 배에 흉터를 남기기도 합니다. 그런 여자들을 보면 정말 어머니 자격이 있는지 의심이 갑니다. 이러한 여자들은 성적인 매력을 유지하는 대신 그에 상응하는 과보를 받겠지요.

결국 의술과 의약의 발달에도 불구하고 환자는 더욱 늘어나고, 수술로 인한 후유증으로 죽는 사람노 있는가 하면 부직용으로 고통을 받는 경우도 허다합니다.

물론 이런 일을 나무랄 수는 없습니다. 모두 자신의 몸은 자신의 소유라고 생각하는 한, 아무도 막을 수 없겠지요. 다만 우리 명리학자들이라도 이런 일을 막는 데 약간의 보탬이 되면 좋겠다는 생각입니다.

심지어는 일부 산부인과 의사들조차 수입을 올리기 위해 멀쩡한 산모에게 수술을 유도한다니 "정말 세상에 믿을 놈은 하나도 없다"는 농담이 완전한 헛소리는 아닌가 봅니다. 그래서 하는 말이 "허가 낸 도둑놈"이라지요? 저도 오다가다 들었습니다. 산골의 낭월이 뭘 알겠나요. 하하.

어쨌든 이렇게 수요와 공급이 어지간히 맞아떨어지니 서로서로 살아가는 데는 좋습니다. 결국은 인공분만으로 사주를 보는 사람만 골탕 먹게 된다는 입장이 바로 반대하는 마음이지요. 그렇지만 어쩔 수가 없군요. 그러면 이런 말을 하나 만들어 보지요.

"인공분만한 아이는 사주가 맞지 않는다."
"인공분만한 아이는 사주를 볼 수 없다."
"그러니까 평생 운명을 물을 생각을 포기하라."
"각성하라."

이 정도로 해두고서 물러가야 할까 봅니다. 뭐 여기서 열을 내봐야 소용없는 일이니까요. 이렇게 각각 의견의 차이를 들어봤습니다. 우리 벗님은 어느 쪽에 표를 던지겠습니까?

남반구에서의 사주 문제

　혹시 생각해보지 않으셨는지요? 낭월이는 정말 걱정도 많은 놈입니다. 쓸데없는 궁리를 하다 보니까 이제는 이런 걱정까지 하고 있군요.

　그런데 잘 생각해보면 꼭 그렇지만은 않습니다. 요즘은 공간의 차이가 점점 줄어들고 있습니다. 세계가 하나의 생활권이 되었고, 한국인들도 여행뿐만 아니라, 이민도 많이 가는 실정입니다. 그러다 보면 호주에서 아기를 낳고, 한국에 와서 사주를 봐달라고 하는 사람도 있을 겁니다. 이런 경우 어떤 학설을 대입하시렵니까?

　여름에 태어나면 水를 찾는 것이 현재의 우리 명리학입니다만 만약에 호주에서 태어난 아기에게 조후론을 적용해보지요. 그러면 겨울에 태어난 놈에게 水가 필요하다는 이상한 말을 하게 됩니다.

　그렇다면 결국 북반구의 반대로 보면 된다는 말을 할 수 있겠군요. 그런데 이것도 그리 간단하지가 않습니다. 정말 이렇게 하나하나 궁리를 해보면 아직도 우리가 풀어야 할 숙제는 수두룩합니다.

　"그러니까 누가 이민을 가래요? 그냥 자신이 태어난 이 땅에서 오순도순 살다가 편안하게 죽으면 얼매나 좋소. 얼매나 부자가 되려고 그 먼 호주까지 가서는 사주를 보는 사람만 골치아프게 만든단 말이오."

　이렇게 화를 내고 봐주지 말까요? 그렇지만 상담자가 간절하게 질문을 한다면 "내사 모린다. 니 알어서 해라!"라고 냉정하게 말씀하시지 못할걸요? 그래서 이것도 뭔가 기준을 세워야 한다는 생각이 드는군요. 남반구의 문제는 남반구에 맡겨야 할지 아니면 명리학에서 남반구까지 포용을 해서 풀이를 해줘야 할지 한번 생각을 해보시지요.

야자시에 대한 문제

　야자시(夜子時)는 그래도 크게 문제가 될 것은 없다고 봅니다만 아직도 왕왕 혼동하는 분들이 많습니다. 우선 표를 하나 만들어야 설명이 쉬울 것 같군요.

<pre>
          (夜子時) 子正 (朝子時)
========= ; ========= ; ========= ; =========⟩
  해시(을해)   자시(병자)   자시(병자)   축시(정축)
 ───────────────── ······································
     (갑자일)   (을축일)
</pre>

　표를 보면 해시와 자시 그리고 축시가 전부입니다. 그러니 이해해야 할 부분은 세 개의 시간이로군요. 잘 살펴보시기 바랍니다.

　우선 갑자일의 을해시는 알 수 있습니다. 밤 11시 30분 경까지는 해시로군요. 그 다음은 자시입니다. 이른바 야자시이지요. 여기서 야자시라는 말이 붙는 것은 자정이 지나고 태어나면 조자시(朝子時)라는 말을 사용하기 때문입니다. 조자시나 야자시나 모두 병자시가 되는 것은 같습니다.

　다만 날짜가 다릅니다. 그러니까 야자시는 전날 일주가 해당되고, 조자시는 다음날 일주가 해당된다는 이야기입니다. 이미 이 정도는 상식으로 알고 계시겠지만 혹시라도 이 점을 혼동하셔서 사주를 잘못 보는 일이 있어서는 안 되겠다는 생각에 말씀을 드립니다. 보통은 하루를 12시로 따집니다만, 사주학에서 시간을 정할 때만은 13시로 계산을 합니다.

좀 더 자세히 이해하기 위해서 사주로 설명을 드리겠습니다.

야자시 ─ 갑자일 밤 11시 40분에 출생한 사람

시	일	월	년
丙	甲	某	某
子	子	月	年

조자시 ─ 을축일 새벽 0시 40분에 출생한 사람

시	일	월	년
丙	乙	某	某
子	丑	月	年

야자시는 자정이 지나지 않았다는 이야기입니다. 그래서 밤의 자시라고 하고, 조자시는 자정이 지났으므로 새벽의 자시라는 뜻의 조자시라고 합니다. 이것만 혼동하지 않으면 되겠군요. 그리고 30분의 오차는 전에 사주 적는 법을 설명드릴 때 말씀드렸으니 생략합니다.

문제는 야자시설(夜子時說)을 무시하는 학자들도 있다는 점입니다. 그래서 학자들 간에는 자시에 출생한 사람에 대해서 상당한 풀이의 오차를 보일 수도 있겠더군요.

둘 중에 가장 근사치를 찾아 하나를 포기하면 간단하겠다고요? 가장 간단한 방법입니다만 생각만큼 그렇게 간단하지가 않습니다. 물론 이론적으로는 야자시가 불리하게 되어 있습니다. 그런데 실제로 사주를 감정해보면 야자시를 인정해야 풀이가 가능한 경우가 많거든요. 이것도 뭔가 확실한 해결을 봐야 할 문제라고 생각됩니다.

특히 출생시간이 아리송한 경우가 의외로 많아서 그렇게 간단한 문제가 아닙니다. 그렇지만 갈수록 출생시간이 점점 정확해지는 추세기 때문에, 머잖아 좋은 해결책이 나올 것 같습니다.

※ 추가로 한마디 더 — "지장간의 이견"

별도의 장을 마련하기도 그렇고 해서 이렇게 말미에 붙이겠습니다. 지장간은 아시다시피 여기(餘氣)와 중기(中氣) 그리고 본기(本氣─혹은 正氣)로 나눕니다. 그런데 문제는 출생월에서 중기를 받고 태어났다고 할 경우에 다른 지지에서도 중기에 해당하는 십간만 사용한다는 이야기입니다.

물론 이는 수긍할 수가 없지요. 월령은 그렇다고 하거니와, 다른 지지는 전체를 모두 인정해야 이치에 합당하다고 생각합니다. 아마도 이것은 일본 쪽에서 들어온 이론이 아닌가 싶습니다만, 왕왕 공부하는 사람을 어지럽게 하더군요. 여기에 한마디 첨가합니다.

"여기, 중기, 본기는 월지에만 해당한다."

대략 이 정도로 문제를 제기하겠습니다. 이외에도 "신살을 어떻게 취급할 것인가?"라든지 몇 가지 궁리할 것이 좀 있지만, 그렇게 큰 문제는 아니라고 봐서 거론하지 않겠습니다.

2장

명리학의
미래

명리학의 미래는 마음으로 간다

미래는 희망적이라고 해놓고 봅니다. 뭐 절망까지 할 필요는 없으니까요. 그럼 뭐가 희망적이냐 묻는데, 이렇게 젊은 학자들이 열심히 궁리를 하는 것이 그 증거라고 말씀드리겠습니다.

학문의 속성이 그렇겠습니다만 세월이 흘러갈수록 다듬어집니다. 명리학도 예외가 아니어서 처음에 발생했을 때는 투박했지만 이제는 상당히 정교한 모습으로 변해가고 있다는 생각이 듭니다.

이제 기본적인 틀은 굳어진 셈입니다. 여기에서 우리가 관심을 가져야할 영역은 바로 심리학입니다. 사주를 이용해서 인간의 내면에 잠재되어 있는 마음의 구조를 읽는다면 활용할 범위는 훨씬 많아질 것입니다.

우선 정신질환을 치료하는 경우에 사주를 안다면 심리의 구조를 읽고, 그 사람만의 특이한 정신을 분석해서 곧바로 치료에 응용할 수 있지 않을까 생각해봅니다.

프로이트와 칼 융도 알아야겠습니다. 그리고 마음의 눈을 여는 공부도 필요하지 않을까 합니다. 그렇게 된다면 정말로 진정한 카운셀링이 되지 않을까 싶군요. 이것이 낭월이 꿈꾸는 사주풀이입니다.

이야기 도중에서도 간간이 마음의 구조에 대한 이야기를 끼워넣었습니다만, 결국 이것이 완성이 되어야만 진정한 사주학의 체면이 서게 될 것입니다. 그때까지는 그냥 사람의 운명이나 따져보는 일종의 점술로 대접을 받을지도 모릅니다. 그렇지만 이것이 완성된다면 인식이 달라지지 않을까 싶군요.

낭월은 수년 전에 중국서점을 기웃거리다가 팔자의 원리로 마음의 구조를 읽는 연구를 한 책을 만났습니다. 처음에 그 책을 발견하고는 너무나 좋았습니다. 그야말로 획기적인 접근을 한 책이었습니다. 물론 부분적으로 아쉬운 면도 있었지만, 깊이에 있어서는 상상을 초월합니다.

지금까지 말씀드린 것보다도 훨씬 많은 내용이 있습니다. 그렇지만 아직은 공개를 하지 않는 것이 좋겠다는 생각이 들어서 좀 가려 두었습니다. 결국은 이것도 언젠가는 풀어내야 할 숙제라고 생각합니다. 이것이야말로 우리 명리학이 나아가야 할 길입니다.

주자(朱子)는 분명히 공자님의 가르침에도 완전한 가르침이 있는데, 사람들이 불가와 도가의 현학적인 이론에 취해서 유교를 마치 저능하고 고루한 샌님 취급하는 것을 눈뜨고 볼 수가 없었지요.

그래서 주자가 분발했지요. 바로 그때 나온 것이 "중용"이라고 알고 있습니다. 중용은 이미 도가의 그것과 불가의 그것을 포함하게 되었습니다. 이렇게 이미 골고루 갖춰진 학문이라고 하더라도 시대의 부름에 따라서 그 형태를 달리할 필요가 있습니다. 이제 우리 명리학도 희망찬 미래를 대비해서 가일층 분발해야 할 것 같습니다.

낭월의 덧붙이는 글

『왕초보 사주학-연구편』이 세상에 소개된 것이 1995년이니까 2012년 기준으로 약 17년이 되었습니다. 그 사이에도 꾸준히 궁리하고 연구하던 내용에 약간의 진전(進展)이 있어 조그만 보탬을 드리고자 이렇게 추가하는 말씀을 준비했습니다.

이 책의 내용은 『알기쉬운 합충변화』와 『알기쉬운 용신분석』에 해당하는 내용과 겹치는 부분이 있는데, 그중 용신론(用神論)과 대운(大運) 부분에서 참고하면 좋을 내용을 추가하려 합니다. 이 내용을 잘 이해하여 보완하신다면 자평명리학(子平命理學) 연구에 조금이나마 도움이 되실 겁니다.

용신론(用神論)

희신(喜神)에 대해서 혹 기준이 잘 서지 않는다면 간단히 "용신(用神)의 용신이 희신(喜神)이다"라고 생각하여 적용시키면 되겠습니다. 여기에서는 일간(日干)이 싫어하더라도 용신이 필요로 한다면 그대로 희신으로 본다는 뜻입니다. 희신에 대해서는 다소 혼란스러울 수도 있을 것 같습니다. 때로는 용신을 생하는 (대부분) 오행이 희신이 되기도 하고, 또 때로는 용신을 설하는 (가끔) 오행이 희신의 역할을 하는 까닭입니다. 희신의 의미는 용신이 약할 경우에 더 커집니다. 용신이 약하지 않거나 이미 강하다면 희신의 역할은 그만큼 줄어든다고 할 수 있습니다. 전왕용신(專旺用神)에서도 거론이 되지만 그 밖의 여러 곳에서 거론되고 있는 외격(外格)이나 종격(從格), 혹은 화격(化格)에 대해 정리해야 할 필요가 있을 것 같습니다. 『알기쉬운 용신분석』은 고서(古書)의 공식(公式)에 충실하게 정리를 했습니다. 그런데 10년 세월 동안 숱한 임상(臨床) 과정을 거치면서 종격에 대해서 아무래도 현실성이 떨어진다는 생각을 하지 않을 수 없었습니다.

여기에 대한 언급은 용신격(用神格)에 해당하는 부분에서 거론되는 내용도 포함을 시키도록 하겠습니다. 그러니까 『적천수(滴天髓)』 공식으로 기준으로 했을때 임상 과정에서 겪을 수 있는 혼란을 줄이는 데에 도움을 드리고자 합니다. 미리 말씀드리지만 이러한 낭월의 생각에 대해 동의하지 않으셔도 괜찮습니다.

낭월은 임상 과정을 바탕으로 정리 하는 것이고, 이대로 대입할 것인지 아닌지는 각자 알아서 할 일입니다. 다만 분명히 종격으로 보여서 그렇게 관찰하여 대입했는데 뭔가 맞지 않는다는 생각이 들었다면 정격(正格)으로 놓고 다시 관찰을 해보는 정도의 방향 제시는 될 것으로 보며, 그 정도만 참고가 되어도 좋겠습니다. 다음과 같은 경우에 종격으로 대입을 하게 될 가능성이 있습니다만 정격으로 봐야 된다는 것을 간단히 공식으로 적어 봅니다.

① 사주가 모두 인성(印星)일 경우

인성만 가득하고 식재관(食財官)이 전혀 없을 경우에는 종강격(從强格)이라고 합니다. 다만 낭월은 그대로 정격(正格)으로 대입을 해서 식상(食傷)이나 관살(官殺), 혹은 재성(財星)으로 대입 하는 것으로 기준을 삼습니다.

413

② 사주가 모두 비겁(比劫)일 경우

비겁만 있고 식재관이 없으면 종왕격(從旺格)이라고 합니다만, 종격을 고려하지 않으므로 식재관의 운을 기다린다는 의미로 관찰하게 됩니다.

③ 사주에 식재관(食財官)만 있을 경우

신약(身弱)한 상황에서 식상이 많으면 종아격(從兒格), 재성이 많으면 종재격(從財格), 관살(官殺)이 많으면 종살격(從殺格)으로 대입한다는 이론이 있습니다만, 임상을 하는 과정에서는 무조건 인성(印星)이 들어와야만 하는 것으로 봐서 용신은 인겁(印劫)으로 대입하게 됩니다.

낭월의 임상 경험에 대한 의견을 말씀드렸습니다. 바람직한 방향으로 해답을 궁리하는 데 참고가 되시기 바랍니다. 그러니까 신약이라고 하더라도 뿌리가 멀리 있을 경우에 그렇게 한다는 뜻이 아니라, 전혀 뿌리가 없더라도 종하지 않고 정격으로 봐서 사주에 전혀 없는 인겁(印劫)을 용신으로 삼는다는 뜻으로 이해를 하시면 되겠습니다.

2012년 8월 계룡감로에서 낭월 두손 모음

414

낭월의 저서

왕초보 사주학 시리즈와 사주용어사전

- **왕초보 사주학(입문편)** 384쪽 | 값 17,000원
- **왕초보 사주학(연구편)** 416쪽 | 값 17,000원
- **왕초보 사주학(심리편)** 452쪽 | 값 17,000원
- **낭월 사주용어사전** 316쪽 | 값 23,000원

자신의 운명을 생각하다가 인연이 되어서 자평명리학(子平命理學)에 관심을 갖게 된 입문자를 위해 알기 쉬운 설명과 재미있는 비유로 쉽게 이해할 수 있게 구성되었다. 또한 어렵고 생소한 용어의 정리를 도와줄 용어사전도 마련되어 있다.

알기 쉬운 시리즈

- **알기 쉬운 음양오행** 432쪽 | 값 17,000원
- **알기 쉬운 천간지지** 440쪽 | 값 17,000원
- **알기 쉬운 합충변화** 400쪽 | 값 17,000원
- **알기 쉬운 용신분석** 464쪽 | 값 20,000원

자평명리학을 공부하려는 독자에게 기준이 되기를 바라는 관점에서 저술한 《알기 쉬운 시리즈》이다. 어렵고 딱딱한 사주공부를 조금이라도 이해하기 쉽게 풀어서 설명하면 책을 통해서 공부하는 입장에서 많은 도움이 되겠다는 생각으로 쓴 책이다. 무엇이든 다 그렇지만, 학문의 체계에서 기초보다 더 중요한 것은 없다고 해도 과언이 아니다. 그래서 혹시라도 간과하고 지나간 부분이 있어서 마무리가 되지 않는다면, 이 시리즈가 바로 그러한 점을 찾아주는 역할을 할 수 있을 것이다.

적천수 강의(滴天髓講義) 시리즈

- **적천수 강의 1** 560쪽 | 값 30,000원
- **적천수 강의 2** 572쪽 | 값 30,000원
- **적천수 강의 3** 628쪽 | 값 30,000원

모든 분야에는 정점을 지키는 경전(經典)이 있기 마련이다. 『적천수(滴天髓)』는 자평명리학의 핵심 경전이라고 할 수 있는데, 이 책을 풀이한 『적천수징의(滴天髓徵義)』의 직역과 뜻을 설명하여 이해에 도움이 되게 한 지침서이다.

사주문답 시리즈

- **사주문답 1** 424쪽 | 값 18,000원
- **사주문답 2** 392쪽 | 값 18,000원
- **사주문답 3** 416쪽 | 값 18,000원

《왕초보 사주학 시리즈》와 《알기 쉬운 시리즈》를 통해서 인연이 된 독자들과 인터넷 〈낭월명리학당〉 게시판에서 문답한 내용을 책으로 엮었다. 다양한 질문과 또 그만큼 다양한 관점으로 자평명리학을 바라보면서 나눈 이야기들을 모아서 공부의 자료로 재구성하였다. 마음속에 쌓인 의문에 대해서 때로는 속 시원한 답변이 될 수도 있고, 때로는 새로운 의문을 갖게 되는 계기가 될 수도 있을 것이다. 이러한 과정을 통해서 학문의 세계는 더욱 넓어질 것이고, 그만큼 통찰력이 깊어지게 된다.

＊위 도서의 상세한 설명은 동학사 홈페이지 www.donghaksa.co.kr을 참조하세요.

사주심리학 시리즈

- **사주심리학 1** 390쪽 | 값 32,000원
- **사주심리학 2** 394쪽 | 값 32,000원

삼라만상은 모두 자신의 마음이 있다. 명리학을 공부하는 학자가 반드시 알아야 할 '음양의 마음', '오행의 마음', '십간의 마음'과 '십이지의 마음'을 분석하고, 십성(十星)의 구조에 대해서도 심리적인 관점에서 풀이하여 사람의 심리와 사주의 연관성을 살펴볼 수 있게 구성하였다. 상담은 결국 심리 치료라고 할 수 있으므로 사주를 통해 그 사람의 마음을 이해하는 것이 중요하다.

시시콜콜 명리학 시리즈

- **1. 음양** 270쪽 | 값 13,000원
- **2. 오행** 300쪽 | 값 13,000원
- **3. 천간** 364쪽 | 값 14,000원
- **4. 지지** 336쪽 | 값 14,000원
- **5. 간지** 2012년 3월 출간 예정
- **6. 육갑** 2012년 3월 출간 예정

사주를 공부하려고 마음을 일으켰지만 왠지 어려운 벽이 느껴져서 망설이는 독자를 위해서 준비하였다. 이 시리즈를 통해서 간지(干支)의 핵심에 접근하여 기본을 다져서 스스로 공부의 방향을 잡을 수 있을 것이다.

점술 활용 시리즈

- **오주괘(五柱卦)** 낭월 · 인월 엮음 324쪽 | 값 35,000원
- **오주괘관법(五柱卦觀法)** 336쪽 | 값 24,000원
- **백수점단(百首占斷)** 낭월 엮음 232쪽 | 값 22,000원

오주괘(五柱卦)는 연월일시분의 오주(五柱)를 자평법에 대입하여 점괘로 삼는 방법을 설명한 것이며, 백수점단(百首占斷)은 100개의 대막대기를 뽑아서 길흉을 판단하는 고법(古法)을 활용하도록 하였다. 사주를 풀이하더라도 때로는 점괘가 필요할 때도 있다. 그러한 경우를 당하여 당황하지 말고 괘를 뽑아서 활용할 수 있게 구성하였다.

현공풍수(玄空風水) 시리즈

- **신나는 현공풍수(입문편)** 낭월 · 자명 지음 306쪽 | 값 35,000원
- **놀라운 현공풍수(활용편)** 낭월 · 자명 지음 408쪽 | 값 43,000원
- **현공수책(玄空手册)** 낭월 · 자명 · 화인 지음 270쪽 | 값 32,000원

환경의 변화를 읽는 학문으로 현공풍수(玄空風水)가 각광받고 있다. 특히 고인(故人)을 위한 음택(陰宅)에서만이 아니라 사람이 살아가는 환경인 양택(陽宅)에 대해서 많은 궁리의 결과로 현공풍수가 있었다. 여기에 대해서 기본적인 의미와 활용 방법을 재미있게 설명하였고, 현장에서 간편하게 찾아볼 수 있는 사주에서의 만세력과 같은 역할을 하는 현공수책을 소개하였다.

*위 도서의 상세한 설명과 주문은 저자 낭월의 홈페이지 www.nangwol.com을 참조하세요.

문의전화_ 041-732-2583 / 이메일_ nangwol@gmail.com